当 代 史 学 文 库

传统的张力

——儒学思想与近代文化嬗变

张昭军◎著

The Tension of Chinese Tradition:
Confucianism
and the Transmutation
of Modern Culture

北京师范大学出版集团
BEIJING NORMAL UNIVERSITY PUBLISHING GROUP
北京师范大学出版社

序

　　我曾经学习过中国近代史，也曾经对中国近代儒学思想史怀抱过些许的兴趣。但由于工作岗位和阅读范围的变化，现在我对中国近代文化史已经生疏隔膜、不敢置喙了。今天，满怀浓浓的情谊，阅读昭军同志的新作《传统的张力——儒学思想与近代文化嬗变》一书的书稿，不禁浮想联翩，多少春秋，涌上心头。

　　早在春秋时期，孔子通过整理古代典籍，手订《诗》、《书》、《礼》、《乐》、《易》、《春秋》，建构起了儒家元典和儒家思想。从西汉开始，儒家思想被确立为国家的政治意识形态，在此后两千多年的时间里，一直严重地制导着中国人的思想和生活。辛亥革命无情地荡涤了儒家思想，削弱了往日神圣的光环。中华人民共和国成立以后，儒家思想彻底退出了政治意识形态领域，成为一份文化遗产走入了历史档案馆。儒家思想历史之悠久、内容之富厚、影响之深远，不管在其身前还是世后，都已经成了一个巨大的思想文化母题，吸引着众多中外专家学者，在不同时期、从不同立场、以不同方法，对其进行研究和探索。尤其是近代以降，儒学研究更是热潮迭起，学术成果也汗牛充栋。但认真检讨这些研究和研究成果，我们便不难发现，它们主要集中在古代儒学及五四以后的现代儒学上，而对于处在其二者之间的具有较强实践品格的近代儒学则关注甚少。这对于整个儒学研究来说，不能不说是一大缺憾。其实，近代儒学是整个儒学发展史上的重要一环。这一时期，由于社会环境和文化语境的变化，儒学发展也显现出了前所未有的新面貌：古文经学的固守、今文经学的兴起、传统理学的复燃、中体西用、中西合璧、纳儒入教、"打倒孔家店"等，儒学思想处在一个或涅槃或新生的历史转折时期。因此，不深入研究近代儒学思想，我们就无法认识儒学思想内部的动力性结构，就无法认识儒学思想与近代西方文化之间的张力，就无法认识文化传统延续和传承的文化原因，就无法认识儒学思想与现代化的多重多种的复杂关系。如此看来，昭军从两千多年的儒家发展史上截取出近代儒学进行研究，并进而探讨儒学思想与近代文化变革的关系，这从学术研究的角度来看是聪明睿智的。《传统的张力》一书，虽然入点不大，但它抓住了儒学思想转折变迁的重要时期；虽然切口不大，但它反映了儒学思想新陈代谢的复杂变化；虽然篇幅不长，但它勾勒出了近代儒学曲折的发展轨迹，揭示了中国文化现代化的一个重要方面。从这个意义上说，该书既可看作是中国近代文化史的专题研究，也可视作一部近代时段的中国儒学思想史。

从某种意义上讲，一部儒家思想发展史，就是一部儒学大师的历史。在儒家思想发展史上，儒学大师层出不穷，稍懂一点儒学发展史的人，几乎张口就能说出十个、二十个、上百个。诸如，孔子、孟子、荀子、孔安国、董仲舒、孔颖达、颜师古、周敦颐、程颢、程颐、朱熹、张栻、陆九渊、李贽、毛奇龄、阎若璩、王鸣盛、章学诚、龚自珍、魏源、曾国藩、俞樾、康有为、梁启超，等等。这些大师犹如一座座峰巅，矗立在儒学的苍穹。大师是创造力的标尺，它可以准确地标示出儒学发展的高度；大师是历史的路标，人们由它可以得知儒学发展的来龙去脉；大师是发展的里程碑，人们据此可以划分出儒学发展的分期并做出学术成就的总结；大师是前进的阶梯，后来者可以站在巨人的肩头继续攀登；大师是一种巨大的文化存在，儒学因为有了他们而冠冕堂皇，光辉灿烂。我们不敢想象，如果没有大师，如果处在失语状态，儒学的历史将是怎样的平庸和凄凉。作者在撰写《传统的张力》一书时，并没有把它写成一部通史，而是紧紧抓住龚自珍、曾国藩、张之洞、康有为、梁启超、严复、章太炎、孙中山八个人物进行研究。这八个人物都堪称为大师。他们都是学术大师，或中学、或西学、或学贯中西，都在学术上有着深深的造诣；他们都是实践大师，或反动、或前进、或改良、或革命，都亲自上演过一幕幕历史活剧；他们都是创新大师，或阐释、或扬弃、或批判、或继承，都为儒学机体注入了新鲜血液。《传统的张力》一书对这八位大师的研究，首先在个案研究上赢得了突破。如书中对龚自珍经世思想的研究，对曾国藩理学经世思想的研究，对康有为纳儒入教思想的研究，对严复儒学态度的研究，对章太炎对儒家道德批判、继承和转化的研究等，都提出了自己独到的学术见解。同时，这八位大师在历史时空中依次排列，这八个个案以儒学思想为主线，珠联璧合，一定程度上构成了一部中国近代儒学思想发展史。我们从中可以看到，近代儒家思想内容的复杂性、发展的多极性和文化传统的传承性。这对于近代儒学、近代文化研究来说，是难能可贵的。

关于"史"与"诗"的区别，我们经常引用亚里士多德《诗学》中的一段话："诗人所描述者，不是已发生之事，而是一种可能发生之事，亦即一种概然的或必然的可能性。历史家与诗人间的区别，并非一写散文，一用韵文……二者真正之区别为：历史家所描述者为已发生之事，而诗人所描述者为可能发生之事，故诗比历史更哲学更庄重；盖诗所陈述者毋宁为其普遍性质者，而历史所陈述则为特殊的。"亚翁的话讲得很睿智，也很发人深省。但我不完全同意亚翁的观点。如果历史研究仅仅是描述特殊的事情，仅仅是描述已发生的事物，就像将一座已经坍塌的古代建筑再按原样重新修建起来一样，那还有什么价值和意义。就连以"述而不作，信而好古"为座右铭的孔老夫子，在手订六经的时候也并非如此。"述而不作.信而好古"只是他整理古籍的学术原则，而不是他终生治学的指导思想。太史公的一句孔子作《春秋》的目的是让"天下乱臣贼子惧"的评说，不正说明孔子是以学术性的工作来实现自己梦寐以求的远大政治理想吗？因此，一个史学家必须通过他的研究和著述，承载他的诉求、呼唤和期望。诉求、呼唤和期望是史学研究的生机和活力，也是史学研究的价值和意义。《传统的张力》一书，在研究方法上，是"阐述已经发生的事情"，是"述而不作，信而好古"的，但在全书中也躁动着作者的诉求、呼唤和期望。那么，他呼唤什么呢？依我之见，他是在呼唤：近代儒学思想内部的各元素之间，近代儒学思想与西方文化之间、与中国现代化之间，都存在着一定的张力，这种张力恰恰是儒学思想的生命力所在，也是中国文化的生命力所在；近代思想家的儒学思想是一份宝贵的历史财富，我们应该引来这一源头活水，来浇铸我们今天的文化块垒；文化传统是割不断的，我们只有在旧传统中才能走向新传统；等等。这些呼唤似乎是老生常谈，但它只有经过"千呼万唤始出来"。

新时期以来，中国的史学研究大抵可以分为两大派别。一个是"高空轰炸"派，一个是"地面进攻"派。所谓"高空轰炸"派，就是借取西方的观点、套用西方的逻辑、模仿西方的语码，说一些不中不西、不明不白、不人不鬼的话。拉洋旗唬国人，有一定的市场。所谓"地面进攻"派，就是沿用传统的史学研究方法，从史料到史料，引征他人千言，没有自己一语。拉古旗唬今人，也有一定的市场。这里，对于这两个研究派别姑且不做评说。但我比较赞成昭军的"高空轰炸"与"地面进攻"相结合的研究方法。"地面进攻"，昭军对史实进行了重新考订，对史料进行了重新梳理，对有的观点进行了重新阐释，做了许多扎实的研究工作。"高空轰炸"，昭军不仅运用中国的马克思主义观点，也借鉴了西方其他学术流派的观点；不仅运用史学的研究方法，而且借鉴其他各学科的研究方法，运用多棱镜就近代儒学思想及其与文化嬗变的关系进行研究和观照。《传统的张力》一书之所以达到了较高的学术水平，在很大程度上得益于这种研究方法。

写到这里，我想起了马克思在《政治经济学批判》序言最后说的一段话："在科学的入口处，正像在地狱的入口处一样，必须提出这样的要求——这里必须拒绝一切犹豫，这里任何懦弱都无济于事。"愿与昭军共勉！

胡维革

2004 年五一节

目　录

绪论 传统的张力

——对传统与现代二元对立模式的反思

儒学作为中国传统文化的主流，不仅在中国文化发展史上占有重要地位，而且与当代中国文化建设密切相关。要想科学地探寻儒学的历史命运和未来出路，探讨儒学与中国现代化的关系，就必须加强中国儒学史研究，对以儒家学说为主的中国文化传统有较为全面系统的认识。

近代儒学作为中国儒学史上不可或缺的一环，长期以来，其学术价值和理论意义并没有得到足够重视。造成这种状况的原因之一，即有些研究者采取了非此即彼、入主出奴的二元对立思维模式，缺乏对儒家传统的全方位考察，把传统文化与现代文化、中国文化与西方文化全然视为互不相容的实体，看不到中国文化传统的连续性与传承性。

一、研究缘起

不知旧学，何以识新学。新学与旧学并不只是对立关系，还存在内在统一性。笔者理解，近代思想史体现为新陈代谢的过程，至少应包括传统思想的递嬗、新学思想的展开以及近代新学如何与传统思想榫接等内容。长期以来，有的论者存在一种把传统思想与现代思想对立起来的倾向，看不到传统思想与现代思想存有某种交叉或一致性；关注中国现代文化传统的西学渊源，却不注重传统思想根源的挖掘与疏导。本书选取中国近代儒学思想及其与近代文化变革的互动关系为研究对象，并以"传统的张力"为中心，就是尝试以传统文化的近代嬗变为主题，着力于儒家传统与现代性思想的榫接处，探讨儒学思想的近代转化及其对于中国现代性思想生成的意义。[①] 具体说来，主要是源于以下想法。

第一，文化传统的延续性决定了近代儒学思想在中国文化传承中的重要地位。传统的内涵相当广泛，不同语境下有不同意义。一般说来，它常与两个概念相对待：一是与外来文化相对待，在语义上接近于本土的意思；二是与现代相对待，在语义上接近于古代、古典的意思。"传统的张力"首先使用的就是这两种含义，一是指中国儒家文化与西方文化之间的张力，二是指古代儒家传统与近代新文化之间的张力。同时，笔者更认同这样的观点：传统是流动于过去、现在与未来整个时间性中的一种复杂"过程"，而不是在过去就已凝结成型的实体；传统的真正落脚点在"现在"和"未来"，而不是消逝的"过去"。文化传统的这种延续性表明，近代儒学思想既是古代儒家传统的继续，又蕴含现代文化的基因。因此，认真研究近代儒学思想不仅有利于全面评估古代儒家传统，而且有助于深入认识中国文化的现状和未来。

第二，儒学思想的近代变迁为后人处理儒学与现代化关系提供了有益的历史经验。文化传统的延续性是在摄取现实因素基础上形成的，这本身即意味着文化传统变动不居，时时刻刻发生着裂变和创新。儒家传统在古代形成过程中就曾产生过多次剧变，近代以降，儒学的断裂与变异尤为明显，逐步演变形成为与传统儒学区别较大的近代形态（有人称之为近代传统）。当代解释学大师伽达默尔（Hans-Georg Gadamer）在《真理与方法》一书中曾说："传统并不只是我们继承得来的一宗现成之物，而是我们自己把它生产出来的，因为我们理解着传统的进展并且参与在传统的进展之中，从而也就靠我们自己进一步规定了传统。"这句话也适用于分析近代思想家的儒学思想，无论他们在中西文化冲突与融合中对儒家文化采取什么态度和措施，实际上他们已经自觉不自觉地参与

---

① 作为儒学从古代向现代的过渡形态、体现中国文化从传统走向现代完整过程的"中国近代儒家思想"，笔者认为，不以目前学界约定的"近代"——从 1840 年到 1949 年，而是以"乾嘉"以降至五四为中心进而扩大到清代民国两季或许更为合理。但限于书中内容，本书多数情况下仍以 1840 年到 1919 年为"近代"时期。

了中国文化传统的构筑与创造，成为儒家文化现代化的力行者。他们历经挫折、磨难、成败所积累的实践经验和历史教训，值得我们认真总结。

第三，近代儒学思想是中国儒学思想史和中国近代文化史研究中较为薄弱的环节。尽管自近代以来研究和评估儒家文化传统的论著不绝如缕，但这些著作主要集中于论述古代儒学及五四以后的现代新儒学，而对于处在二者之间具有实践品格的近代儒学则关注不够。目前学界在近代儒学思想研究方面所取得的一些学术成就，由于多数不是中国儒学研究者纵向自觉贯通的结果，因此往往缺乏与整个儒家文化传统的链接，缺乏系统研究和整体思考，从而带有一定局限性和片面性。

同时，深化近代儒学思想研究有助于推进近代文化史研究。近代文化史首先是以儒家文化为主体的中国文化嬗变的历史，是儒家文化近代转化的历史。东渐的西学也必须植根于中国文化本土才能得以成长。相对于近代新思潮的研究而言，人们对近代儒学思想及其与近代文化变革关系的研究则较为薄弱。

二、学术史回顾

近代以降，在中西文化冲撞与融合的大背景下，思想文化界围绕儒家文化与现代化的关系展开了持久而又广泛的讨论。这些讨论多数并不以近代儒学思想为对象，但关注的目标却与近代思想家十分相近，即均以儒家传统现代化问题为中心，因此对近代儒学思想研究的意义和影响不可忽视。

1915年德国著名思想家马克斯·韦伯（Max Weber）出版《中国的宗教：儒教与道教》一书，论证他在《新教伦理与资本主义精神》所提出的命题——新教伦理促成了资本主义的产生，试图说明，中国之所以没能成功地发展出像西方那样的理性精神及资本主义，其主要原因在于中国的宗教伦理精神严重阻碍了民族资本主义的形成。同年，中国的《新青年》(《青年杂志》）诞生，揭起"打孔家店"的大旗，明确宣布孔子之道不适于现代生活。具体地分析，韦伯与新文化运动并没有全盘反对儒家传统的用意，但客观上却助长了否定儒学价值的风气，以至于有人把他们的思想推衍为绝对化的结论，认为儒学与现代化根本对立。

第一次世界大战结束后，中外学者对儒家传统的看法发生了变化。惨绝人寰的战争，使繁荣的西方社会陷入严重萧条，沉重打击了西方人的文化自信心。西方人对自己的价值观产生了怀疑，"西方文明没落""科学文明破产"蔚成思潮，如德国青年教师斯宾格勒（Oswald Spengler）所著《西方的没落》出版后引起轰动，成为风行一时的畅销书。"西方中心"论受到挑战，一部分思想家转向东方文化寻找摆脱困境的出路。罗素、杜威、杜里舒等著名思想家在战后先后访华，承认和赞扬中国文化的长处，批评西方文化的缺点。这场战争也改变了中国人的思路。1919 年秋到 1920 年初，梁启超游历欧洲，耳闻目睹西方战后"尸海血渊"、"沉忧凄惨"的景象，回国后写成《欧游心影录》并在《晨报》连载。《欧洲心影录》提出："拿西洋的文明来扩充我的文明，又拿我的文明去补助西洋的文明，叫他化合起来成一种新文明。"[①]这种文化观要求人们重新审视儒家传统的意义，强调中西互补，特别是梁启超以新学家身份公开宣扬西方物质文明和科学主义破产，主张以儒家文明拯救西方文明，如逆流骇浪，在当时的思想界引起了震荡和轰动[②]。以儒家传统继承者自居的现代新儒家，恰也在此时正式登上历史舞台，从正面宣讲儒家文化的现代意义，并逐渐成长为 20 世纪卓有影响的思想流派。当时还出现了极端现象，有人把儒家文化抬高到无与伦比的地位，唱起"复兴儒学"的论调，要求返回到传统文化中去。我们只要把陈嘉异 1921 年发表的《东方文化与吾人之大任》与当年陈独秀诸君刊登在《新青年》上的文章作一番对比，就不难看出，双方的思维模式、言说方式都如出一

---

① 梁启超：《欧洲心影录》（节录），见《饮冰室合集》专集之二十三，35 页，北京，中华书局，1989。

② 胡适：《科学与人生观序》，见《胡适文存》第 2 集，合肥，黄山书社，1986。

辙，但对于东西方文化的评价却从一端走向了另一端。在"复兴论"者看来，儒学非但不与现代社会相冲突，反而代表了中国文化的未来方向。①

20世纪50年代以后，否定儒家文化的观点再次成为主流。美国学者芮玛丽、列文森是其中的两位代表性人物。1957年芮玛丽（Mary Cla-laugh Wright）出版《同治中兴：中国保守主义的最后抵抗》一书，在20世纪60年代的西方汉学界产生了广泛影响。该书认为儒家文化影响和决定了"同治中兴"中坚人物和社会精英的生活、思想和行动，并着重指出："中兴失败的原因是现代化的要求与儒家追求社会稳定的要求水火不容"，"中国之所以不能成功地适应近代世界潮流，其障碍不是帝国主义的侵略，不是满清的统治，不是官场的愚昧，更不是偶然的历史事件，而是儒家学说体系本身的基本构成因素"。② 芮玛丽将儒学视作阻碍现代化的力量。列文森（Joseph R. Levenson）先后出版《梁启超与近代中国思想》和三卷本《儒教中国及其现代命运》，就儒家传统及其与近代化的关系作了深刻独到的论述。他大胆断言，儒家传统已经衰亡，业已沦为博物馆的旧物；儒家思想对于现代中国没有多少价值，更不能与现代世界文明相容。列文森的论点引起了普遍关注，其影响力至今仍然存在。这一时期，受极左思想影响，中国也出现了过度否定儒学的倾向。特别是"文化大革命"十年，儒学遭受空前厄运，先是有形的儒学遗产在"破四旧"中严遭践踏，继而儒学学理在"评法非儒"运动中罹遭横祸。1973年8月7日，《人民日报》转载杨国荣的文章《孔子——顽固地维护奴隶制的思想家》，全国形成声势浩大的儒学大批判的局面，民族虚无主义文化观达到极致。

20世纪70年代后期，中外学者因东亚经济的快速崛起而再次审视和评价儒家传统的价值。1979年，美国赫德森研究所所长卡恩（Hert-

---

① 关于民国时期中国文化出路的讨论，罗荣渠《从"西化"到现代化》（北京，北京大学出版社，1990）一书序言有较为清晰的阐述。

② ［美］芮玛丽：《同治中兴：中国保守主义的最后抵抗》，房德邻等译，11～12页，北京，中国社会科学出版社，2002。

man Kahn)首先提出东亚经济高速增长与儒家传统存在某种内在联系，东亚经济的发展与儒家传统的转化特别是儒家伦理有关。1980 年，英国工党议员罗德里克·麦克法库尔（Roderich MarFarquhar）发表《后儒家挑战》一文指出，儒家传统对于东亚经济起飞的作用就如同新教对于资本主义在西方的兴起中所起的作用。美国社会学家彼得·伯格（Peter Berger）则把东亚现代化的精神和文化动力归结为"庸俗的儒家思想"（vulgar Confucionism）。此后，儒家文化与东亚现代化的关系在新加坡、日本、韩国等更为广泛的范围内展开了讨论。这一时期人们给儒学所下的结论虽与韦伯判若霄壤，但运思路径和方法却与韦伯理论一脉相承。中国在改革开放初期虽一度出现全盘西化的思想言论，但从总体上看，儒学研究则在步步升温。从 1978 年起，中国几乎每年都举行全国性的儒学学术讨论会，并相继成立了各种儒学社团或研究机构，影响较大的如 1984 年成立的中国孔子基金会、1989 年成立的中华孔子学会、1994 年成立的国际儒学联合会。儒学研究走向国际化、规范化道路，儒学价值得到积极肯定。

不容否认，20 世纪的儒学研究在步步走向深入，尤其是马克思主义者、当代新儒家在理论方法上所取得的成绩更是有目共睹。但我们在肯定儒学研究成就的同时，有些问题值得思考：上述中外学者的社会背景、学术立场、治学宗旨、指导思想明显不同，他们的学术观点为何却表现得如此相像？百年来儒学研究的左右摇摆与大起大落，固然说明现实社会基础对学术研究的决定性影响，而学术研究本身是否也有不可推卸的责任？

文化决定论　把现实社会问题归结为文化问题，以思想文化作解决问题的途径，可以说是 20 世纪儒学研究者的共同思路。陈独秀等五四新青年把政治问题归结为文化问题，认为是固有文化造成了中国的落后。美国学者林毓生的《中国意识的危机》一书用"借思想文化以解决问题的途径"概括五四时期反传统主义者的特征。事实上，这是一个带有普遍性的命题。如梁漱溟站在陈独秀的对立面，却十分赞同陈独秀等人的文化观，认为中西冲突实质是"整个文化不相同的问题"，是两种文化的全面冲突，文化问题必须谋求文化的解决，所以"现在最要紧的是思想之改革——文化运动——不是政治的问题"①。贺麟明确指出："中国近百年来的危机，根本上是一个文化的危机"，"儒家文化在中国文化生活上失掉了自主权，丧失了新生命，才是中华民族的最大危机"。② 正是由于把社会问题归因于文化身上，所以中国才有"文化运动"、"文化革命"不断发生。自韦伯以来，西方学者在中国问题上也并未越出这一理路。"为什么有些社会比另一些社会更有效地应付它们所面临的问题，并经受了现代化的挑战呢？韦伯要解释的是中国为什么要失败，而我们要解释的则是中国为什么会成功。然而颇为矛盾的是，同韦伯的解释一样，我们的解释也强调本国精神的作用。"③美国学者墨子刻（Thomas A. Metzger）这句话无意中说明，文化决定论也是海外汉学界普遍存在的现象。

单元直线论　柯文《在中国发现历史》一书对美国汉学家在中国近代史研究中因种族中心主义偏见而形成的理论分析框架作了比较深入的分析和批评，认为长期流行的"冲击—回应"模式、"传统—近代"模式和帝国主义模式并不切合中国实际。中国百年来的儒学研究在表现形式上虽有所不同，但在本质上与柯文所针对的流行于西方的三种西方中心模式并无多少轩轾，一元单线的思维方式几度左右着中国的儒学研究。五四新文化运动与20世纪80年代的全盘"西化"，坚持的都是西方一元中心论的文化观，以西方资本主义的价值观为判断是非的唯一标准；"文化大革命"十年反对西化，教条化的马克思主义成为理论指南，骨子里依然是一元文化中心论；时至今日，仍然有不少人把以美国为代表的西方社会作为中国未来的发展方向。与空间上的一元化文化观互为表里，时间上的直线发展史观在中国也有较大影响。尽管文化保守主义者多次对一元单线思维模式提出过挑战，但完全摆脱这一模式者并不多见。如梁

---

①　梁漱溟：《东西文化及其哲学》，6页，上海，商务印书馆，1922。

②　贺麟：《儒家思想的新开展》，载《思想与时代》，第1期，1941。

③　［美］墨子刻：《摆脱困境——新儒学与中国政治文化的演进》，颜世安等译，219页，南京，江苏人民出版社，1996。

漱溟虽提出文化的"三个路向"说，但却又把三种文化以时间为序划入不同阶段，实质仍旧是直线性发展观。当然，笔者否定西方中心史观并不意味着肯定"中国中心史观"。从西方中心史观发展到中国中心史观无疑是一大变化，但固守中国的价值标准而无视西方先进的价值理念，就像柯文的批评者所说的那样：用中国儒家概念或用中国农民的价值观来解释历史，可能会从一个极端走向另一个极端。汤因比《展望二十一世纪》提出"未来可能由中国文化统一世界"的论点就是一例。因此，在保持开放性的前提下，坚持世界文化的多元化与发展的多线性可能较为符合人类社会进步的内在要求，也更利于对儒家传统做出较为合理的评价。

两段二分法　"两段二分法"是现代化研究者普遍采用的理论方法。现代化理论家简单地把人类社会分为传统社会和现代社会，并使其特征形成一种鲜明的对照，有其合理因素。但也应看到，这种方法论把同一社会划为传统与现代两个不同的阶段，又在西方与非西方之间作出明确区分，把西方国家看成"现代社会"，非西方看作"传统社会"，从而把相对性的问题绝对化、复杂性的问题简单化和理想化了，带有较大局限性。

第一，以"新"价值观为评判标准，割断了传统社会与现代社会的历史延续性。多数现代化研究者认同现代性价值观念，是今非古，厚今薄古，片面夸大传统社会与现代社会的不同，夸大现代社会价值观的重要性和合理性，而无视传统社会价值观乃历时性与共时性的统一。在帕森斯等经典现代化理论家的解释中，传统社会与现代社会甚至成了完全对立的两极，现代化即意味着传统的消灭。

第二，以西方价值观为普遍性，割裂了东西方社会文化的统一性。这种理论方法以西方国家的社会制度、价值体系当作现代性的特征，渗透了西方中心主义价值观，从而把现代化解释成了西化："它首先从西方社会的一般形象中获得'现代性'的属性，然后又把对这些属性的获得设想为现代化的标准……现代化理论家试图把历史上产生于西方社会的特殊价值观和制度普遍化"。[1] 这样，以西方的价值观为准绳，把一个

---

① 　[美]迪恩·C. 蒂普斯：《现代化理论与社会批判的比较》，见[美]西里尔·E. 布莱克编：《比较现代化》，杨豫译，103～104 页，上海，上海译文出版社，1996。

世界划成了此是彼非、截然不同的两个板块，完全不尊重其他民族文化的历史和选择，更看不到多元文化的相互交流、相互融合。

由于以西方价值观为衡量标准，西方与非西方在空间上的差异进而演变为时间序列上的先后不等。西方代表着现代社会，代表着现代性、先进性；非西方意味着非现代的传统社会，代表着传统性、落后性。各个落后国家成了现存的"传统社会"，成为有待现代社会改造乃至消灭的对象。

这样，落实到具体评价中，一是看不到历史的连续性和统一性。传统社会含有现代社会的因素，现代社会含有传统社会的基因，割裂历史的连续性和统一性就难以说明二者之间的互相联系。二是抹杀了传统社会中某些因素在一定条件下向现代转化的可能。历史是不断发展变化的动态过程，随时都有发生量变和质变、向新的形态转换的可能，二分法实际上置千变万化、生生不息的大千世界于静止之中，否定事物的新陈代谢，看不到儒家传统内部的复杂多样性。三是不能说明传统社会向现代社会的过渡阶段及其历史过程。传统社会向现代社会的转变，不可能一蹴而就，必然有一个过渡阶段。在这一个阶段，传统因素与现代因素是怎样交织在一起的？后者逐渐替代前者的过程是怎样展开的？两分法实际上是突变论，没有对此给出很好的说明。

除此以外，过去学界受极左思潮影响，无视儒家文化内涵的复杂性，把儒学简单地等同于封建地主阶级意识形态，只讲儒学与资产阶级或无产阶级的对立斗争，而不讲它们之间的相辅相成与某种一致性；讲"革命"只讲质的飞跃而不讲量的渐进，结果，儒学被作为旧文化而成为打倒对象。这种简单化片面化的做法实际上仍旧是二分法，明显带有突变论倾向。因此，作为过渡形态的近代儒家思想也未得到足够重视和较好研究，传统社会与现代社会之间的张力问题没有受到关注。

三、基本思路

以往儒学研究者不重视近代这一时期，有其客观原因，因为儒学在变动剧烈的近代，从未像古代的儒学或现代的新儒学那样形成一种较为统一、完整、稳定的思想体系和理论形态。但笔者以为，近代儒学思想不中不西、亦中亦西、不新不旧、亦新亦旧的复杂性、特殊性，本身即是一种文化形态，自具其价值和魅力。

价值观念的转化是儒学近代变迁的核心内容，也是儒学近代化中富有活力的部分。传统儒学包罗万象，可分为道义学理、制度文物、礼仪风俗等多种层次。步入近代以后，传统儒学遭受到来自各方面的冲击，制度化儒家逐步瓦解。1905年清政府废除科举制度，从选官制度上废除了儒家的政治特权；1912年南京临时政府成立，民主共和代替君主专制，从社会制度上宣布了儒学的终结；南京临时政府废除尊孔读经，从教育制度上斩断了儒家文化与封建主义的必然联系。制度上的破旧立新，动摇了儒学的统治地位。与制度鼎革相辅相成，儒学内在义理也受到强有力的挑战、考验和冲击。这种冲击不仅有源自西方的强大外来文化，而且有来自中国内部的包括太平天国起义、戊戌变法、辛亥革命、新文化运动等在内的历次社会运动和历史事件所形成的强烈震撼，以及当时中国社会文化所面临的普遍危机。为匡倾救危，近代思想家对儒学固有价值体系进行了深刻反思和内在批判，但这些反思和批判多数都不是简单地以新易旧，而是呈现为不断改造和重建的过程，这一过程恰恰体现了儒学近代化断裂中的连续性、分裂中的统一性。儒家文化传统与民族心理意识通过近代转化以新的形式传衍了下来，它靠的不是儒家主宰的政府和经学教科书的维系，而是价值观念在新陈代谢中的延续。

本书采取思想史的体例，围绕儒学思想价值系统近代转化的主题，力求以"传统的张力"为纽结，诠释儒家传统与现代性之间纷繁复杂的关系。限于学力，笔者在展示儒家传统的内在张力时采取个案式研究。这些个案立足于说明中国文化现代化过程中儒家文化的传统性与现代性、民族性与世界性及其相互之间的关系，揭示儒学思想不同于现代性但又含有与现代性相协调的因素，并展现近代思想家在传统文化近代化境遇中所面临的困境和表现出的智慧。

全书共分八章。前三章主要就近些年来学界关注较多的经世思潮展开讨论，试图回答儒学能否结出现代性硕果这一问题。不少学者以经世思想为中国走向近代化的桥梁，认为经世思潮源自今文经学，笔者在第一章中通过研究龚自珍经世思想渊源发现，经世思想作为当时的社会潮流，为汉学、宋学、史学等众多学术流派的共同主张，而不限于今文一家；被新学家奉为前驱的龚氏，其思想实际上多渊于儒家传统。理学末流在近代一向被视为疏阔空谈，与践履笃行的经世实学不大相干。第二章考察曾国藩思想后指出，曾氏理学思想与经世思想关系密切，经过曾氏的改造与发挥，道德主义色彩浓厚的理学与功利主义的经世实学和合为一，衍生为具有实践品格的理学经世思想，从某种程度上说，这一思想促进了曾氏洋务思想的形成。第三章通过分析张之洞经世思想与"中体西用"文化观之间的关系，力图说明：经世思想毕竟是传统儒学的产物，不能因其蕴含着走向近代化的可能性因素而爱屋及乌，不讲其维护封建道统产生的负面影响，从而过高估计儒学对于近代化的积极意义。

后五章主要就康有为、梁启超、严复、章太炎、孙中山五位思想家在近代化语境下如何利用儒学书写现代性问题进行阐述，每章重心又有所不同。第四章论述康有为对儒学的改造和重构。以往论者对康有为儒学思想的研究主要侧重于儒学与变法的关系方面，认为其主旨在于以儒学的旧瓶装变法的新酒，托古改制。笔者以为，康氏思想中还有另外一条理路，即发扬光大孔子的儒学，以一代圣人自居。也就是说，康有为并不把儒学仅仅视为变法维新的工具，儒学还承载了他的价值诉求和人生理想。他通过援西入儒、纳儒入教等一系列努力，推动了儒学的近代转化。第五章就儒学与梁启超的变法思想、新民思想以及五四以后文化思想的关系展开论述，力图阐明儒学对梁启超文化思想的影响、梁启超对儒学的发展和改造，进而揭示儒学自身的复杂性和儒学近代化的艰难，指出儒学所具有的普适性和民族性价值。第六章着力探讨儒学与西学家严复思想的关系，并寻找近代思想家所谓从"离异"到"回归"问题的谜底。笔者认为，从儒学视角看，近代并不存在"离异"与"回归"问题。第七章论述章太炎对儒家思想的近代转换。章太炎是近代"有学问的革命家"，论者过去往往注意章氏曾以猛烈严厉的文字激昂地批判、抨击孔子和儒学，却忽视了另外一个方面，即他积极发挥国学大师之长，通过对传统儒学知识系统和义理系统的诠释、改造与重建，驾轻就熟地把他人看来代表旧传统的儒学，与维新、革命等现代性观念相互结合，新旧相资，搭建起一座从传统通向现代的桥梁，一定程度上有利于缓解传统与现代的紧张、避免文化认同危机。第八章以孙中山为例，探讨儒学对于构筑三民主义等现代性思想的意义。此前研究者对这一问题的研究主要是一种定性分析，着意说明孙中山的革命思想与传统儒学在本质上的不同，笔者在此基础上着重探讨孙中山革命思想与儒学之间所具有的某种统一性，以及孙中山如何处理二者之间的关系。这对于评价孙中山儒学思想、评估传统儒学，具有重要借鉴意义。

第一章 "一代之治，即一代之学"

——龚自珍的经世思想与近代文化传统

龚自珍辞世于道光二十一年（1841 年），值鸦片战争的硝烟乍起于东南海隅之际。就史家的分期标准来说，龚自珍不属于（而是早于）"睁眼看世界"的一代，是一个不折不扣的前近代人物。耐人寻味的是，前近代的龚自珍却被新学家们推崇为先路前驱。

> 语近世思想自由之向导，必数定庵。吾见并世诸贤，其能为现今思想界放光明者，彼最初率崇拜定庵，当其始读定庵集，其脑识未有不受其激刺者也。①

> 晚清思想之解放，自珍确与有功焉。光绪间所谓新学家者，大率人人皆经过崇拜龚氏之一时期。②

旧派则痛恨有加，把晚清国运多舛的罪因归诸龚氏：

> 曩者光绪中叶，海内风尚《公羊》之学，后生晚进，莫不手先生（按，指龚自珍）文一编。其始发端于湖湘，浸淫及于西蜀、东粤，挟其非常可怪之论，推波扬澜，极于新旧党争，而清社遂屋。论者追原祸始，颇咎先生及邵阳魏默深二人。③

---

① 梁启超：《论中国学术思想变迁之大势》，见《饮冰室合集》文集之七，97 页，北京，中华书局，1989。
② 梁启超：《清代学术概论》，75 页，上海，上海古籍出版社，1998。
③ 叶德辉：《龚定庵年谱外纪序》，《郋园北游文存》，见《叶德辉诗文集》，323 页，长沙，岳麓书社，2010。

　　"向导"与"祸始"既表明新、旧两派态度的迥然对立，又相反相成地说明两派看法存有相通之处——近代新文化潮流一定程度上导源于龚自珍。

　　在后来者的不断诠释下，"但开风气不为师"这一诗句，成为作者形象的定格，龚自珍被确立为近代文化传统创榛辟莽者之一。一位前近代的思想家，被扮为近代中国新学家崇拜的导师，这对于近代特别是五四以降人们所形成的古今中西之辨（不少人认为，新学即西学，新旧之争即今古之争、西学与中学之争，新学旧学扞格如水火）来说，旧学而为新学之先导，确实是匪夷所思，值得反思。

　　论者以龚自珍作为近代新文化开拓者之一，其立论基础多落诸经世思想和今文经学思想。这里，笔者就以龚自珍思想中受新学家大书特书的经世思想和今文经学思想为例，试阐述今文经学与经世思想、经世思想与近代文化传统以及旧学与新学的关系。

　　针对清中叶萧然直落的社会局势，龚自珍风发蹈励，提出"一代之治，即一代之学"的主张，强调学术不能脱离政治，"必以诵本朝之法，读本朝之书为率"[①]，面向现实，关心国计民生，从而重新开启经世致用的学术风尚。追溯龚自珍经世思想的学术源渊，梁启超断言：自珍"往往引《公羊》义讥切时政，诋排专制"，"后之治今文学者，喜以经术作政论，则龚、魏之遗风也"[②]。多年来，史家大体都承袭梁氏的观点，认为龚自珍经世思想渊于今文经学的"微言大义"[③]。然而，笔者经考证后却发现，龚自珍经世思想并非仅渊于今文经学一家，而是多种因素综合作用的产物，古文经学、理学、史学也发挥了相当重要的作用。

---

　　① 龚自珍：《乙丙之际著议第六》，见《龚自珍全集》，4 页，上海，上海古籍出版社，1999。

　　② 梁启超：《清代学术概论》，75、77 页。

　　③ 钱穆指出："言夫常州学之精神，则必以龚氏为眉目焉。何者？常州言学，既主微言大义，而通于天道、人事，则其归必转而趋于论政，否则何治乎《春秋》？何贵乎《公羊》？亦何异乎章句训诂之考索？故言夫常州学之精神，其极必趋于轻古经而重时政，则定庵其眉目也。"见钱穆：《中国近三百年学术史》，590～591 页，北京，商务印书馆，1997。

一、"抱小"与"追大"

——龚自珍对汉学、宋学的批判与继承

以往论者言及龚自珍的学术思想，往往重视今文经学，先入之见地认为古文经学是遭龚氏遗弃的糟粕、宋学乃龚氏启蒙思想批判的靶的，而忽视古文经学和宋学对龚氏的正面影响。实际上，龚自珍经世思想的形成与他对汉学、宋学的认识紧密相关，从一定程度上说，他的经世思想乃至今文经学思想是在对汉学和宋学的批判、继承与发展的基础上形成的。

众所周知，龚自珍家学渊源深厚。龚自珍幼年由外祖父金坛段玉裁启蒙，而段氏为皖学重镇戴震的高足；皖学后进高邮王引之又是龚自珍乡试的座主，其间影响历历可寻。如戴震在为余仲林《古经解钩沈》所作序文中说：

> 经之至者道也，所以明道者其词也。所以成词者，未有能外小学文字者也。由文字以通乎语言，由语言以通乎古圣贤之心志，譬之适堂坛之必循其阶，而不可躐等。①

段玉裁正是倚此作为教学实践的蓝本。龚自珍年甫十二，段玉裁即授以《许氏说文部目》，使他粗通"以经说字，以字说经"②的门径，让他理解"解经莫如字也，解字莫如经也"的道理。③ 龚自珍把戴、段、二王的汉学考据称为"抱小"，肯定其在考据上"求之也必劬，获之也必创，证之也必广，说之也必涩"讲求实证的治学方法和"不敢病迁也，不敢病琐也"的治学态度，肯定他们治学的宗旨、精神以及达于至善的人格：

---

① 戴震：《古经解钩沈序》，见《戴震文集》，146 页，北京，中华书局，1980。
② 吴昌绶：《定庵先生年谱》，见《龚自珍全集》，594 页。
③ 龚自珍：《家塾策问一》，见《龚自珍全集》，121 页。

其为人也，淳古之至，故朴拙之至；朴拙之至，故退让之至；退让之至，故思虑之至；思虑之至，故完密之至；完密之至，故无所苟之至；无所苟之至，故精微之至。小学之事，与仁、爱、孝、弟之行，一以贯之已矣。①

他认为段玉裁、王引之是这一方面的楷模，并称赞段玉裁的治学"导河积石归东海，一字源流奠万华"。晚年的龚自珍不仅有《抱小》之论，而且有"抱小"之趣，"荷衣便识西华路，至竟虫鱼了一生"②。在《己亥杂诗》中，龚自珍追悔当年朴学没有学好，寄望儿子用功读书："俭腹高谈我用忧，肩肩朴学胜封侯，五经烂熟家常饭，莫似而翁啜九流"，"图籍移从肺腑家，而翁学本段金沙，丹黄字字皆珍重，为裹青毡载一车"。古文经学依旧是他钟情的学术事业之一。

除乾嘉考据学大师戴震、段玉裁等人通经明道思想外，阮元对龚自珍经世致用思想的形成也有较大影响。据魏季子《羽琌山民逸事》载："阮公耳聋，见龚则聪；阮公俭啬，交公必阔。"③阮、龚二人皆自视甚高，交谊如此之厚，可见相知之深、关系之密。阮元晚年大力倡导把经学研究引入经世轨道，如他在《论语论仁论》中说："凡仁必于身所行者验之而始见。"他甚至不无偏激地声称"圣贤之道无非实践"，严厉批评汉学、宋学末流脱离现实的学风。龚自珍对此深有领悟，他在《阮尚书年谱第一序》中综括阮元学术思想时指出："谈性命者疏也，恃记闻者陋也，道之本末，毕赅乎经籍，言之然否，但视其躬行。"④这可谓是阮、龚二氏的共同心志。王国维在《沈曾植七十大寿序》中曾说："龚、魏二氏实上承乾嘉专门之学，而有清初诸老经世之志。"至少在经世致用这一点上，龚自珍与戴震、段玉裁、阮元等人的思想是相通的。

本着戴震一系"训诂明而后经义明"的治学主旨，"天命之奥，大道

---

① 龚自珍：《抱小》，见《龚自珍全集》，93 页。
② 刘逸生：《龚自珍己亥杂诗注》，63 页，北京，中华书局，1980。
③ 郭延礼：《龚自珍年谱》，203 页，济南，齐鲁书社，1987。
④ 龚自珍：《阮尚书年谱第一序》，见《龚自珍全集》，227 页。

之任，穷理尽性之谋，高明广大之用"①成为龚自珍的进一步追求。他在给江藩《国朝汉学师承记》所作的序中说："孔门之道，尊德性、道问学二大端而已矣。二端之初，不相非而相用，祈同所归。"②"尊德性"与"道问学"是宋代以来不断辩诘的学术话题，宋学侧重于尊德性，汉学侧重于道问学，在龚自珍看来，汉学、宋学只是初入门径的差别，不应有圭臬的不同。这一点，在他的"小学"③、"大学"之辨中体现了出来：

> 古者八岁入小学，教之数与方名，与其洒扫进退之节。保氏掌国子之教，有书有数。六书九数，皆谓之小学。由是十五入大学，乃与之言正心诚意，以推极于家国天下。壮而为卿大夫、公侯，天下国家名实本末皆治。④

龚自珍认为，"小学"与"大学"、"汉学"与"宋学"是相辅相成的，只有这样，才能合内圣外王之学为一体，才能实现儒家"修齐治平"的理想。这种调和汉宋的言论还可见诸《与江子屏笺》："若以汉与宋为对峙，尤非大方之言，汉人何尝不谈性道？……宋人何尝不谈名物训诂？"⑤"道问学"与"尊德性"并重的学术思想正是一代宗师戴震所一再提倡的，也是皖学后进段玉裁等人学术省思的结果⑥。诚如有的论者指出，龚自珍"这一治学取向，基本上还是乾嘉年间已逐渐滋长起来的汉宋兼采学风的延续和发展"⑦。而龚自珍所提出的经世主张，正是新的历史条件下对前辈大儒外王理想的发扬光大。

值得注意的是，龚自珍所承认的只是汉学、宋学的正宗或者说是精

---

① 龚自珍：《抱小》，见《龚自珍全集》，94 页。

② 龚自珍：《江子屏所著书序》，见《龚自珍全集》，193 页。

③ 这里所说的"小学"不是指《汉书·艺文志》所说的传统语言文字学，而是指古小学，即与"大学"相对的洒扫、进退、书数等基本生活技能和日常礼节。

④ 龚自珍：《陈硕甫所著书序》，见《龚自珍全集》，195 页。

⑤ 龚自珍：《与江子屏笺》，见《龚自珍全集》，347 页。

⑥ 段玉裁晚年对自己一生的治学有深刻省察，段氏说自己："喜言训诂考核，寻其枝叶，略其本根，志大无成，追悔晚矣。"段玉裁：《博陵尹师所赐朱子小学恭跋》，见《经韵楼集》卷八，14 页。

⑦ 路新生：《中国近三百年疑古思潮研究》，193 页，上海，上海人民出版社，2002。

华，对于汉学、宋学末流特别是乾嘉考据学的琐碎之风却不乏微辞：
"入我朝，儒术博矣，然其运实为道问学。……敢问问学优于尊德性乎？
曰：否否。是有文无质也，是因迭起而欲偏绝也。圣人之道，有制度名
物以为之表，有穷理尽性以为之里，有训诂实事以为之迹，有知来藏往
以为之神，谓学尽于是，是圣人有博无约，有文章而无性与天道也。"①
圣人之道以制度名物为之"表"，以穷理尽性为之"里"，乾嘉汉学"儒术"
虽博，却是博而无约，有文无质，有"道问学"却乏"尊德性"。在《陈硕
甫所著书序》中他则指谪"大学"、"小学"各执一端之弊：

> 后世小学废，专有大学，童子入塾，所受即治天下之道，不则
> 穷理尽性幽远之言。六书九数，白首未之闻。其言曰：学当务精者
> 巨者，凡小学家言不足治，治之为细儒。于是君子有尤之，尤上达
> 之无本，尤逃其难者之非正。不由其始者，终不得究物之命。于是
> 黜空谈之聪明，守钝朴之迂回，物物而名名，不使有遁。其所陈说
> 艰难，算师筹人，则积数十年之功，始立一术。书师则繁称千言，
> 始晓一形一声之故，求之五经、三传、子、史之文而毕合，乃宣于
> 楮帛。……至劳苦矣。②

龚自珍认为，只治"大学"则陟颠而弃本，只治"小学"则循本而忘
颠，皆非其厝意。如何做到合"小学"与"大学"之道，兼采汉宋之长
呢？龚自珍指出，考据学"整齐益整齐，企待益企待"，劳苦愚瘁；省力
而又无负于"企待者"的办法是"以六书九数之术，及条礼家曲节碎文如
干事推之，欲遂以通于治天下"③，或者是文质皆备，"长悌其序，胪以
听命"，"存三统之律令"④。在此，他含蓄地指出，今文经学游刃于"大
学"、"小学"之间，兼具二者之长，可以补纠宋学与古文经学末流的
缺失。

---

① 龚自珍：《江子屏所著书序》，见《龚自珍全集》，193 页。
② 龚自珍：《陈硕甫所著书序》，见《龚自珍全集》，195 页。
③ 龚自珍：《陈硕甫所著书序》，见《龚自珍全集》，196 页。
④ 龚自珍：《江子屏所著书序》，见《龚自珍全集》，194 页。

二、"虫鱼学"与"卖饼家"

——今文、古文经学在龚自珍思想中的位置

钱穆在《中国近三百年学术史》中指出："言夫常州学之精神，则必以龚氏为眉目焉。"①钱氏以龚自珍为清代常州学术之眉目，这是就龚自珍在近代的影响而言。而龚自珍与常州公羊学派的实际关系如何，今文经学在龚自珍经世思想形成中究竟处于怎样的位置，却需要作辩证分析。

> 昨日相逢刘礼部，高言大句快无加。
>
> 从君烧尽虫鱼学，甘作东京卖饼家。②

嘉庆二十四年(1819 年)，28 岁的龚自珍会试不中，转从刘逢禄习公羊学。这首七言绝句生动地记录了落第书生龚自珍学术思想的转变过程。按，"虫鱼"借指先秦时解释鸟兽草木虫鱼等词语的《尔雅》。该书后成为古文经学派解释经籍名物的工具书，被列为十三经之一。有人贬抑专门从事琐碎考据为"虫鱼"之学，如韩愈《读皇甫湜公安园池诗书其后》一诗就有"尔雅注虫鱼，定非磊落人"之说。又据《魏略》故事，东京即魏都洛阳，时任魏司隶的钟繇对治《春秋公羊传》的严汉不抱好感，把《春秋左氏传》比作大官之厨，把《公羊传》奚落为卖饼家。龚自珍不以"卖饼家"为耻，在清代公羊学即兴初兴之际，公然揭橥这面大旗，自然有其意义。笔者在此要强调的是，这首诗的描述虽形象尽致，却并不准确，并不能充分证明今文经学在龚自珍经世思想形成过程中处于独一无二的地位。

龚自珍经学思想的主旨是什么呢？今文经学在龚自珍经学思想中处

---

① 钱穆：《中国近三百年学术史》，590～591 页。

② 龚自珍：《杂诗，己卯自春徂夏，在京师作，得十有四首》，见《龚自珍全集》，441 页。

于什么样的位置呢？实际上，长期以来学界不仅对今、古文经学在龚自珍经学思想的地位莫衷一是，而且对龚自珍的学派归属也未达成一致。康有为、梁启超一系把他划入常州学派。如梁启超多次指出："今文学派之开创，实自龚氏"，"今文学之健者，必推龚、魏"①。他并且在《儒家哲学》中明确指出：龚自珍、魏源籍贯虽不是常州，然不能不说是常州一派。而清末著名今文经学家皮锡瑞则根据今古文经分野的学术标准，把他排除于今文经学派阵营。笔者以为，龚自珍在思想上虽一度看重公羊学的微言大义，然而落诸具体学术观点则综合众说，不拘一家。我们不可过高估计今文经学在龚自珍学术思想中的地位。

毫无疑问，龚自珍曾受今文经学的影响。饱受古文经家学熏陶的龚自珍，与刘逢禄一见如故，易帜公羊学家门下，本身即是耐人寻味的话题。这不仅是现实政治、时代学风使然，而且与龚自珍那种豪放不羁、奇谲瑰异、不甘寂寞的个性有关。乾嘉考据学末流的琐碎学风早已引起龚自珍不满，一旦深入了解刘逢禄、宋翔凤思想学说的主旨，今文经学"非常异义可怪之论"对于这位"箫心剑态""负尽狂名"的诗人兼思想家的吸引力马上显示出来，而今文经学便于议政干政的治学特点也符合龚自珍施展才情的需要。"端门受命有云礽，一脉微言我敬承。宿草敢袚刘礼部，东南绝学在毗陵"②，其欢欣鼓舞的情态溢于言表。"常人倘欲问常故，异时就我来咨取"③，在《常州高材篇》中，他对常州学派诸君子如数家珍。"万人丛中一握手，使我衣袖三年香"④，一向自视不凡的龚自珍对常州硕学如此看重，且意气相投，常州今文经学派对其影响不难想见。

那么，今文经学在多大程度上影响了龚自珍的学术思想呢？《五经大义终始论》、《五经大义终始答问九篇》、《壬癸之际胎观九篇》、《古史钩沉论》、《大誓答问二十六篇》、《左氏春秋服杜补义》、《左氏决疣》、

① 梁启超：《清代学术概论》，75～76 页。
② 刘逸生：《龚自珍己亥杂诗注》，81 页。
③ 龚自珍：《常州高材篇，送丁若士》，见《龚自珍全集》，494 页。
④ 龚自珍：《投宋于庭》，见《龚自珍全集》，462 页。

《西汉君臣春秋之义考》、《六经正名论》、《六经正名答问五篇》、《春秋决事比》、《春秋决事比答问》是众所公认的龚自珍受常州学派影响而写成的经学论著。笔者分析后认为，除佚失者外，这些经学著作的学术观点并非全采今文经学的立场，而是明显带有古文经学的印痕，可谓今古杂陈。择其要者有：

1. 以音读解今古文之异。龚自珍《大誓答问第二十四》论汉代今古文名实，提出以音读区别今古的观点："今文、古文同出孔子之手，一为伏生之徒读之，一为孔安国读之。未读之先，皆古文矣，既读之后，皆今文矣。惟读者人不同，故其说不同。源一流二，渐至源一流百，此如后世翻译；……译主不同，则有一本至七本之异。"龚自珍这一观点显然与重音韵训诂的家学修养有关，他在文末也明确承认"具如予外王父段先生所言"，系受段玉裁的影响。[①] 皮锡瑞在《书经通论·论汉时今古文之分由文字不同亦由译语各异》一文中不仅赞同龚氏之说，而且指出龚氏此说受段氏影响："段氏解读字甚精，龚氏通翻译，解读字尤确，据此可知今古文本同末异之故。"

2. 孔子述而不作。龚自珍认为："仲尼未生，先有六经，仲尼既生，自明不作；仲尼曷尝率弟子使笔其言以自制一经哉？"[②]在《祀典杂议》一文中，他直接指出："孔子述而不作，信而好古……孔子虽大圣，大圣亦尊古者也。""孔子以布衣修百王之业，总群言之归，承群圣之后，尚不自是，则问礼于老聃，问官于郯子，问乐于师襄。同时之人，折节相师。不有前事，圣将安托？夫以孔子为海，而先贤、先师则河也；以孔子当兴王，而先贤、先师则二王也。"[③]这里，龚自珍以孔子为述而不作的史家，把孔子与老聃、郯子并列，显然不符合今文经学的家法，而是古文经学的观点。正是由于这一点，皮锡瑞反对把龚自珍归入今文经学派。

---

① 龚自珍：《大誓答问第二十四》，见《龚自珍全集》，75～76 页。
② 龚自珍：《六经正名》，见《龚自珍全集》，38 页。
③ 龚自珍：《祀典杂议五首》，见《龚自珍全集》，103 页。

3. 治经杂采今古。龚自珍在《六经正名》中指出："六经、六艺之名，由来久远，不可以臆增益"，主六经而反对十三经之说。① 于《春秋》，不守刘逢禄辈"《左氏》不传《春秋》"的今文家法，认为"《左氏春秋》（宜剔去刘歆所窜益）、《春秋公羊传》、《郑语》一篇，及《太史公书》，以配《春秋》"，"《穀梁氏》不受《春秋》制作大义，不得与《春秋》配也"②。"凡建五始，张三世，存三统，异内外，当兴王，及别月日时，区名字氏，纯用《公羊氏》；求事实，兼采《左氏》"③。于《尚书》，不满于刘逢禄等人遵从的合《康诰》、《顾命》为一篇的说法，主张根据司马迁《史记》、段玉裁《古文尚书撰异》的编次，分为两篇，对古文《尚书》有依有辟。④ "说《诗》，以涵泳经文为主，于古文毛、今文三家，无所尊，无所废。"⑤至于《礼》，龚自珍一生"恶《周礼》"⑥，认为"《周官》晚出，刘歆始立"⑦，《周官》之称经乃王莽所加，基本上持今文经学立场。

4. 反对灾异谶纬说经。经学自西汉即有一种学风，"与经无与，而附于经，谬以禆灶、梓慎之言为经，因以汩陈五行、矫诬上帝为说经，《大易》《洪范》，身无完肤，虽刘向亦不免，以及东京内学"⑧，至常州学派也未完全摈除。龚自珍不满于此，在《与陈博士笺》中说："自珍最恶京房之《易》，刘向之《洪范》，以为班氏《五行志》不作可也"⑨，并专作《非五行传》辟之。而这正是清代汉学遵承的学风，如为龚自珍所敬重的皖派大师王引之在《经义述闻》中就有《公羊灾异》一节驳斥董仲舒、何休推言灾异谶纬的做法。

5. 以今文立论。龚自珍经学著作中，有些篇章是明确站在今文经学立场上立论的，如亡佚的《左氏决疣》，探讨今文《尚书》篇数的《大誓

---

① 龚自珍：《六经正名》，见《龚自珍全集》，37页。
② 龚自珍：《六经正名答问五》，见《龚自珍全集》，40页。
③ 龚自珍：《春秋决事比自序》，见《龚自珍全集》，234页。
④ 龚自珍：《最录尚书古文写定本》，见《龚自珍全集》，244页。
⑤ 刘逸生：《龚自珍己亥杂诗笺注》，92页。
⑥ 龚自珍：《同年生胡户部集同人……为韵语以谐之》，见《龚自珍全集》，483页。
⑦ 龚自珍：《六经正名》，见《龚自珍全集》，37页。
⑧ 龚自珍：《六经正名答问一》，见《龚自珍全集》，39页。
⑨ 龚自珍：《与陈博士笺》，见《龚自珍全集》，346页。

答问》，以及驳难古文经学的《说中古文》等。《说中古文》以不足七百字的短篇就今古文之争的关键性问题进行了辩答，以今文攻古文，对后世皮锡瑞、康有为等人的经学观点产生了重要影响。而《五经大义终始论》及其答问，以公羊贯穿五经。这种以《公羊春秋》统摄五经的做法，是龚自珍的经学创获，开晚清今文学派综合治经的先河。

综上，笔者以为，龚自珍在诗文中虽一再表述对常州学派的崇敬之情，但分析其主要学术观点，今文经学对他的影响并不见得多于古文经学。而人们之所以夸大今文经学在他经世思想中的地位，主要是与清代公羊学复兴有关。在当时的历史条件下，一石激起千层浪，公羊学的重新兴起给沉闷的思想界注入了生机和活力，产生了一定的声势。再加上后来者康有为等人推波助澜，借助今文经学宣传变法维新，人们追溯其始，很容易夸大今文经学对龚自珍的影响。实际上，相对于古文经学、理学而言，复兴中的今文经学在龚自珍时代并不居主流；今文经学在龚自珍经世思想形成过程中也没有起到独一无二的作用。正如人们易于关注新芽而往往漠视老根的生命力一样，学界过于重视公羊学在晚清的反响，过于重视公羊学对龚自珍的影响，而疏略了其他学说所发挥的作用。

三、"欲知大道，必先为史"

"近数十年来，士大夫诵史鉴，考掌故，慷慨论天下事，其风气实定公开之。"[1]陈秉钊的这句话，既点明了龚自珍对近世学术风气转变的又一影响，也道出了龚自珍经世思想的又一项重要内容——史学经世。

到嘉庆、道光时期，考据学末流的琐碎和理学的空疏学风已相当严重，有关记载不仅可以见诸龚自珍文集，而且从时人的著述中也可以看出。如方东树在《汉学商兑》中指出，到嘉道之际，汉学"无一言及于道，

---

[1] 佚名（陈秉钊）：《定庵文集后记》，见孙文光、王世芸编：《龚自珍研究资料集》，174页，合肥，黄山书社，1984。

无一念及于用"，日趋烦琐蔓延，好似"屠沽记账"。《啸亭杂录》则记载，这一时期程朱理学受人冷落，"遂将濂、洛、关、闽之书，束之高阁，无读之者"①，理学家徒务空谈。作为封建文化支柱的《四书》、《五经》已陷入严重危机，大厦将倾。同时，"号为治经则道尊，号为学史则道诎"②，尊经治经的风气桎梏着人们的思想观念，史学地位卑微，历史的价值得不到重视。③ 在此背景下，龚自珍打出"尊史"的旗号，"能以良史之尤尤天下"④，先后写出《古史钩沉论》、《尊史》等阐发史学大义的著作，揭橥"史学经世"的深刻内涵，提出了不少创见。史学经世构成龚自珍经世思想中不可或缺的组成部分。

与通经致用一样，龚自珍的史学经世思想也有深厚的历史渊源，与家学、师承特别是浙东学术有密切关联。关于龚自珍史学经世思想的家学渊源，朱杰勤在《龚定庵研究》中曾指出：龚自珍的祖父匏伯好历史，曾校批《汉书》，父闇斋任职礼部时曾参与国史馆的工作。外祖段玉裁在信中也教诲道："何谓有用之书，经史是也。"⑤

作为浙江籍学者，龚自珍对地方先贤的学术成就自然会有相当深的了解。清代浙东学术以史学见长于世，强调史学致用，有良好的治史传统，黄宗羲、万斯同、全祖望诸人都有相当高的史学成就。其中，章学诚《文史通义》所提出的"六经皆史"观对龚自珍影响最大。

"六经皆史"观由来以久，如王阳明《传习录》中就提出："以事言谓之史，以道言谓之经，事即道，道即事，《春秋》亦经，五经亦史"，"《易》是庖牺氏之史，《书》是尧舜以下之史，《礼》、《乐》是三代之史"。袁枚在《史学例义序》中也说："古有史而无经，《尚书》、《春秋》今之经，

---

① 昭梿：《啸亭杂录》，317 页，北京，中华书局，1980。
② 龚自珍：《古史钩沉论二》，见《龚自珍全集》，24 页。
③ 陈寅恪指出：清代"一世才智之士，能为考据之学者，群舍史学而趋于经学一途。其谨愿者，既止于解释文句，而不能讨论问题。……虽有研治史学之人，大抵于宦成以后休退之时，始以余力肆及，殆视为文儒老病销愁送日之具。当时史学地位卑下如此"。见陈寅恪：《陈垣〈元西域人华化考〉序》，见《金明馆丛稿二编》，238 页，上海，上海古籍出版社，1980。
④ 龚自珍：《乙丙之际著议第九》，见《龚自珍全集》，7 页。
⑤ 段玉裁：《与外孙龚自珍札》，见《龚自珍研究资料集》，6 页，合肥，黄山书社，1984。

昔之史也；《诗》、《易》者，先王所存之法，其策皆史官掌之。"但他们对经史关系的论述，毕竟没有章学诚深刻。

约略说来，在经史观上，至少以下两点龚自珍与章学诚具有相似性，明显表现出二人的前后承继关系。

一是从入之途相近。章学诚倡导史学，原因之一是不满于当时的汉宋学术，他在给钱大昕的信中说："世俗风尚，必有所偏，达人显贵之所主持，聪明才俊之所奔赴，其中流弊必不在小。"①"达人显贵之所主持"，即朝廷提倡的宋学；"聪明才俊之所奔赴"，即学界热衷的汉学。他抨击宋学"虚悬而无薄"②，"唯腾空言而不切于人事"③；抨击汉学"征实太多，发挥太少，有如桑蚕食叶而不能抽丝"④。他主张以学业辟风气，持世而救偏，主张拿史学来补救经学研究的弊端，来挽救世道人心："三代学术，知有史而不知有经，切人事也。后人贵经术，以其即三代之史耳。""史学所以经世，固非空言著述也，且如六经，同出于孔子，先儒以为其功莫大于《春秋》，正以切合当时人事耳。"⑤

龚自珍不仅有多处批评汉宋学的文字，而且批评的重点也大都落在汉宋学末流无实无用、不能治世上。同时，他也认同三代知有史而不知有经的说法："周之世官大者史，史之外无有语言焉，史之外无有文字焉，史之外无人伦品目焉。"又说："灭人之国，必先去其史；隳人之枋，败人之纲纪，必先去其史；绝人之材，湮塞人之教，必先去其史；夷人之祖宗，必先去其史。"⑥在龚自珍思想中，史学的重要性由此可见一斑。在《尊史》一文中他进一步明确说道："出乎史，入乎道，欲知大道，必先为史。"⑦尊史的目的即在于从汉学和宋学之外另辟一条通达"大道"

---

① 章学诚：《上钱辛楣宫詹书》，见《章氏遗书》卷二十九，第5册，102页，上海，商务印书馆，1936。

② 章学诚：《原学下》，见《文史通义校注》，154页，北京，中华书局，1994。

③ 章学诚：《浙东学术》，见《文史通义校注》，524页。

④ 章学诚：《与汪龙庄书》，《文史通义》外篇三，见《章氏遗书》卷九，第2册，102页，上海，商务印书馆，1936。

⑤ 章学诚：《浙东学术》，见《文史通义校注》，523～524页。

⑥ 龚自珍：《古史钩沉论二》，见《龚自珍全集》，21～22页。

⑦ 龚自珍：《尊史》，见《龚自珍全集》，81页。

的门径。诚如钱穆指出："定庵之学，虽相传以常州今文目之，而其最先门径，则端自章氏入。"①

二是"六经皆史"的主旨相同。章学诚提出"六经皆史"，认为"六经皆先王之政典"，"古之所谓经，乃三代盛时典章法度见于政教行事之实"②，记载的是"先王得位行道，经纬宇宙之迹"③，"盈天地间凡涉著作之林，皆是史学，六经特圣人取此六种之史以垂训者耳。子集诸家，其源皆出于史"④。既然先王政典皆是史，那么通过治史即可达先王之道、圣人之道，这就是章学诚倡导"六经皆史"的要义所在。从史学角度研治六经，以史学经世，与通经明道可谓殊途同归。

龚自珍则将章学诚的"六经皆史"说进一步发挥，主经子皆史之说并加以系统化。他在《古史钩沉论二》中写道：

> 夫六经者，周室之宗子也。《易》也者，卜筮之史也；《书》也者，记言之史也；《春秋》也者，记动之史也；《风》也者，史所采于民，而编之竹帛，付之司乐者也。《雅》、《颂》也者，史所采于士大夫也。《礼》也者，一代之律令，史职藏之故府，而时以诏王者也。小学也者，外史达之四方，瞽史谕之宾客之所为也。……故曰：五经者，周史之大宗也。孔子殁，七十子不见用，衰世著书之德，蜂出泉流，汉氏校录，撮为诸子，诸子也者，周史之小宗也。⑤

笔者以为，龚自珍把六经称为"周史之大宗"，诸子称为"周史之支孽小宗"，提出"经子皆史"，并不是要抹掉被奉为神圣教条的儒家经典的权威性，而是要说明：经子皆史，通过史学的方法"善入"、"善出"，把经书当作历史来研究，知往察来，鉴古知今，就可以求得其中的大道、探索出其中的规律。证据可见诸以下几端：《六经正名》，主要是从

---

① 钱穆：《中国近三百年学术史》，595 页。
② 章学诚：《经解上》，见《文史通义校注》，94 页。
③ 章学诚：《易教上》，见《文史通义校注》，3 页。
④ 章学诚：《报孙渊如书》，《文史通义》外篇三，见《章氏遗书》卷九，第 2 册，334 页。
⑤ 龚自珍：《古史钩沉论二》，见《龚自珍全集》，21 页。

史学源流上论证经书不能定为七经、九经、十经、十二经、十三经、十四经，强调"六经、六艺之名，由来久远，不可以臆增益"，目的是确立六经"北斗可移，南山可隳，此弗可动"的独尊和正宗地位，是精化、加强而非泛化、削弱儒家经典的地位。此其一。《古史钩沉论二》以六经为孔子述而不作的史书，孔子于存亡绝续、史统替夷之时而承大任，指出"史无孔，虽美何侍？孔无史，虽圣曷庸？"既突出了孔子不可磨灭的历史功绩，又说明六经虽然为史但亦融贯圣人之道，而非于圣人之道以外别开门径。此其二。《春秋决事比自序》指出："民生地上，情伪相万万，世变徙相万万，世变名实徙相万万，《春秋》文成才数万，指才数千，以秦、汉后事，切劘《春秋》；有专条者十一二，无专条者十八九，又皆微文比较，出没隐显，互相损益之辞。"《春秋》并非专门为后世制法，"后世之事，出《春秋》外万万，《春秋》不得而尽知之也"。龚自珍认为，借助《左传》配《春秋》，可以挖掘出《春秋》所蕴含的微言大义。而这里所得出的大义，不是通过公羊学家那种推断发挥，而是借助建立于史实之上的史学研究。龚自珍以《春秋》为史，所以才称赞庄存与"以学术自任，开天下知古今之故"[①]。在龚自珍看来，含有"通古今之变"的《春秋》大义自然非同寻常，《春秋》地位当然不可动摇。此其三。（这一点也表现出龚自珍与公羊学派学风的不同）由上判断，龚自珍在宗经与尊史上的一致性与章学诚并无二致，目的都是经世致用，以史学达于圣人之道。

金蓉镜在《定庵年谱外序》中指出："定庵之学，影接实斋，濡染杂博。"龚自珍承接章学诚的史学经世思想，薪火相继，梯航前行，由此可以证之。

四、"一代之治，即一代之学"

《乙丙之际著议（塾议）》系龚自珍于乙亥（1815 年）、丙子（1816 年）

---

① 龚自珍：《资政大夫礼部侍郎武进庄公神道碑铭》，见《龚自珍全集》，41 页。

之际写的一组文章，原有 25 篇，多惊世骇俗、评骘时政之论。其中第六篇曾收入《经世文编》，又曾以《治学》为题刊刻。长期以来，学界对该文未给予足够重视，笔者以为，这是探讨嘉道时期学术转向的一篇重要论文，文中所提出的"一代之治，即一代之学"标志着清代学风由考据之学向经世之学的转变。

> 自周而上，一代之治，即一代之学也；一代之学，皆一代王者开之也。有天下，更正朔，与天下相见，谓之王。佐王者，谓之宰。天下不可以口耳喻也，载之文字，谓之法，即谓之书，谓之礼，其事谓之史。职以其法载之文字而宣之士民者，谓之太史，谓之卿大夫。天下听从其言语，称为本朝、奉租税焉者，谓之民。民之识立法之意者，谓之士。士能推阐本朝之法意以相诫语者，谓之师儒。王之子孙大宗继为王者，谓之后王。后王之世之听言语奉租税者，谓之后王之民。王、若宰、若大夫、若民相与以有成者，谓之治，谓之道。若士、若师儒法则先王、先冢宰之书以相讲究者，谓之学。师儒所谓学有载之文者，亦谓之书。是道也，是学也，是治也，则一而已矣。①

后人对上古时代有一种崇拜情结，把上古作为完美、理想社会的象征。上古之世为何如此美好呢？龚自珍通过剖析这一时期的社会文化结构，力图阐明一个道理："一代之治，即一代之学也"，"是道也，是学也，是治也，则一而已矣"。龚自珍告诉人们，上古社会成功的秘诀在于学术与政治的结合，学术当以经世。

学术经世是现实政治所提出的迫切要求，结合当时的历史背景来考察，龚自珍此论的意义尤为明显。先看官风。《清实录》记载，嘉庆初年，"督抚司道等则取之州县，州县则取之百姓，层层朘削，无非苦累良民，罄竭脂膏，破家荡产"②，官场贪污成风，贿赂公行，苟且因循，

---

① 龚自珍：《乙丙之际著议第六》，见《龚自珍全集》，4 页。
② 《清实录》卷七十五，嘉庆五年十月，北京，中华书局，1986 年影印本。

阿谀逢迎,已到了尸位素餐、百务废弛的地步。再言士风。嘉道时期,士林醉心八股,沉湎制艺,"束书不观,拾坊间余唾,掇取科第,有终身不知班、马为何人,表、志为何书者矣"①。潘德舆《唤醒斋随笔序》记道:

> 数十年来,承学之士,华者骋词章,质者研考据……风尚既成,转相祖袭,牢不可诘。天下之士,遂真以食色为切己,廉耻为务名,攫利禄为才贤,穷义理为迷惑,而官箴玷,民俗薄,生计绌,狱讼繁,百害籍籍,乘此而起。②

为官者枉道从势,为学者曲学阿世,世风萧然直落。管同在《拟言风俗书》中说:"今之风俗,其弊不可枚举,而蔽以一言,则曰好谀而嗜利。惟嗜利,故自公卿至庶民,惟之是趋,无所不至。惟好谀,故下之于上,阶级一分,则奔走趋奉,有谄媚而无忠爱。"③

官风如此,士风如此,世风如此,正是针对风气如此败坏的社会局势,龚自珍风发蹈励,提出了"一代之治,即一代之学"的主张,强调学术不能脱离政治,"必以诵本朝之法,读本朝之书为率"④,面向现实,关心政治,重新开启经世致用的学术风尚。"清至嘉、道,学凋文敝,索索无生气。定庵乃崛起于其间。……沿及同、光,风尚所趋,尊为龚学。"⑤

"纵使文章惊海内,纸上苍生而已。"学术研究必须走出书斋,面对现实,才能发挥经世致用的功能,改变"五都黍尺无人校,抢攘廛间一饱难"的局面⑥。龚自珍不仅是经世之学的倡导者,而且是经世致用的积极实践者。

社会批判是龚自珍经世思想中最突出的部分。龚自珍借助经、史,迂回地对封建君主专制、官场腐败、士林堕落、科举制度、人才危机等

---

① 邓显鹤:《许莲舫先生史评赘序》,见《南村草堂文钞》卷四,咸丰年间刻本。
② 潘德舆:《唤醒斋随笔序》,见《养一斋集》卷十八,同治十一年山阳潘氏刻本。
③ 管同:《拟言风俗书》,见《因寄轩文初集》卷四,光绪九年刻本。
④ 龚自珍:《乙丙之际著议第六》,见《龚自珍全集》,4页。
⑤ 王文濡:《龚定庵全集序》,见《龚定庵全集类编》,1页,北京,中国书店,1991。
⑥ 龚自珍:《己亥杂诗》,见《龚自珍全集》,510页。

展开批判。如他借史氏之书批判君主"其力弱，其志文，其聪明下，其财少"[1]，君主专制束缚人才：

> 约束之，羁縻之，朝廷一二品之大臣，朝见而免冠，夕见而免冠，论处、察议之谕不绝于邸钞。部臣工于综核，吏部之议群臣，都察院之议吏部也，靡月不有。府州县官，左顾则罚俸至，右顾则降级至，左右顾则革职至，大抵逆亿于所未然，而又绝不斠画其所已然。……夫聚大臣群臣而为吏，又使吏得以操切大臣群臣，虽圣如仲尼，才如管夷吾，直如史鱼，忠如诸葛亮，犹不能以一日善其所为，而况以本无性情、本无学术之侪辈耶？……天下无巨细，一束之于不可破之例，则虽以总督之尊，而实不能行一谋、专一事。[2]

他诋斥"内外大小之臣，具思全躯保室家，不复有所作为"[3]，饱食终日，碌碌无为。他批判士人醉心科场，"少壮之心力，早耗于禄利之筌蹄，其仕也，余力及之而已，浮沉取容，求循资序而已"[4]。进入官场之后，更是无耻之徒。"自其敷奏之日，始进之年，而耻已存者寡矣！官益久，则气愈偷，望愈崇，则谄愈固，地益近，则媚亦益工"[5]。士大夫已丧失社会责任感，谄媚逢迎，不知廉耻。士林风习堕落，内心枯窘，逃避现实：

> 重于其君，君所以使民者则不知也；重于其民，民所以事君者则不知也。生不荷耰锄，长不习吏事，故书雅记，十窥三四，昭代功德，瞠目未睹，上不与君处，下不与民处。……昧王霸之殊统，文质之异尚。其惑也，则援古以刺今，嚣然有声气矣。是故道德不一，风教不同，王治不下究，民隐不上达，国有养士之赀，士无报

---

① 龚自珍：《古史钩沉论一》，见《龚自珍全集》，20 页。
② 龚自珍：《明良论四》，见《龚自珍全集》，35 页。
③ 龚自珍：《明良论一》，见《龚自珍全集》，30 页。
④ 龚自珍：《对策》，见《龚自珍全集》，116 页。
⑤ 龚自珍：《明良论二》，见《龚自珍全集》，31 页。

国之日，殆夫！殆夫！①

从皇帝到士大夫、各级官吏，整个统治阶层无思想、无个性、无作为，如行尸走肉，暮暮无生气，蝇营狗苟，孳孳相生。整个社会如"日之将夕，悲风骤至"，如"将萎之华，惨于槁木"，"乱亦竟不远矣"。②

"一虫独警谁同觉，万马无声病养疴。"③面对危如累卵的局势，龚自珍在批判现实的基础上，进而大胆提出整顿、改革、更法的经世主张。

"颓波难挽挽颓心"，龚自珍首先寄望于朝廷能以公心为重，以社稷为重，暂舍私心，共挽狂澜。"诚使内而部院大臣、百执事，外而督、抚、司、道、守、令，皆不必自顾其身与家，则虽有庸下小人，当饱食之暇，亦必以其余智筹及国之法度、民之疾苦。……内外官吏皆忘其身家以相为谋，则君民上下之交，何事不成？何废不举？"④

"黔首本骨肉，天地本比邻。一发不可牵，牵之动全身。圣者胞与言，岂夫夸大陈。四海变秋气，一室难为春。"⑤现实社会病入膏肓，又如灯烛无光的漫漫长夜，龚自珍虽置身京华，但已感受到"山中之民有大音声起，天地为之钟鼓，神人为之波涛"⑥，忧患重重，危机四伏。局部的调整为时已晚，因而，龚自珍主张变法，实行自改革：

> 一祖之法无不敝，千夫之议无不靡，与其赠来者以劲改革，孰若自改革？抑思我祖所以兴，岂非革前代之败耶？前代所以兴，又非革前代之败耶？何莽然其不一姓也？天何必不乐一姓耶？鬼何必不享一姓耶？奋之！奋之！将败则豫师来姓，又将败则豫师来姓！

---

① 龚自珍：《乙丙之际著议第六》，见《龚自珍全集》，5 页。

② 龚自珍：《乙丙之际著议第九》，见《龚自珍全集》，7 页。

③ 程秉钊：《乾嘉三忆诗之一》，见《龚自珍全集》，657 页。

④ 龚自珍：《明良论一》，见《龚自珍全集》，30 页。

⑤ 龚自珍：《自春徂秋，偶有所触，拉杂书之，漫不诠次，得十五首》，见《龚自珍全集》，485 页。

⑥ 龚自珍：《尊隐》，见《龚自珍全集》，88 页。

《易》曰：穷则变，变则通，通则久。[1]

龚自珍一生奔走呼号，要求变法更张，由于身处冷衙萧斋，位卑权微，在"蘼芜径老春无缝"[2]的大环境下，虽然提出了《对策》、"明良四论"等不少改革主张，除新疆置行省等少数建议具有实际意义外，像均田、"宾宾"、"讽书射策"等均缺乏新义和生气。他那"不拘一格降人材"发自肺腑的呼号振聋发聩，不能说没有切中时弊，但是以"仿古法以行之，正以救今日之病"为指导思想所开出的药方，并没能实现治世达用的理想。

笔者关注的是，实际上，不仅龚自珍的经世之学源于传统，而且其经世的具体主张也与黄宗羲、顾炎武等思想家一脉相承，是明末清初经世思想沉寂一段时间后的再起。如龚自珍思想中最为犀利，也是最受近代思想家推重的社会批判思想，就是在继承黄宗羲、唐甄等人思想而形成的，且有所逊色。黄宗羲在《明夷待访录》的《原君》篇中毫不掩饰地直斥封建君主专政："天下之大害者，君而已矣。"唐甄比黄宗羲更为大胆，他在《潜书·室语》中痛斥道："自秦以来，凡帝王皆贼也。"他们对封建专制制度的揭露与批判在一定程度上已具有近代启蒙的色彩。经过雍乾文网之后，龚自珍的批判方式已相对隐晦曲折，而批判的重点，也不在直接抨击专制君权上，而是广泛地揭露专制制度下的各种危机，尤其集中于专制制度对束缚个性、禁锢人心、戕窒人材的罪恶方面。有一种说法认为，龚自珍是近代启蒙哲学的先驱。其实，观诸龚自珍的文集，其基调还是"自改革"，即寄望封建统治阶级内部的整顿和调整，这从他晚年的《己亥杂诗》中也可以看出："终是落花心绪好，平生默念玉皇恩"；"落红不是无情物，化作春泥更护花。"[3]他的改革是以维护封建君主专制为前提的，所批判的不过是极端的君主专制或不利于维持正常封建秩序的东西，他一生致力的是挽救封建统治的危机，而不是近代资产阶级

---

① 龚自珍：《乙丙之际著议第七》，见《龚自珍全集》，6 页。
② 龚自珍：《寒夜读归佩珊夫人赠诗，……怃然和之》，见《龚自珍全集》，448 页。
③ 刘逸生：《龚自珍己亥杂诗笺注》，3、5 页。

的民主启蒙。正如有的学者指出："龚自珍还不能算近代哲学家，他的思想仍然是十七世纪批判思潮的继续和发展。"①

龚自珍虽然是旧制度的维护者，但他对封建社会腐败现象的揭露与批判，以及为挽救危机孜孜以求的改革主张，却在客观上给后来的资产阶级维新派以启发，为新制度的倡导者提供了可以利用的思想资料，受到资产阶级维新派的推崇，从而被树立成近代思想家的先驱，在思想史上具有了近代意义。这就是历史的辩证法，的确发人深省。

综上所述，龚自珍经世思想的形成并非仅受今文经学的影响，而是多种因素共同作用的结果。龚自珍从前人那里吸取了当时尚未被时人重视的通经致用、史学经世思想，熔经史于一炉，通经治史明道以治今。经学与史学、汉学与宋学、古文与今文以经世致用为核心在龚自珍思想中汇聚在一起。"不研乎经，不知经术之为本源也；不讨乎史，不知史事之为鉴也；不通乎当世之务，不知经、史施于今日之孰缓、孰亟、孰可行、孰不可行也。""研诸经，讨诸史"，还要"揆诸时务"。② 正是在博览经史、广纳众说的基础上，龚自珍才开启了"一代之治，即一代之学"的经世学风。

五、文化传统的复杂性

综上，通过对龚自珍思想源流的考察，至少可以说明两点：第一，龚自珍思想既有深厚的传统文化基础，又是中国近代新思想的前路先驱。以龚自珍学术思想为中介，可以看到，中国文化如滔滔大河，连绵不断。有人硬要把中国历史斩为两截，认为 19 世纪中叶是中国历史的断裂带，殊不知，抽刀断水水更流，这一说法失于简单。第二，龚自珍

---

① 尹协理：《论龚自珍在中国哲学史上的地位》，见《中国近代哲学史论文集》，198 页，天津，天津人民出版社，1984。

② 龚自珍：《对策》，见《龚自珍全集》，114 页。

的思想依然是属于旧时代的。这一点并不会因为他是近代思想的先驱而改变，更不能任意拔高他在近代思想史上的地位。如此结论，看似矛盾，但又合乎历史和逻辑。实际上，体现在龚自珍身上的这种相反相成的悖论，正是中国文化传统在近代的一个缩影。

什么是中国的文化传统？这是一个大题目，长期以来虽仁智各见，但却又有大体一致的价值判断，那就是，先秦诸子百家、汉唐盛世所造就出的是泱泱文化大国的优良传统，至明清江河日下，中国的文化传统变得一无是处，理学成为中国文化的全部。实际上，这种观点不仅夸大了文化在社会演变中的作用，同时也忽视了文化传统的复杂性。

其一，主流与潜流的交替。在龚自珍生活的时代，维护封建统治、加强封建专制无疑是中国文化传统的主流。同时，每当封建专制走向极端，不利于封建制度的正常运行，即社会普遍发生危机时，又涌现着一股主张平均平等、批判君主绝对专制的潜流。二者都是中国的文化传统。有的学者认为中国不存在统一的文化传统，虽有过于强调中国文化传统的多面性、兼容性之嫌，并不见得毫无道理。龚自珍所着手的正是变潜流为主流，即通过揭露封建社会危机来改善封建统治的状况。康有为、梁启超等人是继龚自珍、魏源之后的弄潮儿，不过，他们虽然继承了前人对封建专制的批判，但用意却不在修补弥缝，而是要引渠改道，推陈出新，把水流导入新方向。

其二，卫道与叛道的变奏。从根本义或初始义上讲，龚自珍经世的目的是维护旧传统而非废除旧传统。如，就变革的内容而言，他要求修订而非取消封建的礼仪制度，改革而不是废除科举制度，加重内外大臣的职权而非改变封建专制体制。但他所做的这一切，具有叛逆性，又是旧制度所不容许的，诚如他的朋友魏源所说："其道常主于逆，小者逆谣俗、逆风土，大者逆运会，所逆愈甚，则所复愈大，大则复于古，古则复于本。"[1]"复古"是形式上对文化传统的继承，而"所逆"则是"离经叛道"、背叛传统，是"复古"的客观效果。价值理性与工具理性的这种

---

[1] 魏源：《定庵文录叙》，见《龚自珍全集》，650 页。

矛盾，使得原本主观上为挽救封建统治危机、维护文化传统而探求的"更法"、"改图"等"灵丹妙计"，客观上却成为近代维新思想的萌芽和先驱。

其三，立场和视角的差异。正如一条河流上游与下游水质不完全一样，文化传统并非一成不变，而是处于不断地被解释当中，从而形成新的传统。这其中，解释者的立场和角度有着重要影响。对于龚自珍的评价，誉之者视其为先驱，谳之者视其为祸首，差距如此之大，就在于评论者所持的立场和视角不同。例如，为何同处于进步阵营的章太炎与康有为对龚自珍评价相左，却与保守阵营的朱一新相近？政治原因之外，主要是学术立场的不同。章太炎与朱一新对龚自珍持否定性评价，原因之一就在于二人均不满于龚氏空浮无根基的学风。朱一新说龚自珍学问"蔓延支离，不可究诘，凡群经略与《公羊》相类者，无不旁通而曲畅之，即绝不相类者，亦无不锻炼而傅合之，舍康庄大道而盘旋于蚁封之上，凭臆妄造以诬圣人，二千年来，盖未有甚于此者也"①。章太炎说龚自珍"好姚易卓荦之辞，欲以前汉经术助其文采，不素习绳墨，故所论支离自陷"②。从学术角度讲，喜欢"天地南北之学"而不好循规研究学问的龚自珍遭受学者批评自然在情理之中。

被解释的传统，这本身即意味着对传统的传承与创新。龚自珍在学术上虽没有给后学留下鸿篇巨制，但却为构筑近代思想文化传统提供了资源与空间。如龚自珍的三世说，本是为说明封建王朝之盛衰更替，却为康有为所资，成为宣传资产阶级进化学说的凭借。龚自珍建立于封建等级制度上的平等说、心力说，被康有为、谭嗣同汲取后改造为资产阶级的个性解放、人人平等理论。不能以学术标准衡量思想家的阐释，因为是客观现实之需而非严密的学理决定了中国文化传统的生成与衍化。"移首即尾"一词可能不太准确，但的确又能在一定程度上说明思想传统的形成过程。对此，梁启超的一段话有助于理解后人对龚自珍的不同评

---

① 朱一新：《无邪堂答问》，20～21页，北京，中华书局，2000。
② 章太炎：《清儒》，《检论》卷四，见《章太炎全集》(3)，476页，上海，上海人民出版社，1984。

价，有助于理解龚自珍在近代思想文化史上的地位：

> 数新思想之萌蘖，其因缘固不得不远溯龚、魏。……凡社会思想，束缚于一途者既久，骤有人焉冲其藩篱而陷之，其所发明者，不必其遂有当于真理也。但使持之有故，言之成理，则自能震耸一般之耳目，而导以一线光明。①

自 19 世纪中叶起，中国文化传统中逐渐形成了若干虽经历史变动仍保持某种历史统一性的文化因素，其性质不同于既有的传统，此即近代传统。相对于既有的传统而言，近代传统无疑是新传统。这一新传统深受异域文化特别是西方文化的影响，但不能说新传统仅源于西方、新传统即外来传统，或新传统代替了旧传统。

新传统的凭借资源不外乎外来文化的移植、嫁接，以及本土文化的转化。通过上面的分析我们可以看出，新传统只不过是中国文化传统的一个组成部分，是大传统里面的小传统，新传统不可能完全代替既有传统，而是从既有传统内部分化而来。西方文化的移入，离不开中国的土壤；西方文化的嫁接，离不开中国的砧木，西方文化与中国本土文化之间必须存有一定的共性，这样才能构成西方文化中国化的基础。顾颉刚先生说：近代“新有的东西固然是对于外国来的文化比较吸引而后来的，但是在中国原有学问上——‘朴学’、‘史学’、‘经济’、‘今文学’——的趋势看来，也是向这方面走去，所以容易感受新的文化”，“新的呈现，定然为旧的汲引而出；断不会凭空无因而至。所以说‘由旧趋新’则可，说‘易旧为新’则不可”②。从龚自珍身上看近代文化传统的形成，这一点感受较为明显。

---

① 梁启超：《论中国学术思想变迁之大势》，见《饮冰室合集》文集之七，97 页。
② 顾颉刚：《中国近来学术思想的变迁观》，载《中国哲学》第 11 辑，北京，人民出版社，1984。

第二章 "义理与经济初无两术之可分"

——曾国藩的理学经世思想

　　曾国藩是晚清时期的理学名儒，有"一代儒宗"之称。笔者以为，曾国藩理学思想的重要特色，即在于他一矫当时理学末流脱离现实的学风，把时人讥为"空疏虚骛"的程朱理学与誉为务实求朴的经世之学结合在一起，建构起了理学经世思想。并且，他以这一思想为原发点，付诸社会实践，衍生出一系列子思想，诸如扶人心、正民气、讲究德治的思想，整官风、除积弊、崇尚人治的思想，肃军心、扶名教、注重思想文化之战的思想，自强自立、学习西方、因时变革的思想，等等，从而构成了他理学经世思想的整个大厦。但在以往的经世实学研究中，人们往往把曾国藩与龚自珍、魏源的经世思想混为一谈或避而不谈。其实，由于学术渊源不同和社会地位不等，他们的经世思想无论在学术特色、内部结构和价值指向上，还是在实践范围、实际效果和社会影响上，都有着明显的不同。

一、思想来源

　　曾国藩理学经世思想形成的原因是多方面的。现实社会的剧变、时局的刺激是这一思想生成的重要基础。从曾国藩文集看，他对当时的社会危机已有较为深刻的认识。他在与友人的书信中多次指出：时局已是

"百废莫举，千疮并发，无可收拾"①；吏治人心，毫无更改，军政战事，日崇虚伪，"劣兵蠹役，豢盗纵盗，所在皆是"②。其中，他尤其对虚浮不实的社会风气感慨良多：

> 近世以来，士大夫相与为县遁之言。县遁者，设与之论东方，则泛称西事以应之，又变而之北，或变而之南。将东矣，则诡辞以遁之，虚悬其语而四无所薄，终不使其机牙一相抵触。友朋会合，咨寒而问暄，同唯而共诺，漠然不能相仁。臣下入告，则择其进无所拂，退无所伤者言之。一有不安，终不敢言。一时率为孤县善遁之习。背怨向利，所从来深已。③

士林习于优容苟安，以干禄为鹄，下以此求，上以此应，学者以此学，教者以此教。曾国藩自称"目击此等风味，盖已痛恨刺骨"④，时病秕政所产生的忧患意识激发起曾国藩强烈的历史责任感：

> 国藩从宦有年，饱阅京洛风尘。达官贵人，优容养望，与在下者软熟和同之象，盖已稔知之，而惯常之积不能平，乃变而为慷慨激烈，斩爽肮脏之一途，思欲稍易三四十年不白不黑、不痛不痒、牢不可破之习。⑤

这种历史责任感实即经世精神的表现。在儒家文化中浸染成长的曾国藩，自然而然地把产生社会危机的原因归诸人心的陷溺，归诸礼崩乐坏，归诸儒家伦理道德的缺失。顺理成章，以人伦道德为核心的孔孟之道成为他匡扶救拯的药方。这样，在社会剧变的影响下，理学名儒曾国藩蒿目时艰，慨然有触于胸中之所积，发出"以己之所向，转移风俗，

---

① 曾国藩：《复江岷樵、左季高》，见《曾文正公全集·书札》卷三，1页，1915年印本。
② 曾国藩：《备陈民间疾苦疏》，见《曾国藩全集·奏稿》，31页，长沙，岳麓书社，1985。
③ 曾国藩：《黎越乔之兄六十寿序》，见《曾国藩全集·诗文》，188页，长沙，岳麓书社，1986。
④ 曾国藩：《复龙翰臣书》，见《曾文正公全集·书札》卷三，16页，1915年铅印本。
⑤ 曾国藩：《复黄淳熙》，见《曾国藩全集·书信》，431页，长沙，岳麓书社，1990。

而陶铸一世之人"的呼声①，走向经世致用，建构起理学经世思想。

曾国藩的理学经世思想，以理学为体，经世为用，实现了学术思想和政治思想的结合，价值理性和工具理性的统一，突破了理学末流长期以来空谈义理性命的桎梏，成为晚清理学复兴重要的一脉。我们要想深刻认识和正确解读曾国藩理学经世思想，除了解其社会背景外，还必须对其学术渊源进行一番爬梳整理，探赜索隐。下面，就在特定语境下，对曾国藩理学经世思想的形成过程、内部结构及其独步之处，做一点探渊性思考。

(一)理学与经世之学相结合

从学术思想角度看，有清一代是理学、古文经学、今文经学、经世之学此起彼伏、流动不居的时代。对此，梁启超有过一段精彩的阐述：扶道正心的程朱理学的产生有其进步性和合理性，但到明末清初，它已成为士林学子抨击的对象。虽"自康雍以来，皇帝都提倡宋学——程朱学派，但民间——以江浙为中心，'反宋学'的气势日盛，标出汉学名目与之抵抗，到乾隆朝，汉学派殆占全胜"。然而，物极必反，本为"明道证经"的考据学到乾隆时期走上了极端，繁屑琐碎，脱离现实，已不适应时代的需要。"乾隆末年以后，学者'绝对不问政治'的局面已开始改变，今文派兴起，想在乾嘉间考证学的基础之上建设顺康间'经世致用'之学"。不过，今文经的"微言大义"并没有脱出乾嘉考据的窠臼，因而也没给末世王朝带来多少生机或绿色。结果，在"洪杨乱事前后，思想界引出三条新路，其一，宋学复兴。乾嘉以来，汉学家门户之见极深，'宋学'二字，几为大雅所不道，而汉学家支离破碎，实渐已惹起人心厌倦，罗罗山(泽南)曾涤生(国藩)在道咸之交，独以宋学相砥砺，其后卒以书生犯大难成功名。……自此以后，学人轻蔑宋学的观念一变。换个方面说，对于汉学的评价逐渐低落，'反汉学'的思想，常在酝酿中"。②

---

① 曾国藩：《原才》，见《曾国藩全集·诗文》，182 页。

② 梁启超：《梁启超论清学史二种·中国近三百年学术史》，120 页，上海，复旦大学出版社，1985。

正是在这一特定的文化背景下，曾国藩将表面看似不相关联的理学与经世之学结合在了一起。具体说来，曾国藩理学经世思想的形成过程，大致经历了三个发展时期。

第一期，入京以前，曾国藩究心"先儒语录"，工于"翰林词赋"，在湖湘学风的熏陶下埋下了理学经世的种子。

这一时期，曾国藩除研读帖括应试之文外，先秦儒学是他的必修课业。他5岁入学开始诵读《四书》、《五经》，15岁读《周礼》、《仪礼》兼及《史记》、《文选》，孔孟之学对他产生了巨大的影响。其中大者至少有二：一是入世经世的价值观。儒家对君国天下的责任感和进取有为的人生态度极大地激励了曾国藩，他宣称："尧、舜、禹、汤、文、武、周公、孔子之学，……国藩不肖，亦谬欲从事于此。"[①]他不仅把远古先王与周公、孔子作为自己学习的榜样，而且把周、孔的事业作为自己终身致力的目标："周公之林艺，孔子之多能，吾不如彼，非吾疚也。若其践形尽性，彼之所禀，吾亦禀焉。一息尚存，不敢不勉。"[②]"仆之所志，其大者盖欲行仁义于天下，使凡物各得其分。"[③]二是仁礼并重的修齐说。他认为："昔仲尼好语求仁，而雅言执礼；孟氏亦仁、礼并称。盖圣王所以平物我之情，而息天下之争，内之莫大于仁，外之莫急于礼。"[④]"内圣"、"外王"是不可分割的整体，先秦时期这种内外并重的思想与宋代新儒家"修齐治平"、讲求事功的八条目是两相一致的。曾国藩后来的思想就是沿着这种一而二、二而一的方向发展的：一方面讲求身心修养的"内圣"之学，理学可视为其表现形态，另一方面重视辅物济时的"外王"之学，经世之学可看作其表现形态。

儒家的经世意蕴和仁礼主张埋下了曾国藩理学经世思想的胚胎，而湖湘学风则哺育了这一胚胎的发展成长。曾国藩出生的湖南，在清季经济文化相对闭塞落后，因此程朱理学自宋以来一直在此地独领风骚，即

①　曾国藩：《答刘蓉》，见《曾国藩全集·书信》，21～22 页。
②　曾国藩：《答冯树怀》，见《曾国藩全集·书信》，67 页。
③　曾国藩：《答刘蓉》，见《曾国藩全集·书信》，22 页。
④　曾国藩：《王船山遗书序》，见《曾国藩全集·诗文》，278 页。

使在考据之风盛行全国之时，亦占绝对优势地位。有人描述当时的情形说：乾嘉以来汉学风行海内，"而湖湘尤依先正传述，以义理、经济为精宏，见有言字体音义者，恒戒以逐末遗本。传教生徒，辄屏去汉唐儒书，务以程朱为宗"①。此外，还有魏源所辑《皇朝经世文编》一书的影响，"三湘学人，诵习成风，士皆有用世之志"②。这样，以义理为宗，经世为用，构成了曾国藩理学经世思想的滥觞。

第二期，入京以后，曾国藩结交师友，精研"义理"，切磋"经济"，进一步明确了理学经世的取向。

曾国藩自道光二十一年（1841年）入京升居翰林后，眼界大开，耳目一新，思想得到进一步升华。他曾颇有感慨地说："仆早不自立，自庚子（道光二十年）以来，稍事学问，涉猎于前明、本朝诸大儒之书，而不克辨其得失"③，自从闻"桐城姚郎中鼐之绪论"，始开闭塞，而知有所谓学问之取径，是以"国藩之粗解文章，由姚先生启之也"④。姚鼐是桐城学派的宗师，以文名于乾嘉之世，但意不仅仅在文辞之间。"其论文根极于性命"，"探原于经训"，以为"必义理为质，而后文有所附，考据有所归"⑤。经由姚师启蒙，他又师从唐鉴"讲求为学之方"，得"唐公专以义理之学相勖，公（曾国藩）遂以朱子之书为日课，始肆力于宋学矣"⑥。在孜孜研求理学的同时，曾国藩还与"蒙古倭仁公、六安吴公廷栋、昆明何公桂珍、窦公垿、仁和邵公懿辰及陈公源兖等往复讨论，以实学相砥砺"⑦。对此，他在日记中记下了这样一个镜头。

> 至镜海（唐鉴）先生处，问检身之要，读书之法。先生言：当以《朱子全集》为宗，……此书最宜熟读，即以为课程，身体力行，不

---

① 罗克进：《皇清诰封诵议大夫太常寺卿衔候选内阁中书舍人选受龙山芷江等县儒学训导罗府君墓志铭》，见罗汝怀：《绿漪草堂文集》卷首，光绪九年湖南省城刻本。
② 黄濬：《花随人圣庵摭忆》，200页，上海，上海古籍出版社，1983。
③ 曾国藩：《致刘蓉》，见《曾国藩全集·书信》，5页。
④ 曾国藩：《圣哲画像记》，见《曾国藩全集·诗文》，250页。
⑤ 曾国藩：《欧阳生文集序》，见《曾国藩全集·诗文》，246～247页。
⑥ 黎庶昌：《曾国藩年谱》，7页，长沙，岳麓书社，1986。
⑦ 黎庶昌：《曾国藩年谱》，7页。

宜视为浏览之书。……经济之学，即在义理之内。①

唐鉴、倭仁、吴廷栋等人都是当时声望卓著的理学家，讲究义理而不忘实行。与唐鉴等的交游，强化了曾国藩的理学信仰，促进了曾国藩理学与经世之学的结合。

不过，倭仁等理学家侧重于修身，严守宋儒的主敬工夫，而短于外在事功的建树。曾国藩不同于侪辈之处，恰在于他对经世思想的进一步发挥。在林则徐等抗英派被革职、改革派在政治上受挫之后，曾国藩的认识水平向前迈出了一大步。他认为躬行实践是理学经世思想的真正价值所在。对此，他在致诸弟的家书中进行了较为详尽的阐释。

> 近得一二良友，知有所谓经学者、经济者，有所谓躬行实践者。始知范、韩可学而至也，马迁、韩愈亦可学而至也，程、朱亦可学而至也。
>
> 君子之立志也，有民胞物与之量，有内圣外王之业，而后不忝于父母之生，不愧为天地之完人。故其为忧也，以不如舜、不如周公为忧也，以德不修、学不讲为忧也。是故顽民梗化则忧之，蛮夷猾夏则忧之，小人在位、贤才否闭则忧之，匹夫匹妇不被己泽则忧之。所谓悲天命而悯人穷，此君子之所忧也。②

一言以蔽之，只有从内圣达到了外王，建功立业，才是真正的贤人，才是圣者，才是君子！

第三期，离京以后，曾国藩兴办团练，剿杀义军，举办洋务，在躬行践履中丰富和发展了理学经世思想。

道光末年，曾国藩出都南下，目睹因循苟且之陋习，乱政日亟之弊风，往日蕴结在胸中的理学经世思想怦然而发，躬行践履，付诸实施。而经世治世的实践，反过来又促使他摒弃儒学门户之见，汲纳百家，一

---

① 曾国藩：《曾国藩全集·日记》，92页，长沙，岳麓书社，1987。
② 曾国藩：《致澄弟温弟沅弟季弟》，见《曾国藩全集·家书》，39页，长沙，岳麓书社，1985。

统于义理，从而进一步丰富和发展了理学经世思想。这一点主要表现在以下两个方面。

第一，从株守宋学到汉宋兼容。曾国藩从株守宋学到汉宋兼容，始于道光末年，成于咸同年间。道光末年，正是阶级矛盾日趋尖锐、农民革命风暴即将来临之际，但作为封建专制统治思想支柱的汉、宋二家，门户之争依然很深，"党同妒真，判若水火"，严重削弱了封建专制主义思想的整体功能。对此，曾国藩指出："君子之言也，平则致和，激则召争；辞气之轻重，积久则移易世风，党仇讼争而不知所止"①，十分有害于封建统治。因此，从道光末年起，他一再倡言，并身体力行地调和汉宋两家的矛盾，兼容汉宋之长，以协调封建主义文化阵营内部各个政治思想派别的矛盾，共同对付农民阶级的反抗。曾国藩"一宗宋儒，不废汉学"思想的确立②，在一定程度上强化了理学经世的功能。

第二，从排斥陆王到取彼之长。为了更好地实现理学经世的抱负，曾国藩彻底改变了以往排斥陆王的态度。他一方面对王守仁镇压义军大加赞扬："大率明代论学，每尚空谈，惟阳明能发为事功。""且谓'明季流寇，祸始于王学之淫波'，岂其然哉！"③另一方面积极消解朱、陆之间的门户之见：

> 朱子五十九岁与陆子论无极不合，遂成冰炭，诋陆子为顿悟，陆子亦诋朱子为支离。其实无极矛盾，在字句毫厘之间，可以勿辨。两先生全书俱在，朱子主道问学，何尝不洞达本原？陆子主尊德性，何尝不实征践履？④

这与汉宋兼容有异曲同工之效。

此外，到咸丰、同治年间，内忧外患叠相而至，清王朝几无一片

---

① 曾国藩：《孙芝房侍讲刍论序》，见《曾国藩全集·诗文》，256 页。
② 曾国藩：《复夏教授》，见《曾国藩全集·书信》，3467 页。
③ 曾国藩：《复朱久香学使》，见《曾文正公全集·书札》卷三十，12 页，传忠书局光绪二年刻本。
④ 曾国藩：《复夏教授》，见《曾国藩全集·书信》，3465 页。

净土。面对严酷的时局，曾国藩无暇计较，举凡可为经世致用者，如申韩之术、庄老思想、禹墨之风，统统囊括于其大理学之中，为其所用。其理学经世思想在实践中走向了成熟。

(二)抉发仁学与礼学之新意

从曾国藩理学经世思想的内部结构看，其突出特点是抉发仁学与礼学的新意，以仁学与礼学为纽带和桥梁，将理学与经世之学联结和合在一起。

"仁"与"礼"是儒学体系中两个核心范畴。孔子视"克己复礼"为理想的社会境界："一日克己复礼，天下归仁焉。"(《论语·颜渊》)孟子在孔子"仁学"的基础上进一步发展出"仁政"、"王道"的思想，主张"以不忍人之心，行不忍人之政"(《孟子·公孙丑上》)，将"不忍人之心"作为"仁政"、"王道"的必要条件，"治国平天下"的精神基石，以求通过内在道德修养的完善实现对外在事功的追求。无论是孔子"博施于民，而能济众"(《论语·雍也》)的呐喊，还是孟子"当今之世，舍我其谁"(《孟子·公孙丑下》)的自信，实质都是主张以积极入世的态度袪除人们心中的迷惘，人心化"仁"而天下归"礼"。换言之，也就是由"内圣"而达"外王"的境界。

曾国藩对孔、孟元典中的"仁""礼"学说推崇备至。他说："古之君子之所以尽其心、养其性者，不可得而见。其修身、齐家、治国、平天下，则一秉乎礼。自其内焉者言之，舍礼无所谓道德；自外焉者言之，舍礼无所谓政事。"①与此同时，曾国藩还从孔孟的"仁"、"礼"学说中抉发出了新意。一方面，他强调"礼"的内涵多指"经济之学"、"治世之术"。他明确表示："尝谓古人无所云经济之学、治世之术，一衷于礼而已。"②"古之学者，无所谓经世之术也，学礼焉而已。"③他认为学"礼"也就是学"治世之术"，其原因就在于《周礼》一经，自体国经野，以至酒

---

① 曾国藩：《笔记二十七则》，见《曾国藩全集·诗文》，358 页。
② 黎庶昌：《曾国藩年谱》，12 页。
③ 曾国藩：《孙芝房侍讲刍论序》，见《曾国藩全集·诗文》，256 页。

浆廛市，巫术缮稿，夭鸟蛊虫，各有专官，察及纤悉"①。《五礼通考》"于古者经世之礼之无所不该，则未为失也"②。可见，曾国藩的所谓礼治，实质就是理学经世思想的具体化；所谓经世，实质就是推行儒家礼治，维护以三纲五常为核心的封建秩序。另一方面，他强调"礼"即"理"也，"理""礼"相通的诠释，把"理"作为至高无上、君临万物的先验性本体。"理"无所不包，无所不在。它在人事上的体现，就是以"礼"为主要内容的封建纲常；它在政治上的体现，就是以"礼"为核心的封建礼治。用曾国藩自己的话来说，就是"先王之道，所谓修己治人、经纬万汇者，何归乎？亦曰礼而已矣"③。这样，义理与经世在"礼"身上实现了统一。以此为基础，曾国藩进一步指出："义理与经济初无两术之可分，特其施功之序，详于体而略于用耳"④。"义理"包举"经济"，"经济"服从"义理"，理学为体，经世为用，"大本内植，伟绩外充"。经过如此阐释和抉发，义理和经济再不是天各一方、两极对立的事物，而都成了礼学的题中应有之义和不可或缺的组成部分。从而，曾国藩建构起了以"内期立身，外期辅世"为特色的理学经世思想。

曾国藩以"体""用"论说义理和经济，旨在实现道德主义与功利主义在礼学中的胶合。在当时的历史条件下，这种创造性的胶合蕴含着深远的学术用意和丰富的社会内容。第一，当时士大夫"皆以考据为事，无复有潜心理学者"，"是以风俗人心日坏，不知礼义廉耻为何事。至于外夷入侵，辄皆望风而靡，无耻之徒，争以悦媚夷人为事，而不顾国家之大辱"⑤。透过这种恶劣的学风和世风，曾国藩看到了"舍经术而专言经世，其蔽有不可言者"的深层问题⑥，也就是自觉不自觉地意识到了伦理与德治对于中国社会的重要作用，因而主张以理学经世，来扭转中国

---

① 曾国藩：《孙芝房侍讲刍论序》，见《曾国藩全集·诗文》，256 页。
② 曾国藩：《笔记二十七则》，见《曾国藩全集·诗文》，359 页。
③ 曾国藩：《圣哲画像记》，见《曾国藩全集·诗文》，250 页。
④ 曾国藩：《劝学篇示直隶士子》，见《曾国藩全集·诗文》，443 页。
⑤ 姚莹：《复黄又园书》，见《中复堂全集·东溟文外集》卷一，34 页，同治丁卯安福县署刻本。
⑥ 钱穆：《中国近三百年学术史》，589 页。

的学风和世风。第二，晚清从事经世之学的人们，"恶夫饾饤为汉，空腐为宋"①，而实力讲求"致用"。与他们相比，曾国藩格外强调伦理道德的重要作用，主张经世应以义理为宗。在历史发展长河中，功利主义代表着社会的进步性，但曾国藩把功利主义和道德主义结合起来，较全面地体现了儒家"诚意、正心、修身、齐家、治国、平天下"的要求。

（三）重释义理、考据、辞章、经济之关系

从传统学术门类看，曾国藩化三为四，把经世与义理、考据、辞章并列，重新解释它们之间的关系，为其理学经世思想的形成打下了理论基础。

为了突出经世思想的地位，曾国藩进一步发展了唐鉴、姚鼐等人的三门学问之说。他说：

> 镜海先生为学只有三门：曰义理、曰考核、曰文章。……至经济之学，即在义理之内。②

> 姚姬传氏，言学问之途有三：曰义理、曰辞章、曰考据。戴东原氏亦以为言。如文、周、孔、孟之圣，左、庄、班、马之才，诚不可以一方体论矣。至若葛、陆、范、马，在圣门则以德行而兼政事也。周、程、张、朱，在圣门则德行之科也，皆义理也。……此三十二子者，师其一人，读其一书，终身用之，有不能尽。③

在此基础上，曾国藩把学术分为四科：

> 为学之术有四：曰义理，曰考据，曰辞章，曰经济。义理者，在孔门为德行之科，今世目为宋学者也；考据者，在孔门为文学之科，今世目为汉学者也；辞章者，在孔门为言语之科，从古艺文及今世制义诗赋皆是也；经济者，在孔门为政事之科，前代典礼、政

---

① 魏源：《武进李申耆先生传》，见《魏源集》上册，361 页，北京，中华书局，1976。
② 曾国藩：《曾国藩全集·日记》，92 页。
③ 曾国藩：《圣哲画像记》，见《曾国藩全集·诗文》，250 页。

书，及当世掌故皆是也。①

这样，从学术分类角度，曾国藩把经济作为一科，从而突出并强化了经世思想的地位。

　　学问由三而延分为四，在提高经世之学地位的同时，也加强了义理独尊一统的地位。"苟通义理之学，则经济该乎其中矣。程朱诸子遗书俱在，曷尝舍末而言本、遗新民而专事明德?"②曾国藩通过整合理学与经世之学，提出理学经世思想，实即意味着把孔子的"德行"、"政事"两科合而为一，既强调了理学"事功"的内涵和合理性，又使政事（经世）不脱离义理的控制。道德为本，经济为用，一并为义理所统辖，这是曾国藩对义理作出的新解释。对于义理与经济、辞章的关系，他在致诸弟的家书中指出："盖两汉以至如今，识字之儒约有三途：曰义理之学，曰考据之学，曰辞章之学。各执一途，互相诋毁。兄之私意，以为义理之学为最大。义理明则躬行有要而经济有门。词章之学亦所以发挥义理者也。"③联系其礼学思想不难看出，学礼即是"经济"之术，"政事"即是推行礼治，文章不过是发挥义理、倡导礼治的工具而已，义理的地位最高。

　　"辞章"之学不仅为"义理"所统辖，而且为"经世"所利用。曾国藩认为，"辞章"是用以载道、阐扬"义理"的。他说："辞章之学亦所以发挥义理者也。"④"今日欲明先王之道，不得不以精研文字为要务"；道无文则无以致远，道"必求以文字传之后世"。"古之知道者未有不明于文字者也，能文而不知道者或有矣，乌有知道而不明文者乎? ……道之散列于万事万物者，亦略尽于文字中。""其于百家之著述，皆就其文字以校其见道之多寡，剖其铢两而殿最焉"⑤。郭嵩焘在曾氏的墓志铭中对此评说道：曾氏"穷极程朱性道之蕴，博考名物，熟读礼典，以为经世宰

---

　　①　曾国藩：《劝学篇示直隶士子》，见《曾国藩全集·诗文》，442 页。
　　②　曾国藩：《劝学篇示直隶士子》，见《曾国藩文集·诗文》，443 页。
　　③　曾国藩：《致澄弟温弟沅弟季弟》，见《曾国藩全集·家书》，55 页。
　　④　曾国藩：《致澄弟温弟沅弟季弟》，见《曾国藩全集·家书》，55 页。
　　⑤　曾国藩：《致刘蓉》，见《曾国藩全集·书信》，5、8 页。

物、纲维万事，无他，礼而已矣。浇风可使之醇，敝俗可使之兴，而其精微具存于古圣贤人之文章。故其为学，因文以证道。常言：载道者身也，而致远者文，天地民物之大，典章制度之繁，唯文能达而传之"①。曾国藩不仅反复阐述文章对于义理的重要性，而且还身体力行了。

当然，由于时势变迁，曾国藩与其先师姚鼐在对待道与文的关系上也有不同之处。曾氏不仅主张"载道"，而且强调"卫道"，强调"卫道"与"立言"的结合，强调辞章的经世价值。他说："苟于道有所见，不特见之，必实体行之；不特身行之，必求以文字传之后世"②，"仆之所志，其大者盖欲行仁义于天下，使凡物各得其分，其小者则欲寡过于身，行道于妻子，立不悖之言以垂教于宗族乡党"③。这种"立不悖之言以垂教于宗族乡党"的文学观，表明了作为理学家和政治家的曾国藩带有明显的文学功利倾向。

考据之学同样为义理和经济所用。针对汉宋两家门户之见日炽的情势，桐城派开创者之一姚鼐提出"义理、考据、词章"三者合一的主张，实质上是想通过宋学对汉学的让步来求得自身的发展。曾国藩进一步发展了这一思想，主张"一宗宋儒，不废汉学"，汉宋兼容，从而达到提高理学地位的目的。他鄙弃汉学"辨物析名，梳文栉字，刺经典一二字，解说或至数千万言"的治学方法和"一切变更旧训"非毁宋儒的思想内容④，但却积极肯定其实证有据的合理内核。他认为：

> 乾嘉以来，士大夫为训诂之学者，薄宋儒为空疏；为性理之学者，又薄汉儒为支离。鄙意由博乃能返约，格物乃能正心。必从事于《礼经》，考核三千三百之详，博稽乎一名一物之细，然后本末兼该，源流毕贯。虽极军旅战争，食货凌杂，皆礼家所应讨论之事，故尝谓江氏《礼书纲目》，秦氏《五礼通考》，可以通汉宋二家之结，

---

① 郭嵩焘：《曾文正公墓志铭》，见《曾国藩年谱》附录，94～95 页。
② 曾国藩：《致刘蓉》，见《曾国藩全集·书信》，7 页。
③ 曾国藩：《答刘蓉》，见《曾国藩全集·书信》，22 页。
④ 曾国藩：《朱慎甫遗书序》，见《曾国藩全集·诗文》，223 页。

而息顿渐诸说之争。①

这就是说，"考据"是"明礼"的手段，"明礼"是"考据"的目的，考据是为义理服务的。为进一步找到考据为义理服务的理论依据，曾国藩还在更高层次上展开了讨论。他说：

> 近世乾嘉之间，诸儒务为浩博，惠定宇、戴东原之流钩研诂
> 训，本河间献王实事求是之旨，薄宋贤为空疏。夫所谓事者，非物
> 乎？是者，非理乎？实事求是，非即朱子所称即物穷理乎？②

他把朱熹的"即物穷理"说与顾炎武的"实事求是"说巧妙地附会联系在一起，从而为人们勾画出了一条考据→明经→经世的学术发展路线。他的这种"今日言治术，则莫若综核名实；今日而言学术，则莫若取笃实践履之"的汉宋兼容思想，既明确界定了考据与义理之间的关系，也丰富了理学经世思想的内容。

通过以上反复论证，曾国藩最后总结道：综观天下之学，"有义理之学，有词章之学，有经济之学，有考据之学。义理之学即宋史所谓道学也，在孔门为德行之科；词章之学在孔门为言语之科；经济之学在孔门为政事之科；考据之学即今世所谓汉学也，在孔门为文学之科。此四者阙一不可"③。以义理、词章、经济、考据对应孔门四科，同时又以"圣人经世宰物、纲维万事，无他，礼而已矣"④，以礼统摄义理、词章、经济、考据四科，由理一分殊又回到义殊归一，既完成了他理学经世思想的系统论证，同时也充分表现了曾氏具有"姝姝自悦"于一先生之说的门户中人所缺乏的历史眼光。

曾国藩这种独具特色的理学经世思想，是对传统儒学的发展。一方面，它使儒家的不同学说在对应于孔门四科之中"通结"、"息争"了，融

---

① 曾国藩：《复夏弢甫》，见《曾国藩全集·书信》，1576 页。
② 曾国藩：《书学案小识后》，见《曾国藩全集·诗文》，166 页。
③ 曾国藩：《问学》，见《曾文正公全集·求阙斋日记类钞》卷上，传忠书局光绪二年刻本。
④ 郭嵩焘：《曾文正公墓志铭》，见《曾国藩年谱》附录，94～95 页。

为礼学内"阙一不可"的组成部分；另一方面，它又明确宣布"古之学者，无所谓经世之术也，学礼焉而已"①。这样，义理、经济、考据、词章便在礼学中融为了一体，从而贯通了久已变为儒学内外两端的德与事、经与史、道与文、学与治的分野。因此，曾国藩的理学经世思想再现了传统儒学"内圣外王"的本质精义；同时，义理以"立德"为本，经济以"立功"为事，词章以"立言"为志，它又成了儒家"三不朽"理论的结合体。

总而言之，曾国藩凿通理学与经济之铁幕，抉发仁学与礼学之新意，重释义理、辞章、考据、经济之关系，从而建构起了理学经世思想。从学术分流上看，这种理学经世思想极其相似于先秦儒学"一儒分八"的历史故事，但在理论逻辑上，它又是逆向而行，八儒汇归于一，汇归于理学经世之中。因此，曾国藩的理学经世思想是传统儒学在中国近代史上的特殊发展。

二、现实表现

龚自珍和魏源倡导经世之学，著书立说，对社会危机作了深刻揭露，但由于位卑权轻，言多于行，"其先特为考据之反动，其终汇于考据之颓流"②，基本上是书生论政，缺乏事功建树。曾国藩则不同，他生活的时代已是风雨如晦、更加艰险，而且他本人地位显赫、权倾朝野，因此，他的理学经世思想具有较强的实践品格，易付诸实行。同样是由于时代和地位的原因，以功利主义和道德主义相胶合为特征的理学经世思想在现实表现上，完全是以维护既有的封建主义统治秩序为己任，以重建儒家理想社会为目标，而缺少对既有制度的反思和批判。这种强烈的现实性和功利色彩，正是曾国藩理学经世思想的特色和价值所

---

① 曾国藩：《孙芝房侍讲刍论序》，见《曾国藩全集·诗文》，256 页。
② 钱穆：《中国近三百年学术史》，590 页。

在。下面从得民、正官、治军三个方面就这一问题展开论述。

(一)扶人心，正民气，讲究德治

从某种意义上说，曾国藩继承了孟子民为邦本的思想。在他整个理学经世思想体系中，民心、民意、民安等占有重要地位。他指出："凡天之立君，国之设官，皆以为民也"①；"为疆吏者，全仗民丰民乐，此心乃可以自怡。若事事棘手，则如在桎梏中矣"②；"国贫不足患，惟民心涣散，则为患甚大"③。他甚至把太平天国起义爆发的原因归诸"虐民"的结果："粤匪益复猖獗，……推究本原，何尝不以有司虐用其民，鱼肉日久，激而不复反顾。"④基于这种认识，他用心良苦地设计和实施了各种措施，来收拾民心，整顿民气，进而维护封建制度和封建秩序。

其一是积极上书皇帝，备陈民间疾苦，要求安抚民心，救赈百姓。咸丰元年(1852 年)十二月十八日和十九日，他先后递上著名的《备陈民间疾苦疏》和《平银价疏》，痛陈民间疾苦，希望引起皇帝重视："一曰银价太贵，钱粮难纳也。""二曰盗贼太众，良民难安也。""三曰冤气太多，民气难伸也。""此三者皆目前之急务"，关系国计民生。⑤ 在"探病问症"的同时，他还积极"下药"，要求皇帝"贵钱贱银而苏民困"。贵钱贱银的主张显然有利于减轻农民赋税重担，缓和农民与清统治者的矛盾。

其二是重视封建教化，植培维护封建礼教的根本。他说："治世之道，专以致贤养民为本，其风气之正与否，则丝毫皆推本于一己之身与心。一举一动、一语一默，人皆化之，以成风气。故为人上者专重修身，以下之效之者速而且广也。"⑥他认为太平天国起义的原因在于官吏"混淆是非、麻木不仁"⑦，"上下纵于亡等之欲，奸伪相吞，变诈相角，

---

① 曾国藩：《复高云浦观察》，见《曾文正公全集·书札》卷三十一，22 页，传忠书局光绪二年刻本。

② 曾国藩：《治道》，见《曾文正公全集·求阙斋日记类钞》卷上，24 页。

③ 曾国藩：《备陈民间疾苦疏》，见《曾国藩全集·奏稿》，29 页。

④ 曾国藩：《复胡大任》，见《曾国藩全集·书信》，77 页。

⑤ 曾国藩：《备陈民间疾苦疏》，见《曾国藩全集·奏稿》，29～32 页。

⑥ 曾国藩：《曾国藩全集·日记》，681 页。

⑦ 曾国藩：《与吴文镕》，见《曾国藩全集·书信》，225 页。

自图其安，而予人以至危"。① 因此，他号召统治阶级重视教化，化导民众，推行礼治。他说："将欲黜邪慝而反经，果操何道哉？隆礼而已矣。"②他个人也积极致力于振兴道德教化。如曾国藩在攻陷安庆后，为肃清太平天国影响，立即下令恢复县、府学，并接见安庆所属各道新入学生员七百余名。同治三年（1864 年），他又在安庆设立书局，招徕工匠，刊刻包括《四书》、《五经》在内的各种文化典籍。太平天国攻占天京后，他广集工匠两千余人昼夜不停地赶修江南贡院，并于当年恢复乡试，随后又耗费巨资重修江宁府学宫，并亲撰《江宁府学记》碑文。其所言所行的宗旨，无非是力图通过教化人心，以恢复封建统治秩序。

其三是身体力行，恢复生产，减免赋税，直接解决民生问题。同治初年，曾国藩为安顿战后贫困交扰的百姓，他亲抓生产以苏民困。他说："大乱之后，不能不以务农为第一要务。"③攻占安庆后，他即饬令皖、苏等已占领各省建立"劝农局"，分派委员查核田亩，先行出示晓谕"限期三年，令业主呈契领田，无契者取具田邻户族保结，另给田单为凭；其无主荒田，由局查明报县立案，招徕流亡，领垦佃种，由局收税"。为尽快恢复农业生产，他还饬令各局官吏筹银采买耕牛种子，贷给农民，规定减二成分三年归还，"以为力耕之用"④。曾国藩对手工业和商业也采取了一些恢复举措，如攻占金陵后，即在各处张贴告示，招徕机户、典商等回城复业，"借商力以养农，借稍富之力养极贫之农"。为促进生产，他还积极减免赋税。早在咸丰初年，曾国藩就向清廷上奏指出田赋过重的事实。咸丰末年，他反复强调要减轻农民的赋税负担，认为只有"薄征敛以养民力，则东南大局当尚可支耳"⑤。他在两江总督所辖三省，对漕粮、地丁等项分别实行了蠲免或酌减的政策。两江辖区

---

① 曾国藩：《湘乡昭忠祠记》，见《曾国藩全集·诗文》，304 页。
② 曾国藩：《江宁府学记》，见《曾国藩全集·诗文》，337 页。
③ 曾国藩：《督办常镇劝农局高守梯禀招肯荒田情形》，见《曾文公正全集·批牍》卷五，12 页，传忠书局光绪二年刻本。
④ 曾国藩：《批江苏候补知府禹守志涟禀江宁县各镇缴还稻七千四百石以作牛种之用》，见《曾文正公全集·批牍》卷五，12 页。
⑤ 曾国藩：《复毓中丞》，见《曾文正公全集·书札》卷二十五，7 页。

的苏、皖、赣三省，历来是封建官府的财赋重区，太平天国占领前，在贪官污吏的蝇营之下，浮收重征危及民生。从咸丰十一年(1861年)起，曾国藩先后裁去三省地丁、漕粮的部分浮收，定江西、江苏地丁每两一正一耗收钱二千文，定安徽、江西漕折每石三千到六千文不等，且严令"力禁浮收"，"查有溢收分文者，立予撤任"。[①] 在一些刚收复地区，他则采取了蠲免赋税的政策。同治元年(1862年)以后，曾国藩先后几次奏请蠲免安徽、江西二省被兵、被灾州县所积欠的和当年应缴纳的正杂钱粮。[②] 曾国藩在任直督期间，为减轻百姓因水患所造成的痛苦，还组织人力物力修治了永定河。

曾国藩这些"重农""恤农"的举动，以礼乐教化来笼络人们思想的措施，以轻徭薄赋来缓和人民不满情绪的政策，体现了理学家的"德治"思想。无庸否认，在"世风既薄，人人各挟不靖之志……稍待之以宽仁，愈嚣然自肆"的历史环境下，曾国藩也不得不采取高压政策："不治以严刑峻法，则鼠子纷起，将来无复措手之处。是以一意残忍，冀回颓风于万一。"[③]他主张使用严刑峻法，痛加诛戮，消解动乱者的意志。也就是说，霸道是在王道所不能行时而采取的手段，是德治的助手，其根本目的是服务于"王道"、"德治"，服务于"存天理"这一终极目标。

(二)整官风，除积弊，崇尚人治

曾国藩厕身宦海，对清廷官风堕落、吏治腐败深有感触。他在《应诏陈言疏》、《备陈民间疾苦疏》、《敬陈圣德三端预防流弊疏》中，对官场的"畏葸"、"柔靡"直言不讳，对京官的"退缩"、外官的"敷衍"披头痛陈，明确指出世变民乱的根源在于吏治腐败。他认为要重得民心，"若不从吏治人心痛下功夫，涤肠荡胃，断无挽回之理"，并声称"以吏治人心为第一义"。基于此，他以理学经世为特色，从以下几端着手进行了吏风整顿。

---

① 曾国藩：《复丁雨生方伯》，见《曾文正公全集·书札》卷三十一，6页。
② 曾国藩：《江西被灾州县蠲免钱漕分数折》、《豁免皖省钱漕折》，见《曾文正公全集·奏稿》卷三。
③ 曾国藩：《与魁联》，见《曾国藩全集·书信》，129页。

一是衡之以法——制定制度法规，使考察和约束官吏有据可依。他主张吏治要有法可依，亲自制定约束州县各级官吏的《劝诫规则》十六条，以此作为评衡官吏廉洁贤良的标准。十六条包括劝诫州县、劝诫委员、劝诫绅士、劝诫营官等各四条，每条下都用浅近明快的文字清楚地作出说明，使州县官吏不得敷衍游移。同治七年（1868年），曾国藩感于直省官府"风气日坏"，讼案恶习尤重，于是他从清讼入手亲自进行整饬，并撰《直省清讼十条》为规。对于越规违法官员，曾国藩毫不留情，如他奏请把署丹阳知县金鸿保、江苏新阳县知县戴元鼎予以革职。在当时浊气弥漫的清代官场，这缕清风却别开生面，带来一丝生机。

二是劝之以学——鼓励官吏学而有术，以学正邪。他号召官吏潜心学习，虚心求治。在直隶总督任上，他曾手书《劝学篇示直隶士子》一文，敦劝士子勤于学问，讲求"义理"，做到"各善其身，各尽其职"。他还说只要"一二人导之"，"倡者启其绪，和者衍其波"，如此交汇旁流，蔚成风气，必将会"洗除旧日暗昧卑污之习，矫然直趋广大光明之域"[1]，吏治自清，社会自明。

三是敦之以实——注重实际，讲究实效，提倡务实的办事作风。曾国藩指斥当时官场办事拖延推诿、不求实际的弊病说：

> 凡公事迟延，通弊有二，曰支，曰展。支者，推诿他人，如院仰司，司仰府，府仰县之类。一经转行，即算办毕。但求出门，不求了事是也。展者，迟延时日，如上月展至下月，春季展至夏季，愈宕则愈松，担迟不担错者是也。[2]

针对官吏重虚文不尚实际的通病，他说：

> 读书人通病约有二端：一曰尚文而不尚实，一曰责人而不责己。尚文之弊，连篇累牍，言之成理，及躬任其事，则忙乱废弛，

---

① 曾国藩：《劝学篇示直隶士子》，见《曾国藩全集·诗文》，443页。
② 曾国藩：《直隶清讼事宜十条》，见《曾国藩全集·诗文》，444页。

毫无条理。责人之弊，则无论何等人，概以高深难几之道相苛。①

为了扭转此等虚靡浮嚣之风，曾国藩十分注重讲求实效。他宣称："不说大话，不好虚名，不行驾空之事，不谈过高之理。"②他劝诫士绅要"禁大言以务实"③。为使官员养成务实之风，他规定司道州县须日日亲临衙门，断案要躬亲六事：亲自收状，亲核幕僚批文，亲自斟酌删减差票使人，亲自勘验供词，亲自计算结案日期，亲自经理每月向上司的册报。他并且警诫说："如其怠惰偷安，不肯躬亲者，记过示惩；如其识字太少，不能躬亲者，严参不贷。"④他提倡官吏办事做到"五到"：身到、心到、眼到、手到、口到。

> 身到者，如作吏则亲验命盗案，亲查乡里；治军则亲巡营垒，亲冒矢石是也。心到者，凡事苦心剖析，大条理、小条理、始条理、终条理，先要擘得开，后要括得拢是也。眼到者，着意看人，认真看公牍也。手到者，于人之长短，事之关键，随写随记，以备遗忘是也。口到者，于使人之事，警众之辞，既有公文，又不惮再三苦口叮咛是也。⑤

同治七年（1868 年），徐州知府郜云鹄便因颟预偏徇，乖方拖延，被曾国藩批令撤任，留省查看，以惩一儆百。为提高办事效率，曾国藩主张用人宜精，文牍宜简，"力救冗字之弊"。他说："凡治大事以员少为妙，少则薪资较省，有专责而无推诿；少则必择才足了事者，而劣员不得滥竽其间。"⑥

四是用之以才——力主戒私，选贤任能，更新吏治。曾国藩较为重

---

① 曾国藩：《受业吴希颜禀就便回籍由》，见《曾文正公全集·批牍》卷二，8 页。
② 曾国藩：《曾国藩全集·日记》，539 页。
③ 曾国藩：《劝诫绅士四条》，见《曾国藩全集·诗文》，440 页。
④ 曾国藩：《直隶清讼事宜十条》，见《曾国藩全集·诗文》，446 页。
⑤ 曾国藩：《格言四幅书赠李芋仙》，见《曾国藩全集·诗文》，432 页。
⑥ 曾国藩：《江宁万藩司启琛等禀缕陈善后局前后报销由》，见《曾文正公全集·批牍》卷五，12 页。

视官吏选拔与人才培养，主张任人唯贤，量才录用。他在给胡林翼的书信中说："默观天下大局，万难挽回。侍与公之力所能勉者，引用一班正人，培养几个好官，以为种子。"曾国藩在《应诏陈言疏》等上书中，再三陈说"今日所当讲求者，惟在用人一端耳"[①]，并详陈人才之道。他说："有转移人才之道"，"有培养人才之方"，"有考察人才之法"。转移之道，大抵注重身教；培养之方，大抵注重言教；选用人才，大抵有甄别、保举、超擢等法；考察人才，注重品行、学识、思想、言谈、举止相互参考。曾国藩不仅提出了一套人才理论，而且还身体力行，网罗人才，招贤用能，"凡法律、算学、天文、机器等专门家，无不毕集，几于举全国人才之精华，汇集于此"[②]，诸如李鸿章、薛福成、容闳、李善兰、华蘅芳……军事、政治、经济、外交、洋务各色专家人等汇聚一起，他的幕府可以说是当时中国最大的人才库。对于与他有隙的臣僚幕党，诸如左宗棠、沈葆桢等，他也能做到不计恩怨，上疏荐举。曾国藩讲究人才之道，选贤用能，给政治腐败、官风日下的晚清社会，打了一针强心剂。

由于曾国藩重视吏治建设，激浊扬清，整顿官风，加上劝农课桑，修文兴教，收拾民心，"不数年间，民气大苏，而宦场浮滑之习，亦为之一变"[③]。

（三）肃军心，扶名教，注重思想文化之战

曾国藩认为："天下之大患，盖有二端：一曰国用不足，一曰兵伍不精。"[④]基于这种认识，他出入行伍，在理学经世思想指导下对军队进行了一场大改造。这场改造是从上书皇帝，要求裁汰绿营开始的。早在咸丰元年（1851年），曾国藩感于清军的种种通弊，大胆上了《议汰兵疏》，要求皇帝减汰绿营，重振军心。他痛陈绿营兵腐败不堪："漳、泉

---

① 曾国藩：《应诏陈言疏》，见《曾国藩全集·奏稿》，6页。

② 容闳：《西学东渐记》，74页，长沙，湖南人民出版社，1981。

③ 薛福成：《代李伯相拟陈督臣忠勋事实疏》，见丁凤麟、王欣之编：《薛福成选集》，50页，上海，上海人民出版社，1987。

④ 曾国藩：《议汰兵疏》，见《曾国藩全集·奏稿》，19页。

悍卒，以千百械斗为常；黔蜀冗兵，以勾结盗贼为业；其他吸食鸦片，聚开赌场，各省皆然。大抵无事则游手恣睢，有事则雇无赖之人代充，见贼则望风奔溃，贼去则杀民以邀功。章奏屡陈，谕旨屡饬，不能稍变锢习"，军心、军纪、军风的腐败已不可救药，必须裁汰绿营，另蓄精锐。①

曾国藩以理学治军，建立了一支以纲常名教为纽带维系下的湘军。湘军的组建原则明显体现了曾国藩理学经世思想的特点。在募兵对象上，注重精神面貌。曾国藩依照明朝戚继光募勇之法，规定选择兵勇须"择技艺娴熟、年轻力壮、朴实而有农夫土气者为上，其油头滑面，有市井气者，有衙门气者，概不收用"②。在选将方面，唯"将德"首论。他继承了戚继光的"将德"思想，重视将领的"忠义血性"。他多次强调说："今欲图谋大局，万众一心，自须别开生面，崭新日月，专用新招之勇，求忠义之士将之。"③"带勇之人概求吾党血性男子，有忠义之气而兼娴韬钤之秘者。"④忠义血性之外，还需具备四点，即"第一要才堪治民，第二要不怕死，第三要不急名利，第四要耐受辛苦"⑤。他还说："将领之道必须身先士卒。……又军事最贵气旺，必须有好胜之心，有凌人之气，酷羡英雄不朽之名，兼慕号令风雷之象。""大抵拣选将才，必求智略深远之人，又须号令严明，能耐劳苦，三者兼全，乃为上选。"⑥这种以"德"、"气"、"性"为募兵选将标准的建军要求，明显带有理学的影响。进一步分析湘军将领的成分可以看到：儒生参军成为普遍现象。儒生出任将帅统兵打仗在中国古代并不鲜见，湘军的不同在于全面地起用儒生，这是过去所没有的。理学与儒生不过是一个问题的两个方面。理学是儒生的思想灵魂，儒生是理学的社会表现。曾国藩多次指

---

① 曾国藩：《议汰兵疏》，见《曾国藩全集·奏稿》，19 页。
② 曾国藩：《营规》，见《曾国藩全集·诗文》，463 页。
③ 曾国藩：《复江岷樵中丞》，见《曾文正公全集·书札》卷三，11 页。
④ 曾国藩：《复林秀山》，见《曾文正公全集·书札》卷三，5 页。
⑤ 曾国藩：《与彭筱房曾香海》，见《曾文正公全集·书札》卷二，10 页。
⑥ 曾国藩：《复恭亲王、桂中堂》，见《曾文正公全集·书札》卷十，1 页。

出，军官要选取"吾党君子"中"质直晓军事"、"知道晓军事"、"血性晓军事"者，实际上就是要求具有深谙理学、勇于维护名教的军事人才。

在军队的统属关系上，曾国藩有一套非常规的统属系统，不以官阶分军职，而是以理学传授系统中的位置来衡量。理学家十分重视师生间的授受关系，这与理学家看重道统是一致的。湘军以理学治军，将帅也多是儒生出身，师生关系成为判分军职高下的一个重要标准。如罗泽南在军中的地位，曾国藩在军中的威望，与他们的理学修养有较大关系。

在军队训练方面，曾国藩继承戚继光以礼治军的思想，重视思想教育。他说："训有两端，一曰训营规，二曰训家规。……点名演操、巡更放哨，此将领教兵勇之营规也；禁嫖赌，戒游惰，慎语言，敬尊长，此父兄教子弟之家规也。"[1]他强调"训"重于"练"："练者其名，训者其实。"他训练湘军的方式，是"每逢三、八操演，集诸勇而教之，反复开说至千百语。……每次与诸弁兵讲说至一时数刻之久，虽不敢云说法点顽石之头，亦诚欲以苦心滴杜鹃之血"[2]。他用这种管带子弟的方式教育士兵，不几年，就把湘军训练成了绝对服从封建礼法的作战工具。从他训练湘军的内容上，我们可以进一步看出曾国藩理学经世思想特色在治军上的表现。

一是重视礼法教育，教之以忠君。封建礼法以三纲五常为基本内容，而忠君事长是其核心，故曾国藩着重指出："第一教之忠君，忠君以先敬畏官长，义也。"[3]为此，他主张对兵勇恩威并施，礼法并重。他说：

> 带勇之法，用恩莫如仁，用威莫如礼。仁者，即所谓"欲立立人，欲达达人"也。待弁勇如待子弟，常有望其成立，望其发达之心，则人知恩矣。礼者，即所谓无众寡、无大小、无欺慢，泰而不

---

① 曾国藩：《劝诚浅语十六条》，见《曾国藩全集·诗文》，438 页。
② 曾国藩：《与张石卿制军》，见《曾文正公全集·书札》卷二，9 页。
③ 曾国藩：《潘鼎新、刘铭传禀移营进扎金山卫连日攻剿情形由》，见《曾文正公全集·批牍》卷二，15 页。

骄也。正其衣冠，尊其瞻视，俨然人望而畏之，威而不猛也。持之以敬，临之以庄，无形无声之际，常有懔然难犯之象，则人知威矣。[1]

"用恩莫如仁"是号召以"仁爱"之心引诱士兵为封建统治者卖命，"用威莫如礼"是强调上下尊卑的名分不可逾越颠倒。故此，李鸿章说曾国藩"辨等明威，其于军礼庶几近之"[2]。

二是重视仁义教育，教之以爱民。中国古代把所谓"解民于倒悬"、"禁暴除乱"的军队称之为"义兵"或"仁义之师"，曾国藩也从"君代民命"的民本观出发，认为勤王卫道就是为民请命。筹办湘军之初，他目睹由于官兵"奸淫掳掠"而大失民心，民众迅速倒向太平军之现状，惟恐民心一去不可挽回，痛下决心，誓欲练成一支秋毫无犯的爱民之师。由此，在军队训练中他提出"不扰民"三字为"治军之根本"方针，编写《爱民歌》进行思想教育，严格军纪。这样，通过"义理"、"礼法"、"仁义"教化，曾国藩练就出一支思想过硬的封建卫道队伍。

曾国藩治军上的理学经世思想还表现在战略战术上，扶名教，争民心，进行思想文化之战。洪秀全虽利用阶级仇恨点燃了太平天国起义的烈火，用反儒教的西方化宗教赢得了部分人心，但问题的另一面是，由于太平天国激烈反对正统否定传统也失去了部分民心。"贼（太平天国）改南京为天京……出示以读孔孟书及诸子百家者皆立斩。"[3]太平天国"敢将孔孟横称妖，经史文章尽日烧"[4]，甚而将孔庙砖墙化为粉齑，旧址"或堆军火，或为马厩"[5]，以至于皇上帝"命天使鞭挞他（孔子）"[6]。

---

① 曾国藩：《曾国藩全集·日记》，391页。
② 李鸿章：《曾文正公神道碑》，见《曾国藩年谱》附录，92页。
③ 《金陵纪事》，见《太平天国史料丛编简辑》第2册，47页，北京，中华书局，1962。
④ 山曲寄人：《金陵纪事诗》，见《太平天国史料丛编简辑》第6册，386页，北京，中华书局，1963。
⑤ 张德坚：《贼情汇纂》，见《中国近代史资料丛刊·太平天国》（3），327页，上海，神州国光社，1952。
⑥ 《太平天日》，见《中国近代史资料丛刊·太平天国》（2），636页，上海，神州国光社，1952。

这些对待传统文化过于简单的言行，无一不使处于传统中的世人惊骇、愤怒而至于反对。反对者不仅有因此而科举之道堵塞、仕途迷茫的士子，田庄被没收一空的地主，厚禄被剥夺的官吏，而且包括了深受传统儒家文化熏冶的最基层群众，甚至起义者被安抚后，他们也从奢华的天王眼下溜回到孔圣人一边。"兵民是胜利之本"，曾国藩紧紧抓住了这一关键点。当湘军同太平军的斗争达到白热化时，他抛出了地主阶级的卫教宣言——《讨粤匪檄》，号召用血战来保卫封建名教。

《讨粤匪檄》的"高明"之处不是立足于法律条文式的命令和强迫，而是立足于感情充沛的说教。他历陈太平天国的"异端"行为，打出为当时大多数知识分子和黎民百姓所接受的孔孟名教旗帜，煽动起对太平天国的不满情绪。

其一，他把人民群众对封建统治者的阶级仇恨和阶级矛盾转移到破坏封建秩序封建道德的太平天国身上。他说：

> 举中国数千年礼义人伦、诗书典则，一旦扫地荡尽。此岂独我大清之变，乃开辟以来名教之奇变，我孔子、孟子所痛哭于九原！
>
> 粤匪焚郴州之学官，毁宣圣之木主，十哲两庑，狼藉满地。嗣是所过郡县，先毁庙宇。忠臣义士，如关帝、岳王之凛凛，亦皆污其官室，残其身首。以至佛寺、道院、城隍、社坛，无庙不焚，无像不灭。斯又鬼神所共愤怒，欲一雪此憾于冥冥之中者也。[1]

他从民族心理、风俗习惯、文化信仰角度来收拾民心，加强了宣扬力度。

其二，他把太平天国与外国侵略者混为一谈，把民族仇恨和民族矛盾转嫁到太平天国头上。他说："粤匪窃外夷之绪，崇天主之教……士不能诵孔子之经，而别有所谓耶苏之说、《新约》之书"，四夷交侵，西人入境，祸起于斯。[2] 他通过转移矛盾，使湘军赢得了群众的同情和支持。

---

[1] 曾国藩：《讨粤匪檄》，见《曾国藩全集·诗文》，232～233 页。
[2] 曾国藩：《讨粤匪檄》，见《曾国藩全集·诗文》，232 页。

曾国藩以道学家的声调唤起了人们的共鸣后,一方面号召"凡读书识字者,又乌可袖手安坐,不思一为之所也!"要为名教而战;另一方面又以攘除邪教的"十字军"自命,声称:

> 本部堂奉天子命,统帅二万,水陆并进,誓将卧薪尝胆,殄此凶逆;救我被掳之船只,拔出被胁之民人。不特纾君父宵旰之勤劳,而且慰孔孟人伦之隐痛;不特为百万生灵报枉杀之仇,而且为上下神祇雪被辱之憾。是用传檄远近,咸使闻知:倘有血性男子,号召义旅,助我征剿者,本部堂引为心腹,酌给口粮;倘有抱道君子,痛天主教之横行中原,赫然奋怒,以卫吾道者,本部堂礼之幕府,待以宾师;倘有仗义仁人,捐银助饷者,千金以内给予实收部照,千金以上专折奏请优叙;倘有久陷贼中,自拔来归,杀其头目,以城来降者,本部堂收之帐下,奏授官爵;倘有被胁经年,发长数寸,临阵弃械,徒手归诚者,一概免死,资遣回籍。①

曾国藩理学经世思想在这里得以典型地体现,他不仅为镇压太平军找到了"合理"借口,宣称湘军师出有名,是仁义之师,而且以救世之旅自命,冠冕堂皇。这份号召全民出人、出力、出财,建立镇压太平天国联合阵线的檄文也就显得庄严而神圣。

《讨粤匪檄》不仅仅是对太平天国《奉天讨胡檄布四方谕》等起义宣传的有力回击,鼓舞了湘军的军心,挽回了民心,更重要的是,它离散了太平天国的军心和民心。这种封建正统对非正统的思想斗争,给予了太平天国以沉重的打击。太平天国失败的根本原因在于农民阶级自身的局限性,在于中外反革命势力的联合镇压,这勿庸置疑。但是,也应看到,湘军与太平军之战不仅是政治之战、经济之战、军事之战,也有思想文化之战、意识形态之战、争夺民心之战,太平天国后期文化思想信仰上的瓦解也是其失败的一个原因。

作为经世思潮的一大流派,曾国藩倡言的理学经世思想强调学术面

---

① 曾国藩:《讨粤匪檄》,见《曾国藩全集·诗文》,233 页。

向社会、面向现实，其路向与道咸龚、魏经世派是一致的。相比较而言，曾国藩的理学经世着意建立"礼治"秩序，将"礼"作为社会事务与社会生活中不可动摇的价值体系，把盐、漕、饷、河工等实务仅视作"经世之礼"的附属物，服从于"礼治"这一中心。

三、理学经世与倡导洋务

曾国藩与倭仁是晚清"理学复兴"最为主要的两个代表人物，但在洋务运动中，他们的表现却有相当大的差异。倭仁以顽固守旧、抱残守缺而留下恶名，曾国藩则以倡导洋务而开风气之先。造成这种现象的原因无疑是多方面的，笔者这里要着重指出的是，这与他们二人具体的理学思想也有一定关系。

根据德国著名社会学家和历史学家马克斯·韦伯的理论，近代化主要是指一种心理态度、价值观念和生活习俗等的改变过程。曾国藩的理学经世思想完全是以维护君主专制统治为己任，在主观愿望上与近代化不沾边。但在客观效果上，通过对传统文化的整合，却发展了传统文化，在"御夷图强"的经世实践中不自觉地顺应社会发展，从而有助于产生具有近代性质的价值观念——洋务思想。这些洋务思想可以看作其理学经世思想的延续和发展。兹举其荦荦大者陈之如下。

一是自强自立观念。

曾国藩在19世纪60年代谋求"治国""平天下"之道的过程中，以"天下兴亡，匹夫有责"的经世入世精神，从而与奕䜣、李鸿章等人发起洋务运动，明确提出"自强"口号。洋务"自强"观念的诞生，一定意义上抉破了儒家华夷之辨、尊王攘夷的思维定式，冲击了固有的天朝上国心态。

曾国藩自强自立观念的萌发基于传统的爱国感情和民族自尊。鸦片战争时期，他在家书中写道："英夷之事，九月十七大胜，在福建、台湾生擒夷人一百三十三名，斩首三十二名，大快人心"①，"英逆去秋在浙滋扰，冬间无甚动作。若今春不来天津，或来而我师全胜，使彼片帆不返，则社稷苍生之福也"②。在镇压太平天国起义后的"中外和局"中，曾国藩在给李鸿章的信中说："洋人目下虽幸无事，一旦兵端或开，则办船办炮必责成于吾辈海疆大吏。不如趁此闲暇之时稍蓄三年之艾，免致临渴掘井，购买机器又为外人所挟制。"③居安思危的忧患意识与他经世思想的务实精神是相一致的，或者说是经世思想的一种表现。

同治初年短暂的中外和好局面为曾国藩实现自强的理想提供了契机。他从孔子所言"能治其家国，谁敢侮之"，悟出了"强凌弱之天下，此岂自今日始哉？盖自古已然"的道理。他说："柔远之道在是，自强之道亦在是"，"目下中外之患自以洋务为最巨"。④ 更具意义的是，他认识到"海国环伺，隐患方长"⑤，把海防当作"第一件大事"⑥。海防意识的产生说明，他已具有初步的近代世界地理概念。

以"自强"为旗帜的洋务运动是从学习西方、创办近代军事工业开始的。他提出："欲求自强之道，总以修政事、求贤才为急务，以学作炸炮、学造轮舟等具为下手功夫。但使彼之所长我皆有之，顺则报德有其具，逆则报怨有其具。若在我者挟持无具，则曲固罪也，直亦罪也；怨之罪也，德之亦罪也。"⑦他阐述购买外洋船炮的重要性时说："购买外洋船炮，则为今日救时之第一要务……轮船之速，洋炮之远，在英、法则夸其所独有，在中华则震于所罕见。若能陆续购买，据为己物，在中华则见惯而不惊，在英、法亦渐失其所恃。"⑧同治二年（1863 年），中国人自行仿制的第一只小火轮船"黄鹄"号试制成功，曾国藩欣喜地说：

---

① 曾国藩：《禀父母》，见《曾国藩全集·家书》，16 页。
② 曾国藩：《禀父母》，见《曾国藩全集·家书》，21 页。
③ 王定安：《求阙斋弟子记》卷十八，30 页。
④ 曾国藩：《复李次青》，见《曾文正公全集·书札》卷十三，16 页。
⑤ 汪世荣：《曾国藩未刊信稿》，88 页。
⑥ 王定安：《曾国藩事略》，见黎庶昌《曾国藩年谱》附一，110 页。
⑦ 曾国藩：《治道》，见《曾文正公全集·求阙斋日记类钞》卷上，25 页。
⑧ 曾国藩：《复陈购买外洋船炮折》，见《曾国藩全集·奏稿》，1603 页。

"造成此物，则显以定中国之人心，即隐以折彼族之异谋。"①

就自强之道而言，曾国藩是当时清廷大员中首批敢于冲破世俗之见的论者，从根本上说，并没有超出理学经世思想的范围。从主观方面讲，自强是以维护理学所本的封建制度为己任的；从客观效果而言，没有经世致用的求实精神，也不可能把求强的内容拓展开去。

二是学习西方。

"师夷"的呼声早在鸦片战争硝烟未尽之时，魏源、林则徐等有识之士就已奔走呼号，但他们的"师夷"知长行短，囿于"制夷—悉夷—师夷"的思路，并未能完全付诸实践。咸丰十年(1861年)，曾国藩在《复陈洋人助剿及采米运津折》中，提出要学习西方、兴办洋务："无论目前资夷力以助剿济运，得纾一时之忧；将来师夷智以造炮制船，尤可期永远之利。"②对于师夷以办洋务，丁伟志、陈崧给予了较高评价，他们说："不管目的如何，'师夷'之说的重新提出，才是本义上的洋务运动的正式开端。要在中国造炮制船，就得按照西方资本主义的办法办工厂，就得学习西方的技术和科学。中国经济的近代化和文化的近代化，以此为开端，实际地推上了历史的进程。一股以重新认识和处理中西文化关系为特色的新文化思潮，也从此兴起。"③具体说来，曾国藩学习西方的思想历程大致分为三步。

第一步，购买外国船炮，承认军事上不如夷，打破了"夷夏之防"的传统观念。在镇压太平天国起义时期，他通过李鸿章等人，在上海向洋人购买船炮，源源供给湘军，"以应众将士之求"。但这一时期他仍局限在"炸弹、轮船虽利，然军中制胜之道究在人而不在器"的模糊认识中，担心湘军诸将"务外取巧之习"一旦形成，失去湘军的"守拙之道"，突破程朱理学的天网，影响他对湘军的控制。因此，他警告其弟曾国荃说：

---

① 王定安：《求阙斋弟子记》卷十八，30页。

② 曾国藩：《遵旨复奏借俄兵助剿发逆并代运南漕折》，见《曾国藩全集·奏稿》，1272页。

③ 丁伟志、陈崧：《中西体用之间——晚清中西文化观述论》，48～49页，北京，中国社会科学出版社，1995。

"不可不深思，不可不猛省……将士之真善战者，岂必力争洋枪洋炮乎？"①他虽然思想上坚持的是理学经世，不能超越出封建主义的牢笼，但行动上已触及了传统观念的敏感神经。

第二步，学习西方技术自行制船造炮，承认科学技术上不如夷，要求变革传统科技文化观念。随着对西学认识的深入，出于"自强""自立"的需要，曾国藩不再满足于购枪买炮，咸丰十年（1861年），他首创洋务运动第一个军事工厂安庆内军械所，又派容闳出国，计划在上海设立江南制造局。他还提出了建立民用企业的最早设想："煤矿系自然之地利，借洋人之机器，俾华人仿效，而永收其利，未始全不可行。"洋务企业的建设，必然引起对传统科技文化等价值观念的冲击，要求更全面地向西方学习，曾国藩对此已有觉察。他说："外国技术之精，为中国所未逮。如舆图、算法、步天测海、制造机器等事，无一不与造船练兵相表里。……精通其法，仿效其意，使西人擅长之事，中国皆能究知，然后可以徐图自强。"②这不仅冲击了传统义利本末观念，而且在自然经济王国中引进了现代科技观念。

第三步，引进西方科学，培养西式人才，承认文化上不如夷，触及了中西文化冲突的深层领域。曾国藩移植西方先进机器工业于缺乏现代科技的中国，使他亟感"虽日习其器，究不明夫用器与制器之所以然"③，从而激发了他引进西方先进科技、培养延揽近代人才的思想。为了创办、发展军事工业，曾国藩延揽了大批自然科学人才，"凡法律、算学、天文、机器等专门家，无不毕集"④。同治十年（1871年），为了直接学习西方先进科学知识，他又提出派幼童赴美留学，"拟选聪颖幼童，送赴泰西各国书院学习军政、船政、步算、制造诸学，约计十余

---

① 曾国藩：《致沅弟》，见《曾国藩全集·家书》，869页。
② 曾国藩：《奏带陈兰彬至江南办理机器片》，见《曾国藩全集·奏稿》，7133页。
③ 《同治七年九月初二日调任直隶总督曾国藩折》，见中国史学会主编：《中国近代史资料丛刊·洋务运动》(4)，18页。
④ 容闳：《西学东渐记》，74页，长沙，湖南人民出版社，1981。

年，业成而归，使西人擅长之技中国皆能谙悉，然后可以渐图自强"①。他先后派出 150 余名留学生出洋学习，官费留学。为了直接介绍传播西方科技，他还主张设立译书局，培养翻译人才。他在奏折中说："盖翻译一事，系制造之根本。洋人制器出于算学，其中奥妙皆有图说可寻。"②他亲自组织了大批人员致力于西方科技书籍的翻译工作，并且在江南制造局内设立了翻译馆。

三是因时变革的思想。

与其学习西方、自强观念相表里的，是曾国藩思想中因时变革的时代意识。这种因时变革的意识源于他对"经世之学"的深刻领会。他力主"经世之学"应"皆以本朝为主而历溯前代之沿革本末，衷之以仁义，归之于易简。前世之袭误者，可以自我更之，前世所未及者，可以自我创之"③。正是在此"更之"、"创之"的变通思想指导下，曾国藩理学经世思想在众多方面就传统观念进行了积极的大胆的变通和整创。

首先是华夷观的转变。继林则徐、魏源触动夷夏之防的观念，曾国藩身体力行地使华夷并举观念深入人心。曾国藩指斥顽固派的"用夷变夏，有碍圣学王道"的观点说："礼俗、政教，邦有常典，前贤犹因时适变，不相沿袭"，世上并无"可泥之法，不敝之制"。他认为，器械、财用、选卒、校技，"凡可得而变革者"，都应"相时制宜"，进行变革。既然"师夷智"可以带来"永远之利"，为何又"颟己守常"、"自悦其故迹，终古而不化"呢？应该积极学习西方。④ 正是由于曾国藩实力实行"师夷"，洋务运动才得以蔚成风气。

其次是本末观的变通。曾国藩等的洋务思想冲击了守旧大臣如倭仁

---

① 《同治十年七月十九日大学士两江总督曾国藩等奏》，见中国史学会主编：《中国近代史资料丛刊·洋务运动》(2)，153 页，上海，神州国光社，1952。
② 《同治七年九月初二日调任直隶总督曾国藩折》，见中国史学会主编：《中国近代史资料丛刊·洋务运动》(4)，18 页。
③ 曾国藩：《治道》，见《曾文正公全集·求阙斋日记类钞》卷上，22 页。
④ 曾国藩：《金陵楚军水师昭忠祠记》，见《曾国藩全集·诗文》，328 页。

等"立国之道，尚礼义不尚权谋；根本之图，在人心不在技艺"①的本末观。曾氏重人心不废技艺，道器兼举，使中国传统的重道轻器、重人轻物思想有所改变。他的"但使彼之所长我皆有之"②，"外国技术之精，为中国所未逮"③，只要师夷长智便可徐图自强的思想，表现了他对向来视为"末技"的技艺器物的重视，洋务运动学习西方的深度显然达到了这一层次。

再次是义利观的改变。与曾国藩思想的经世特点相一致，其义利观在洋务运动时期表现出浓厚的功利主义倾向，"洋务运动是以追求西方军事技术的功利价值为目的学习西方运动"④。从创办安庆内军械所、成立江南制造局，到派留学、设译馆；从着手于制器技艺、力主军工建设，到支持郭嵩焘出洋驻使，都紧紧围绕功利目的。这种义利兼重的义利观是他通过对世界大势的认真思考后得出的结论。当然，最为根本的"天理"纲常没有改变。

曾国藩洋务运动时期所表现出的这些具有近代意识的观念，从根本上说，并未脱离他理学经世思想体系。曾国藩以造船、制炮等洋务活动为"辅"、"用"，以维护封建纲常名教的理学为"本"、"体"，这种"中体西用"、"中本西辅"的思维模式和思想观念，显然是理学经世思想在新的历史条件下的表现。或者说，理学经世思想是曾国藩"中体西用"思想的雏形，"中体西用"思想是理学经世思想的发展。值得指出的是，"中体西用"作为洋务运动中兴起的一种旨在提倡西学的独特文化观念形态，在洋务运动时期"无疑是一种反对守旧排外、提倡文化革新的文化新论……对于传播西方近代文明，对于中国文化的近代化，起的是积极作用"⑤。

---

① 《同治六年二月十五日大学士倭仁折》，见中国史学会主编：《中国近代史资料丛刊·洋务运动》(2)，30 页，上海，神州国光社，1952。

② 曾国藩：《治道》，见《曾文正公全集·求阙斋日记类钞》卷上，25 页。

③ 曾国藩：《奏带陈兰彬至江南办理机器片》，见《曾国藩全集·奏稿》，7133 页。

④ 胡维革：《中国近代社会思潮研究》，63 页，长春，东北师范大学出版社，1993。

⑤ 丁伟志：《"中体西用"论在洋务运动时期的形成与发展》，载《中国社会科学》，1994 (1)。

  曾国藩的理学经世思想与洋务思想关系密切，实际体现了中国传统文化保守、封闭之外的一面，即进取、开放的性格。儒家文化自始即有一种兼容并包的胸怀，通过吸收道家、佛教等文化之长，一次次实现了自救与更新。即使到了近代，儒学虽略显老态，但面对强大的西方文化这千年一遇的对手，依然没有故步自封，仍在提出对策，谋求进步。

  仅从理学本身看，曾国藩由理学家而创办洋务，倭仁则由理学而落顽固派之名，个中原因确实耐人寻味。笔者以为，连曾国藩都对倭仁的理学崇敬有加，倭仁的理学不可谓不醇。其中区别或许在于，倭仁是守成主义者，是道德理想主义者，拘于先儒成说，忽视儒家应时变革、因时俱进的灵活性，守成从而变为了不知变通的死守；倭仁高蹈儒家的道德理想，却在一定程度上忽视了儒学讲究明体达用，并不讳言功利的一面。曾氏强调经世，面向现实；倭仁固守伦常，首在修身。二人因理学思想所产生的种种不同，正是近代化前期儒学复杂性的一种写照。

第三章 "经世致用"与"中体西用"

——张之洞对儒学的调适和锢蔽

20世纪80年代学界曾就经世思想与洋务思想的关系展开过讨论，90年代有的论者提出经世之学是中国"古学"通往"新学"的中介和桥梁，甚至认为经世思想是中国近代化的内在动力。笔者以为，经世思想是一把双刃剑，既蕴含着走向近代化的可能性，又承纳着卫护封建道统的本然，不能以偏概全。本章通过分析张之洞文化思想发展的个案、展现他由"经世致用"走向"中体西用"文化观的心路历程，以揭示经世思想乃至儒家文化在中国近代化过程中的张力和惰性。

一、"经世致用"的双重意蕴

我们知道，经世入世的政治关怀和好仁尚礼的道德关怀是儒家思想的核心内容。儒家提出的"诚意、正心、修身、齐家、治国、平天下"修养模式，本身即是经世致用思想的体现和诉求。后经明末清初顾炎武、黄宗羲等人提倡，经世之学一度成为潮流。清中叶以降，思想文化界在政府高压和笼络政策下，陷入令人窒息、万马齐喑的悲凉境地，宋学走向虚疏空谈，汉学流于琐碎考证，经世之风大为衰落。鸦片战争时期，面对内外交扰丛生的险象，一批深受儒家思想洗礼的敏时救世之士，毅然揭橥经世致用这面大旗，经世思潮蔚然兴起，一定程度上促进了西方文化的传播。但是，在看到经世思想所具有的开放性的同时，我们也必须注意到其保守的一面。在儒学这种学治一体、道治合一的文化体系中，纲常名教严重影响甚至决定着经世思想的服务宗旨，经世致用饱含卫道翼圣意蕴。

就张之洞而言，在学术思想上他守古文、恶公羊，又不拘一家，兼采宋学，以经世致用为一以贯之的治学精神。这相对于当时盛行的斤斤于门户、不问现实的空疏学风，无疑是积极的。然而，"通经为世用，明道守儒珍"①，张之洞的经世思想不仅蓄含着儒家外王治世的底蕴，有利于引发出学习西方的进步思想，而且以卫道翼教为前提和宗旨。

追溯张之洞的学术渊源及其学术宗旨，有助于我们理清"经世致用"与"中体西用"文化观之间的内在联系。

(一)宗古文、辟公羊的主旨所在

龚自珍曾说："一代之治，即一代之学也。……道也，学也，治也，则一而已矣。"②自经今、古文分野之日始，他们之间的论战就不仅是学派的论争，而且是政派的斗争。晚清适逢经今文学复兴，它与居于主流地位的经古文学的斗争自然具有超出正常学术争鸣的意义。

清代今文经学复兴由武进庄存与发轫，经刘逢禄发扬光大，至道、咸年间，已是卓然而立。龚自珍、魏源等人亟感社会危机日重，"以经学作政论"，力图起衰救弊，振颓复兴。他们"讥切时政，诋排专制"，③直斥清代处于正统地位的汉学和宋学，一时思想之解放，"若受电然"。再加上后来康、梁大张其军，形势又一变，《新学伪经考》、《孔子改制考》如同"大飓风"、"火山大喷火"、"大地震"，在学术思想界引起了强烈震撼和恐惶。至此，以"异端"面目出现的今文经学已严重威胁到汉学、宋学的统治地位，初步动摇了封建专制主义文化的学术根柢和思想基础。

张之洞则抱定古文经学立场，力辟今文经学。他视今文经学家尊崇的《春秋公羊传》如同水火："《春秋》乃圣人治世大权，微文隐义本非同

---

① 许同莘：《张文襄公年谱》卷一，6页，上海，商务印书馆，1946。
② 龚自珍：《乙丙之际著议第六》，见《龚自珍全集》，4页。
③ 梁启超：《清代学术概论》，75页。

家人言语。"①他批评公羊学大师董仲舒"治《公羊》多墨守后师之说，几陷大愚之诛"②，"何(休)注又复奥朴"③。他诋斥"公羊家师说虽多，末流颇涉傅会"，"公羊家理密而事疏"④；"汉学之初，曲学阿世，以冀立学，哀、平之际，造谶益纬，以媚巨奸，于是非常可怪之论益多，如'文王受命'、'孔子称王'之类，此非七十子之说，乃秦汉经生之说也，而说《公羊春秋》者为尤甚。……假如近儒《公羊》之说是，孔子作《春秋》而乱臣贼子喜也"。⑤ 对于今文经学的内在学理，张氏则据《春秋左氏传》驳之，尝著《驳公羊大义悖谬者十四事》、《驳公羊文义最乖舛者十三事》进行批评。⑥ 这种学术取向的形成，一方面是渊于他所受师承的影响。张之洞早年所从之师，诸如韩超、丁诵孙、童云逵、袁燮堂、洪次庚、刘仙石、朱伯韩等人，多主古文经学。另一方面则是由于他对今文经学宗旨超出学术意义的洞察。

晚清今文经学不同于汉代董(仲舒)、何(休)之学及清中叶庄、刘之学，康有为、梁启超等人犀利尖锐的批判现实，振聋发聩的变革呼声，无不与居于正统的古文经学针锋相对，对其学统和道统构成严峻的威胁。只要联系当时的政治背景就不难看出，张之洞对今文经学派的不满不只是出于学术上的考虑，而是"通经"为"致用"，根本目的在于借批判今文经学的牵强附会来批判主张维新变法的康、梁等人，以加强封建专制主义文化阵地⑦。

(二)汉宋兼容的思想用意

在清代学术史上，汉学和宋学也曾各筑壁垒，聚讼不已。张之洞自

---

① 张之洞：《輶轩语》语学第二，见《张文襄公全集》卷二百零四，北京，中国书店，1990年影印本。

② 张之洞：《劝学篇·内篇》宗经第五，上海，上海书店，2002。

③ 张之洞：《輶轩语》语学第二，见《张文襄公全集》卷二百零四。

④ 张之洞：《輶轩语》语学第二，见《张文襄公全集》卷二百零四。

⑤ 张之洞：《劝学篇·内篇》宗经第五。

⑥ 详见张之洞：《读经札记》二，见《张文襄公全集》卷二百十一。

⑦ 梁启超说：维新思想惊动了张之洞，张氏"专门纠集许多汉学宋学先生们著许多书和我们争辩，学术上新旧之斗，不久便牵连到政局"。见梁启超：《中国近三百年学术史》，29页，北京，中国书店，1985。

幼研习古文经学，于汉学自有偏好，但他虽力辟今文经学，却不排斥宋学。这除深受乃师影响外，还与他对学术经世的认识有关。他在分析汉宋之争时说：

> 近代学人，大率两途：好读书者宗汉学，讲治心者宗宋学。逐末忘源，遂相诟病，大为恶习。夫圣人之道，读书治心，谊无偏废，理取相资。诋諆求胜，未为通儒。甚者，或言必许、郑，或自命程、朱。夷考其行，则号为汉学者，不免为贪鄙邪刻之途；号为宋学者，徒便其庸劣巧诈之计。是则无论汉宋，虽学奚为？要之，学以躬行实践为主，汉宋两门皆期于有品有用。使行谊不修，涖官无用，楚固失矣，齐亦未为得也。若夫欺世自欺之人，为汉儒之奴隶，而实不能通其义；为宋儒之佞臣，而并未尝读其书，尤为大谬，无足深责者矣。[1]

这里，他对汉学、宋学相角的原因、危害，汉学、宋学融合的目的、途径都讲得较为明确，其用意也相当明显：一切期于有用，采宋学之精义，补汉学之不足，为挽救封建统治危机服务。这和曾国藩"一宗宋儒"而走上"汉宋兼容"可谓殊途同归。正如《四库全书总目》所说："消融门户之见而各取所长，则私心祛而公理出"[2]，维护封建主义文化统治的目的就会凸显出来。

在汉学与宋学的关系上，张之洞主张以汉学为本，通经然后明道。"汉学者何？汉人注经讲经之说是也。经是汉人所传，注是汉人创作，义有师承，语有根据，去古最近，多见古书，能识古字通古语，故必须以汉学为本而推阐之，乃能有合。以后诸儒传注，其义理精粹足以补正汉人者不少。要之，宋人皆熟读注疏之人，故能推阐发明。倘不知本源，即读宋儒书，亦不解也。"[3]他认为宋学也须以汉学为根本方可明义

---

① 张之洞：《輶轩语》语学第二，见《张文襄公全集》卷二百零四。
② 张之洞：《经部总叙》，见《四库全书总目》，北京，中华书局，1956 年影印本。
③ 张之洞：《輶轩语》语学第二，见《张文襄公全集》卷二百零四。

理之奥义："性理之学，源出汉儒，强生分别，不知学者也。"①之后，他进一步强调提出，只有汉学的扎实考据才是正确解读儒学原始教义的途径。"汉学所要者二：一音读训诂，一考据事实。音训明方知此字为何语，考据确方知此物为何物，此事为何事，此人为何人，然后知圣贤此言是何意义。不然空谈臆说，望文生义，即或有理，亦所谓郢书燕说耳，于经旨无与也。"②汉学家这种言必有征的实证学风，反过来又必然会强化他对儒家义理和封建道德礼教的信仰力度。

张之洞对宋学的汲纳融会，在前人基础之上前进了一步。他公开提出破除门户之见，兼采宋学之长：

> 近世学者，多生门户之弊。奈何日学术有门径，学人无党援。汉学，学也；宋学，亦学也。经济、词章以下，皆学也。不必嗜甘而忘辛也。大要读书宗汉学，制行宗宋学。汉学岂无所失，然宗之则空疏蔑古之弊除矣。宋学非无所病，然宗之则可以寡过矣。至其所短，前人攻之，我心知之。学人贵通，其论事理也，贵心安。争之而于己无益，排之而究不能，不如其已也。……使者于两家有所慕而无所党，不惟汉宋两家不偏废，一切学术，亦不可废。③

上述看似是张之洞从学术上对汉学、宋学进行的检讨，实则寓藏着深刻的思想用意。

其一，他力图兼容汉宋以恢复儒学的原始教义。他说："先王设教，孔门授学，自当本末兼赅，道器并著，岂有但详学童仪节之文、五礼名物之制，而于身心治道绝不容一语及之者。"④他认为浅陋之讲章、腐败之时文、禅寂之义理、杂博之考据、浮诞之词章既不是孔门之学，也不符合孔门之政的要求。"孔门之学，博文而约礼，温故而知新，参天而

---

① 张之洞：《輶轩语》语学第二，见《张文襄公全集》卷二百零四。
② 张之洞：《輶轩语》语学第二，见《张文襄公全集》卷二百零四。
③ 张之洞：《创建尊经书院记》，见《张文襄公全集》卷二百十三。
④ 张之洞：《读经札记》二，见《张文襄公全集》卷二百十一。

尽物。孔门之政，尊尊而亲亲，先富而后教，有文而备武，因时而制宜"①。张氏兼容汉宋，归根结底就是要将二者统一到儒学的核心"内圣外王"上来，统一到孔门之学的原始经义上来。"窃惟诸经之义其有迂曲难通、纷歧莫定者，当以《论语》《孟子》折衷之，《论》《孟》文约意显，又群经之权衡矣"②，期望以此重建儒家"尊尊亲亲"的社会秩序。

其二，他希图联合汉学、宋学两大学术阵营以加强对"不学者"的进攻。他说："愚性恶闻人诋宋学，亦恶闻人诋汉学。意谓好学者即是佳士，无论真汉学未尝不穷理，真宋学亦未尝不读书。即使偏胜，要是诵法圣贤各适其用，岂不胜于不学者。乃近人著书，入主出奴，互相丑诋，一若有大不得已者，而于不学者则绝不訾议，是诚何心，良可怪也。"③这里，难说他没有联合汉学、宋学抨击公羊学派特别是变法维新者的用意。

(三)经世之学的双重意蕴

张之洞学问淹博，经、史、子、集皆有涉猎。他的经世之学，灌贯于诸门学问之中，除强调通经致用外，他还主张史学经世、文学经世等。但他对诸门学问并不是等齐视之，史学、子学、文学等必须以通经致用为皈依，服务于大经大法所载之道。他强调经世而不忘卫道根本，表现出学术经世的双重性。

通经致用，视为圭臬。张之洞出身汉学，力辟公羊，兼容宋学，把通经致用作为主要目的。他反复强调"致用"对于"通经"的重要性：一切学术，"要其终也，归于有用"④，"读书期于明理，明理归于有用"，通经务以"切用"为要——"近人往往以读书明理判为两事，通经致用视为迂谈。……随时读书，随时穷理，心地清明，人品自然正直，从此贯通古今，推求人事，果能平日讲求，无论才识长短，筮仕登朝，大小必有

---

① 张之洞：《劝学篇·内篇》循序第七。
② 张之洞：《劝学篇·内篇》宗经第五。
③ 张之洞：《輶轩语》语学第二，见《张文襄公全集》卷二百零四。
④ 张之洞：《创建尊经书院记》，见《张文襄公全集》卷二百十三。

实用"①。他鄙薄那些"不知时务"、"不切经济"的士人为"陋儒"："不知时务者为陋儒，可言不可行。"②为纠正脱离现实的学风，张之洞反复倡导"读书宜读有用之书"："有用者何？可用以考古，可用以经世，可用以治身心三等。"③"扶持世教，利国利民，正是士人分所应为"④，通经致用的要义在此一语道破。在《劝学篇》中他对此阐释得更加清楚：

> 经学贵通大义。切于治身心、治天下者谓之大义，凡大义必明白平易。若荒唐险怪者乃异端，非大义也。《易》之大义，阴阳消长；《书》之大义，知人安民；《诗》之大义，将顺其美，匡救其恶；《春秋》大义，明王道，诛乱贼；《礼》之大义，亲亲，尊尊，贤贤；《周礼》大义，治国、治官、治民三事相维。⑤

"通经致用"上下其手，成为张之洞扶道救世的法宝。

取舍诸子，以经学为准绳。出于经世卫道需要，张之洞虽然在一定程度上承认诸子百家的学术价值，但对于不合正统儒家思想的内容则固拒之。"读子为通经"，他只承认诸子百家中有益于经学的内容："子有益于经者三：一证佐事实，一证补诸经伪文佚文，一兼通古训古音韵。……不读子，不知瓦砾糠秕无非至道；不读子，不知文章面目变化百出，莫可端倪也。"⑥这显然是以经学为子学的服务对象。对于诸子百家的无为而治、礼法并重、王霸相长等思想学说，他则斥之为乖谬邪道。在《读经札记》、《輶轩语》、《劝学篇》等文中，他对老子、庄子、列子、管子、墨子、荀子等的批评虽不乏真知灼见，但更多的则反映了他重儒轻子的思想倾向："大抵诸家纰缪易见，学者或爱其文采，或节取其义，苟非天资乖险，鲜有事事则效，实见施行者。"⑦他取舍诸子，严

---

① 张之洞：《輶轩语》语学第二，见《张文襄公全集》卷二百零四。
② 张之洞：《輶轩语》语行第一，见《张文襄公全集》卷二百零四。
③ 张之洞：《輶轩语》语学第二，见《张文襄公全集》卷二百零四。
④ 张之洞：《輶轩语》语行第一，见《张文襄公全集》卷二百零四。
⑤ 张之洞：《劝学篇·内篇》守约第八。
⑥ 张之洞：《輶轩语》语学第二，见《张文襄公全集》卷二百零四。
⑦ 张之洞：《劝学篇·内篇》宗经第五。

格以经学为标准："可以证发经义者及别出新理而不悖经义者取之，显悖孔、孟者弃之。"①

史学经世，他认为史学的功能在于考治乱典制：史学切用之大端有二：一事实，一典制。"事实择其治乱大端，有关今日鉴戒者考之，无关者置之；典制择其考见世变，可资今日取法者考之，无所取者略之。"②"读史者，贵能详考事迹古人作用言论，推求盛衰之起伏、政治之沿革、时势之轻重、风气之变迁，为其可以益人神智，遇事见诸设施耳。"③这样，就可以"证经义"、"明治乱"，为今日所用。史学经世为通经明道之辅，并没有超出传统史学服务于封建主义政治的功能。

文学经世，他赞同文贵载道之说，"文以载道，此语极精"，"文学之道，先贵诚笃"。他厌恶轻浮虚夸的文风，认为"一染此种气习，终身不可入道"④。他还把南北朝兵戈分裂归诸六朝文风，认为"道丧之弊"与社会动荡息息相关。⑤ 他十分看重经史与文学的关系："不通经史，其词章之训诂多不安，事实多不审，虽富于词必俭理。"⑥

除前面提及者外，张之洞对于目录学、小学、算学、地理学等各科各学，也都是围绕封建主义道统和学统为中心，以"致用"为参核考察标准。

综观张之洞这种"经世致用"的学术路线，它具有两面性。一方面，张氏为了"扶持世教"，不得不"通经致用"，不得不破除汉学门户之见，调适传统儒学，到宋学、子学、史学、算学甚至西学中寻找致用的法宝。可以说，正是社会危机下这种匡扶救拯使命感促发的经世思想，打破了传统的"本末"、"夷夏"观念，提供了张之洞汲纳新知、采补西学的思想动力。另一方面，这种以"致用"为旨趣的学术追求和致思路径，这

---

① 张之洞：《劝学篇·内篇》守约第八。
② 张之洞：《劝学篇·内篇》守约第八。
③ 张之洞：《輶轩语》语学第二，见《张文襄公全集》卷二百零四。
④ 张之洞：《輶轩语》语行第一，见《张文襄公全集》卷二百零四。
⑤ 张之洞：《抱冰堂弟子记》，见《张文襄公全集》卷二二八。
⑥ 张之洞：《创建尊经书院记》，见《张文襄公全集》卷二百十三。

种农业—宗法社会传统文化孕育出来的实用理性，又不得不服务于至高至上的道德伦理。当"经世致用"的张力危及社会道德主体的生命时，它必然会转向自救，捍卫"中学为体"不可动摇的地位，"经世致用"又成为保守思想的摇篮、卫道的工具，变为近代化的障碍。

二、"中体西用"的矛盾内涵

从学理上讲，张之洞"中体西用"文化观与"经世致用"思想联系密切，一定意义上说，"中体西用"是"经世致用"的发展和结果。"经世致用"思想的实用精髓不仅推动张氏完成了由清流派向洋务派文化观的转变，而且使他"西用"的内涵不断扩大。同时，"经世致用"所含的卫圣翼教主旨又内在地规定"西学为用"不能越过"中学为体"的樊篱，从而最终限制了"西学为用"的发展和对西方文化的全方位吸收。

1898年《劝学篇》的问世，无疑是张之洞"中体西用"文化观成熟的标志。《劝学篇》"内篇务本，外篇务通"的内容和"旧学为体，新学为用"的宗旨，成为洋务思潮的最后总结和清末统治阶级政治思想的指导蓝本。这里，我们着重就《劝学篇》进行分析。

（一）经世致用的发展极限——西政、西艺、西史

作为一种历史思潮，"中体西用"在近代有一个从积极进步到消极退步的过程。大体上说，甲午战前"中体西用"论主要针对顽固派的抱残守缺思想，"中学为体"是洋务派、顽固派共同遵守的，发挥作用的是"西学为用"，它促进了学习西方的进程。甲午战后，维新派异军突起，洋务派处于顽固派和维新派夹缝之中。从消极方面讲，为了对付维新派，他们突出"中学为体"的主导地位似乎掩盖了西学的作用，但从积极方面讲，为了同顽固派斗争，他们不得不在"西学为用"的大前提下尽量扩大西学的范围。在这一过程中，西学的内涵是继续扩大的，由器物层面扩大到不伤及封建政体根本的部分制度——"择西学之可以补吾阙者用之，

西政之可以起吾疾者取之"①。而这正是"经世致用"发展极限。

首先，张氏对守旧不化、不知变通的顽固派进行了深刻批判。他说："图救时者言新学，虑害道者守旧学"，守旧学者便会因噎废食，无应敌制变之术而导致亡国②。他对顽固派形成这种痼陋思想的根源多有认识：

> 今恶西法者，见六经古史之明文，不察其是非损益，而概屏之，如诋洋操为非而不能用古法练必胜之兵，诋铁舰为费而不能用民船为海防之策，是自塞也。自塞者，令人固蔽傲慢，自陷危亡。略知西法者，又概取经典所言而傅会之，以为此皆中学所已有，如但诩借根方东来法而不习算学，但矜火器为元太祖征西域所遣而不讲制造枪炮，是自欺也。自欺者，令人空言争胜，不求实事。③

张之洞对盲目排外者和西学中源论者都斥之以理，晓之以利害。从这一点上讲，张之洞在"要不要学习西方"这一问题上是态度鲜明的，明确认识到了学习西方对于经世救世的重要意义。

其次，他对学习西方的紧迫感和必要性多有正面的论述。他认为学习西学是大势所趋："沧海横流，外侮洊至，不讲新学则势不行。"④进而，他以近代中西文化兴衰的强烈对比来激发人们学习西方的积极性：

> 欧洲各国，开辟也晚，郁积勃发，斗力竞巧，各自摩厉，求免死亡，积惧成奋，积奋成强。独我中国士夫庶民懵然罔觉，五十年来，屡鉴不悛，守其傲惰，安其偷苟，情见势绌，而外侮亟矣。⑤

他认为学习西方不仅是形势发展的需要，而且合乎情理："西政、西学果其有益于中国，无损于圣教者，虽于古无征，为之固亦不嫌，况揆之

---

① 张之洞：《劝学篇·内篇》循序第七。
② 张之洞：《劝学篇·序》。
③ 张之洞：《劝学篇·外篇》会通第十三。
④ 张之洞：《劝学篇·内篇》守约第八。
⑤ 张之洞：《劝学篇·内篇》知类第四。

经典，灼然可据者哉。"①

最后，他给予西学以新的定义，在封建文化允许范围内最大限度地丰富了西学内涵。在早期，他的西学内容不外乎西方先进的科学技术和大工业生产方式：

> 世人皆言外洋以商务立国，此皮毛之论也。不知外洋富国强民之本，实在于工。讲格致，通化学，用机器，精制造，化粗为精，化贵为贱，而后商贾有懋迁之资，有倍蓰之利。……百工为足财用之本。②

在甲午战前，他孜孜矻矻所学者不过是这些西方工业器技。甲午战后，他从中败日胜的结局中猛然醒觉，悟出了"西艺非要，西政为要"的道理："大抵救时之计，谋国之方，政尤急于艺。"他把西学的范围从西艺进一步广而大之："西政、西艺、西史为新学。"西政包括学校、地理、度支、赋税、武备、律例、劝工、通商，西艺主要有算绘矿医、声光电化。③ 从西政内容看，他没有也不可能引进西方政治体制，但却已触及教育、财政、军事、法律等制度文化领域。

尽管张之洞把"经世致用"发展到了"西学为用"的新阶段，但"西学为用"最终不能也不可能跨过"经世致用"所服务的宗旨——"中学为体"所划定的严格界限。张之洞的"西学为用"不过是"经世致用"的极限发展而已，它根本不可能挽救封建末世的危机。

(二)经世致用的根本和前提——卫道务本，以正人心

《劝学篇》被光绪皇帝定性为"持论公平通达，于学术人心大有裨益"、"重名教而杜卮言"。经世思想的根本目的和要求，在此书中淋漓尽致地得以体现。下面我们结合张之洞在维新时期的诸般言行，看一下"中体西用"的重心所在及其与经世思想的关系。

貌似神非的"保国、保教、保种"。"保国、保教、保种"是戊戌变法

---

① 张之洞：《劝学篇·外篇》会通第十三。
② 张之洞：《吁请修备储才折》，见《张文襄公全集·奏议》卷三七。
③ 张之洞：《劝学篇·外篇》设学第三。

时期维新志士奋起挽救祖国沉沦的口号和共识，具有进步意义。张之洞在《劝学篇》中专辟《同心》、《教忠》、《明纲》三篇，也明"保国、保教、保种"之义。他说："吾闻欲救今日之世变者，其说有三：一曰保国家，一曰保圣教，一曰保华种。夫三事一贯而已矣。保国、保教、保种合为一心，是谓同心。"张氏认为"三保"的关键，是要天下臣民"惟以激发忠爱、讲求富强，尊朝廷、卫社稷为第一义"，也就是要保救大清帝国不致隳堕。他明确指出三者的次序："保种必先保教，保教必先保国"，保救清王朝处于首位。进而，他攻击维新人士说："今日颇有尤时之士，或仅以尊崇孔学为保教计，或仅以合群动众为保种计，而与国、教、种安危与共之义忽焉。"①道貌岸然的名目下，张之洞实则给予"保国、保教、保种"以不同于维新派的政治含义。对其实质，张的幕僚辜鸿铭最为了解，他说："文襄之效西法，非慕欧化也；文襄之图富强，志不在富强也。盖欲借富强以保中国，保中国即所以保名教也。……文襄之作《劝学篇》……绝康、梁并以谢天下耳。"②这可谓是洞察肺腑之论。显然，他所保之国，是大清帝国；所保之教，是"人人亲其亲，长其长，而天下平"的三纲五常四维的封建礼教；所谓保种，首先就是要剔除那些破坏名教、"不知本"的新学家——"恢诡倾危、乱名改作之流，遂杂出其说以荡众心，学者摇摇，中无所主，邪说暴行横流天下。敌既至，无与战。敌未至，无与安。吾恐中国之祸，不在四海之外，而在九州之内矣"③。

张之洞主张通经致用，"初由旧而之新"，对引进西学多有贡献；"复由新而返于旧"，古文经学又沦为他阻止变法维新的斗争工具。④ 张之洞认清康有为《新学伪经考》与《孔子改制考》意向所指后，大为惊恐，

---

① 张之洞：《劝学篇·内篇》同心第一。
② 辜鸿铭：《张文襄幕府纪闻·清流党》，见《辜鸿铭文集》，418～419 页，海口，海南出版社，1996。
③ 张之洞：《劝学篇·序》。
④ 金润庠：《张文襄公事略》，6 页，开通文明社宣统元年铅印本。

乃极力诱迫康氏改变观点[①]，遭到断然拒绝后，于是采取全面反击，一方面"纠集许多汉学、宋学先生们，著许多书"，借批驳公羊学说来反对变法理论[②]。这一点前已论及。另一方面，他亲自动手，抛出《劝学篇》，力图阻止"异端经学"、"邪说横流"。在《劝学篇》中，他抬出"宗经"、"守约"等原则以与《新学伪经考》、《孔子改制考》相对抗。所谓"宗经"，就是强调"孔子教，十三经"为学者所必须宗奉，对之不可怀疑；儒家经解，当以古文家法为主；诸子驳杂，"当以经义权衡而节取之"；维新派已歪曲、诬捏《公羊》原义。所谓"守约"，就是读经之人必须通贯经学大义，"宜治要而约取之"，去其菲薄名教之心。"中体西用"重心在何，可见一斑。

《正权》一节更能体现张之洞《劝学篇》的主旨。在政权问题上，张之洞不再含糊其辞，而是立场分明、态度坚决，摆出了封建主义卫道士的真面目。他理直气壮地说道："民权之说无一益而有百害。"何谓民权之说无一益？他振振有词地解释说：第一，倡民权必"立议院"，议员须有学识渊博者充当，而"中国士民至今安于固陋者尚多"，无此资格。第二，倡民权必"立公司"、"开工厂"，中国商人借招股行欺诈之事，若"无官权为之惩罚"，公司、工厂又有何益？第三，倡民权必"开学堂"，若"尽废官权"，学成之才，无进身之阶，又有何用？第四，倡民权必"练兵以御外侮"，若无国家为之担保，一切军饷、装备不能解决，如此之兵，怎能御侮？他认为，倡民权只会贻害无穷，导致内忧外患叠相交侵而走向亡国，"使民权之说一倡，愚民必喜，乱民必作，纪纲不行，大乱四起，……且必将劫掠市镇，焚毁教案，吾恐外洋各国必藉保护为名，兵舰、陆军深入占据，全局拱手而属之他人。"甚而带来人类灭绝之灾——若人人以民权为实，竞相实行自主，势必"家私其家，乡私其乡，士愿坐食，农愿蠲租，商愿专利，工愿高价，无业贫民愿劫夺，子不从

---

① 参见彭久松：《张之洞〈劝学篇〉是反对维新派的宣言书》，载《四川大学学报》（哲学社会科学版）1985(4)。

② 梁启超：《中国近三百年学术史》，见《饮冰室合集》专集之七十五，27 页。

父，弟不尊师，妇不从夫，贱不服贵，弱肉强食，不尽灭人类不止"。在他看来，民权之害百倍洪水猛兽，无怪乎闻之变色了。

此外，《劝学篇》内篇其他各节，诸如《知类》、《循序》等，也都明显体现了张之洞以封建伦常为"道"、"体"的根本原则，体现了他务本正心的劝学宗旨。他所宣讲的"经世致用"、"西学为用"，必须是为封建专制主义正统服务。因此，由"经世致用"所衍生的"西学为用"最终在"中学为体"的锢蔽下失去了生机和活力，没有能够冲破封建主义旧文化的牢笼。

（三）"中体"与"西用"的同构点——经世致用

"体"与"用"、"道"与"器"、"本"与"末"，都是近代以来思想家阐释中学与西学关系时最常用的概念。但在中国传统哲学中，"道"与"器"、"体"与"用"却是不可分割的。《易·系辞》中称："形而上者谓之道，形而下者谓之器。"程颐《易传·序》明确指出："体用一源，显微无间。"严复对于"中体西用"论的剖析虽失之于简单，但很形象生动。他说："体用者，即一物而言之也。有牛之体则有负重之用，有马之体则有致远之用，未闻以牛为体而以马为用者也。中西学之为异也，如其种人之面目然，不可强谓似也。故中学有中学之体用，西学有西学之体用，分之则两立，合之则两亡。"①既然体用不二，那么张之洞又是以什么为纽带将中学与西学结合在一起的呢？从根本上说，这既是经世致用的需要，又是经世致用的产物，经世致用成为二者的同构点。下面以其"会通"论为例加以说明。

张之洞的中西会通论，由于是以保证"中学为体"为前提的，因而他不可能破除中学与西学的文化界限而创制全新的文化思想体系。耐人寻味的是，他却以"经世致用"为纽带实现了中学与西学的结合，创立了一种"不新不旧"的文化体系。

首先，他强调西学的实用价值符合中国社会需要，西学与中国先圣先贤的元典精神不仅不相冲突，而且精义相通，从而为采纳西学找到了

---

① 严复：《与〈外交报〉主人书》，见《严复集》，558页，北京，中华书局，1986。

理论依据。他在《会通》篇中，大量罗列近代西方科技、文化、风俗、观念等与中国古代典籍的相通之处。他不仅把西学中的农、林、工、商、格致、化学、工艺、铁路、矿产、练兵、制机器、设报馆、倡游学等等，都从中国古代的《四书》、《五经》、诸子学说中找到了立论根据，甚至连他所认定中国难以实行的议院制，也在《周礼》中查到了出处。这种以中学比附西学、以中学价值理性与西学实用理性相验证相调和的方式，有利于被人们所认同，有其积极的一面，因而看起来似乎合情合理。

其次，出于"经世"、"切用"的需要，他的"西学"已经经过了严格选择，不是完整意义上的西学。"择西学之可以补吾阙者用之，西政之可以起吾疾者取之"，由于自始至终他所选择的西学都是服务于中学者，因此，他论证起中学与西学的关系看起来也就顺理成章。无论西艺、西政还是西法，都没有上升到"体"的地位，中学与西学自然也就较容易地被"协调"、"会通"。

再次，他的"中学"也是一个不断变化的范畴。甲午战前，由于西学的引进限于制船、造炮、设厂等技艺层次，因而这一时期他把制度文化归为中学的内容。甲午战后，西学的范围扩展到西政、西艺、西法等部分制度文化层面，他也把中学局缩到攸关社会性质的政治制度和纲常名教上。这样，彼消此长，伸缩互补，利用概念内涵的变化而从表面上换得了逻辑合理性。

张之洞的这种"会通"论，由于有着部分合理性、较强隐蔽性和复杂性，看上去也就名正言顺。其实，他的这种"中体西用"文化模式，仅仅是在实用理性上的一种简单组合，是以中学、西学不能"糅杂"为严格界限的，不是真正意义上的文化会通论。因此，他在《会通》篇中强调指出："溺于西法者，甚或取中西之学而糅杂之，以为中西无别……是自扰也。自扰者，令人眩惑狂，易丧其所守"，是不知"会通"的结果。他认为只有"中学为内学，西学为外学，中学治身心，西学应世事"，实现以纲常名教为主体的中学与以西艺、西政、西法为代表的西学的嫁接，才是真正的"会通"。总之，在经世致用思想指导下，他的中学与西学的

"会通"虽不是真正意义上的文化会通，却由此堂而皇之地连接在了一起。

三、对张之洞文化思想的检讨

张之洞"经世致用"与"中体西用"文化观的这种内在联系，较具代表性地反映了以儒学为代表的中国传统文化近代化道路的艰难和曲折。

1. 从文化资源学的角度讲，中国传统文化资源的复杂性窒碍了张之洞文化观的近代化转变。

中国文化资源内容广博，历史积淀很深，是一个糟粕与精华羼杂的文化系统。近代中国知识分子在亡国灭种危迫关头，面对这样的民族文化遗产来攫取中国近代化的文化动力，来认同西方侵略者所代表的先进文化，困难可想而知。下面以张之洞解读传统文化为例，作进一步说明。

《周易》"变易观"的多重性。以往，学界往往把"穷变通久"论作为变法维新的理论依据而大加阐扬。其实，这种传统变易观念具有多重内涵，有其模糊的一面。《周易》不仅论述了"穷变通久"变易的普遍性，而且还论述了变易由微而著的过程，并强调指出变化是有规则、有秩序的，变化是在这种秩序下的变化。汉代学者郑玄作《易赞》和《易论》进一步明确了《周易》所阐扬的"易道"，并概括为三层含义：简易、变易和不易。有的学者对此解释说："简易"指掌握了宇宙变化的总规则，预测人生就简化明了；"变易"指从宇宙万物到社会人生永远变化不息；"不易"指变化的规则、秩序不变，如"天尊地卑，乾坤定矣"之类。经此解释，"变易"观念已变得复杂化了，而张之洞的变"器"不变"道"正是在此"易道"变与不变双重思想浸润下的产物。张之洞首先引经据典论证变器的合理性：

> 穷则变，变通尽利，变通趣时，损益之道，与时偕行，《易》义也；器非求旧，惟新，《尚书》义也；学在四夷，《春秋》传义也；五

> 帝不沿乐，三王不袭礼，礼时为大，《礼》义也；温故知新，三人必
> 有我师，择善而从，《论语》义也；时措之宜，《中庸》义也；不耻不
> 若人，何若人有，《孟子》义也。①

通过旁征博引找到了论述变"器"的必要性和合法性的证据后，他又从
《礼记·大传》中征得了论证"道"不可变的依据："亲亲也，尊尊也，长
长也，男女有别。此其不可得与民变革者也。五伦之要，百行之原，相
传数千年更无异义。"②由此，他不难得出这样的结论："不可变者伦纪
也，非法制也；圣道也，非器械也；心术也，非工艺也。"③至此，在这
种"变易"与"不易"双重理论引申下，"中体西用"变"用"不变"体"也就水
到渠成了。

　　《中庸》"时中"的不确指性。传统儒学的"变易"与"不易"、守常与权
变是以"时中"为标准的。具体说来，"时中"里面有常道，"中"就是常
道，大中至正，不偏不倚，无过无不及，具有永恒性，当然不可变更。
"时中"也含有应变之道，"时"就是一个应变的原则，表示一切都要切合
时宜，《礼记》云："礼，时为大。"礼以时为大，礼也要随着社会发展而
不断变化。"时中"的中，虽是常道，却不是固定不变的。固定的"中"，
是死中，不是时中，只有顺应时宜，日新又新，才能达到时中。由此可
见，中庸之道，是一个"有变有常，万古常青"的辩证法则，无疑对近代
化有推动作用。张之洞"感王室之多艰，外患日蹙，内忧未弭，人伦渐
斁，人类将绝"，也提出了一套"时中"理论："正之时义大矣哉，《周易》
之义，中正者吉，不中不正者凶。至于正未有不中者，或蔽于守旧或眩
于喜新，皆不得为中，即皆不得为正。守旧而不知变则为迷复之凶，喜
新而不知本则为大过灭顶之凶。"④他认为无论是顽固派，还是维新派，
都有所偏执，不是"时中"，因此选择了中间方案，专作《劝学篇》正之。

---

① 张之洞：《劝学篇·外篇》变法第七。
② 张之洞：《劝学篇·内篇》明纲第三。
③ 张之洞：《劝学篇·外篇》变法第七。
④ 张之洞：《正学报序》，《张文襄公全集》卷二百十三。

在他看来，"内篇务本"、"外篇务通"结合而成的"旧体西用"就是常与变的统一，就是"时中"。由于张之洞死守常道不放，其常道实际上已变成僵死的教条，"时中"已异化为"调和折中主义"，根本不是科学意义上的"时中"，也就难以做出正确判断。

再看一下"经世致用"的内涵和外延。"经世致用"一方面含有强烈的济时入世精神，要求人们关心政治、参与社会，这显然有和近代化精神相通之处。但另一方面，如前所析，经世思想又含有与近代化相抵触的东西，主要是因为"经世"观念承受了儒家的道德精神，强调政治离不开道德。这种道德意识是西方近代化思想中所没有的。西方近代化所注重的是工具的有效性。而经世思想则是目的与手段的统一，"德"与"治"的合一。从这一层意义上讲，由于经世思想所含有的价值理性是传统的而不是现代的，因而经世致用的工具理性最终在其价值理性的限制下不可能实现近代化。从历史上看，顾炎武、黄宗羲等人强调经世致用，由于是在封建社会内部进行的变革和发展，其消极面不易被察觉。而近代中国所面临的不仅是一场政治变革，而且是一场社会制度的革命，因此诸如曾国藩、张之洞等洋务思想家们，从自觉意识层面上讲，都是以维护传统的封建体制和儒家道德伦理为己任的；但在客观实践上，却不自觉地站在了传统文化对立面。由此可见，张之洞的"中体西用"论一方面在政治上成为加强专制主义统治的思想工具；另一方面"中体"在不自觉地走向衰落，封建专制主义逐渐瓦解。这也就决定了张之洞"中体西用"论的历史命运。

2. 从文化认知的角度看，张之洞对西方文化的误读、对封建危机的双重反应是其中体西用文化观形成的重要原因。

近代以来，以儒家思想为主干的中国传统伦理遭受到空前的挑战，无论是魏晋的道佛思想，还是宋明理学内部的泰州学派，都不可与晚清东渐西学的冲击相比拟。早在洋务运动初期倭仁等顽固派就已明显意识到儒家名教的危机，倭仁曾说："立国之道尚礼义不尚权谋，根本之图在人心不在技艺。"当李鸿章、左宗棠等洋务派以功利主义为取向而扬起学习西方的风帆时，出身清流的张之洞已深感封建名教的危机而多有专论。中法战后，他虽由清流而洋务，但"扶持名教"却是他一以贯之的思想路线。这样，面对西学冲击下封建主义的危机他形成了双重避害反应：一方面，为保证封建礼教完美无缺，需远避西方文化的侵蚀而与之保持隔绝对立；另一方面，为保存国家完整，又需"师夷长技"。

这种道器分离的观念，特别是学习西方的功利取向，如果能够自觉地把握，似乎为切断传统文化守旧心态与认知心理牢固的互协关系提供了契机。但是，由于他对西方文化的片面认识而使这种错误理论得到了进一步强化。梁启超对张之洞当时的认知层次有一段不失真实的描述，他说："甲午丧师，举国震动，年少气盛之士，疾首扼腕言'维新变法'，而疆吏若李鸿章、张之洞之辈，亦稍稍和之。而其流行之语，则有所谓'中学为体，西学为用'者，张之洞最乐道之，而举国以为至言。盖当时之人，绝不承认欧美人除能制造能测量能驾驶能操练之外，更有其他学问，而在译出西书中求之，亦确无他种学问可见。"[①]限于当时文化交流的水平，加上受当时流行的"西学中源说"和中国文化优越论的影响，"中体西用"论是合乎认识规律的。

再加上甲午之战后，学习西方的呼声日益高涨，甚而通商口岸已有崇洋之风，信洋教者、捧洋旗者、入洋籍者，所在多见，[②] 张之洞不能正确理解这种殖民地现象，也是他提出"三保"主张的重要原因。"保种必先保教，保教必先保国"，保国最根本，保教最重要。他以西方宗教侵略的罪恶行径为西方文化的重要表现，更坚定了他"中学为体"的自信心。诚如辜鸿铭所说："文襄之图富强，志不在富强也。盖欲借富强以保中国，保中国即所以保名教也。"可见，张之洞提倡西学并不以中国民主富强为追求目标，他提倡西学，实质上是避害动机下的一种被动反应，是早期"制夷"思路的延续，仅限于自卫"为用"而已。这样，便可以理解为什么张之洞把互为异源的双重价值尺度中学与西学合二为一并实现共容了。

① 梁启超：《清代学术概论》，97 页。
② 张之洞：《劝学篇·外篇》非攻教第十五。

3. 从文化体系的内在逻辑看，张之洞"中体西用"论是机械的文化可分论的产物。

以儒家思想为主干的中国传统文化，长期以来形成了一个无须求他的自我完整文化系统。它有着自己的内外体用，所谓"内圣外王"就是这种内外体用和谐关系的一种表达。依照宋儒的说法，正心、诚意、修身、齐家是"内圣"的功夫，治国、平天下是"外王"的事业，"外"发于"内"，"内圣"的综合超越便可推展出"外王"。但是，东渐的西学搅乱了这种功德和谐的理想秩序。于是，有人开始探求一种新的体用一致的文化观。"中体西用"论便是在此背景下出现的一种文化理论。近代以还，为解决西学冲击下中国封建社会的危机，从魏源到梁启超等许多中国士人都倾向于认为文化体系是可分的，以使异质文化中的某些成分有可能整合进自己的母体文化中来。从主观上讲，文化可分论为他们提供了借以避开文化认同问题的依据以及反击顽固派的理论武器，具有积极意义；但从客观上讲，当中西文化交流触及"体""用"、"道""器"层面时，"中学"始终都被划为不可交流的部分，文化可分论又成为文化交流的障碍，它最终限制了更高层次上向西方学习。

张之洞从"经世致用"到"中体西用"文化观的变化基本上也是沿着这条道路前进的。经世之学，当它还限于通经致用范围时，其价值理性与工具理性是统一的。当经世的内容触及西学，一跃而转化为"中体西用"时，它原来蓄含的价值理性与工具理性便分离开来。"中学为体"是以正统主义或道德主义相标榜，"西学为用"则以实用主义为宗旨。"中学为体"以传统伦理纲常为判断行为的准绳，而"西学为用"以功效为价值判断标准。前者消极守常，后者积极求变。至此，中学与西学、体与用走上了殊途异路，成为分而不合的两种价值尺度，甚至存在着背离排斥的严重矛盾。但在张之洞看来，"旧学为体，新学为用"，"中学为内学，西学为外学，中学治身心，西学应世事"，却是道德为主，实用为辅，体用有位，各司其职，按照功能而结合起来的统一体。不过，二者的实际运作，并不像张之洞主观理想的主辅关系去排列，而是随社会发展变化而发生主次关系的转变。每当外力冲击增大，张氏求强的愿望升高，实用主义占据上风而转居于指导实际行动地位，这样，以"卫道"相标榜的"中学为体"就暂居次位。如中法战后、甲午败后、胶澳事件后、庚子之役后。每当来自内部的威胁可能动摇清政府的统治与传统社会的秩序时，"正统"、"卫道"思想又居首位。如戊戌变法前后、庚子自立军起义后。现实中这种互为主辅关系与张氏理想中的主辅关系必将互为障碍，主观与客观陷于矛盾冲突，从而阻碍了近代化所要求的功利主义的发展，但它最终必将冲破正统主义的道德束缚和封建罗网。"中体西用"论随着历史的发展而必然失去其合理性和社会影响力。

第四章 "发明圣制，探讨微言"

——康有为对传统儒学的改造与重构

　　康有为是中国近代卓有影响的思想家，以往论者对他儒学思想的研究主要侧重于儒学与变法的关系方面，认为其主旨在于以儒学的旧瓶装变法的新酒，托古改制。从政治思想史角度分析，康有为的儒学思想的确是为变法维新、为现实政治服务的。但若仔细细绎康有为的论著，我们还可看到另外一条理路，即发明光大孔子的儒学，以一代圣人自居。也就是说，康有为并不把儒学仅仅视为变法维新的工具，儒学还承载了他的价值诉求和人生理想。为此，他不断著书立说，讲课授徒，奔走呼号，建立、完善和宣传自己的儒学体系。

　　康有为建构的新儒学体系，主要表现在两大方面。一是援西入儒，致力于儒学的近代化；二是纳儒入教，推动儒学的宗教化。本章的第一至第四节主要就前者进行探讨，第五节就后者进行论述。

一、学术渊源

　　从学术背景上考察，康有为援西入儒、重构儒学，与他对宋明理学、今古文经学等传统学术的体认有直接关系。

> 始循宋人之途辙，炯炯乎自以为得之矣。既悟孔子不如是之拘且隘也，继遵汉人之门径，纷纷乎自以为践之矣。既悟其不如是之碎且乱也，苟止于是乎？孔子其圣而不神矣……既乃去古学之伪，

而求之今文学。①

扬弃汉宋、撷拾今学，是康有为发明新儒学必经之步，但旧学的熏染，并没有使其化蛹成蝶。而西学在康有为思想世界中具有点石成金的意义，不仅促成了他思想的质变，而且成为他构筑新儒学不可缺少的基石。康有为的新儒学可视为在批判、扬弃乃至否定汉学、宋学之后，化合西学与今文经学的产物。

(一)扬弃汉宋

康有为早年接受的是程朱理学教育。康有为出生于广东南海的理学世家，高祖康辉、曾祖康健昌、祖父康赞修均笃守程朱，学有所成。他的祖父不仅秉承家学，还兼祧岭南理学之正宗，是岭南理学宗师冯承修再传弟子何文绮的高足。康有为八岁起即随祖父读书生活，"日夜摩导以先儒高义、文学条理"②。家学的熏陶，特别是祖父的言传身教，不能不对康有为产生潜移默化的影响。

1876 年，康有为 19 岁，转从康赞修的畏友、理学大儒朱次琦问学。朱次琦著述宏富，学风平实敦大，主济人经世，重视气节，"恶王学之猖狂，汉学之琐碎"③，主张"扫去汉宋之门户，而归宗于孔子"。康有为从学问道，如瞽睹明，"未明而起，夜分而寝，日读宋儒书及经说、小学、史学、掌故、词章，兼综而并骛，日读书以寸记"④。程朱理学的代表性著作《朱子语类》、《朱子大全》等，成为他经常研读的对象。师承朱次琦，使康有为受到系统的理学教育和学术训练。

康有为后来尝说："仆生平于朱子之学，尝服膺焉。"⑤这是康有为对其早期学术思想的自我总结。无论是他本人撰写的《教学通义》、《康子内外篇》等专门著作，还是由门人整理的《万木草堂口说》、《南海师承

---

① 康有为：《礼运注叙》，见《康有为政论集》，192 页，北京，中华书局，1981。
② 康有为：《康南海自编年谱》，4 页，台北，文海出版社，1972。
③ 康有为：《与沈刑部子培书》，见《康有为全集》(1)，383 页，上海，上海古籍出版社，1984。
④ 康有为：《康南海自编年谱》，8 页。
⑤ 康有为：《与朱一新论学书牍》，见《康有为全集》(1)，1020 页。

记》等讲课记录，都体现了康有为在转向今文经学之前以理学为主的学术倾向，尽管其中不乏古文经学的内容，不乏"离经叛道"之处①。其实，在正统理学家看来的"离经叛道"之处，正是康有为力图对理学实现发展、超越的地方②。

康有为早年对古文经学的兴趣也是受自朱次琦学风的影响，与朱氏兼采汉宋的学术思想密切相关，这一点可从《康南海自编年谱》中得以印证。受朱氏影响，康有为"以圣贤为必可期，以群书为三十岁前必可尽读"，于是广览群书，宋儒书之外，尤其肆力于《周礼》、《仪礼》、《尔雅》、《说文》等古经，以及毛奇龄、戴震等汉学家的著作③。但为时不长，康有为即对汉学琐于考据、脱离现实的学风表示了不满。他自称，至1878年"秋冬时，四库要书大义，略知其概，以日埋故纸堆中，汩其灵明，渐厌之。日有新思，思考据家著书满家，如戴东原，究复何用？因弃之，而私心好求安心立命之所"④。考据"一字刺刺不休，或至千万言"，汉学烦琐的治学程式，与康有为急于经世济民、安身立命、成圣成贤的理想追求相去悬远。正是因为这一点，笔者以为，康有为1880年著《何氏纠缪》，专门批评何休，"既而悟其非，焚去"；1886年著《教学通义》虽说以《周礼》相贯穿，但主要是借用其中的"经纬世宙之言"⑤，即变法改制的成分，也就是借助周公的"敷教言治"以"言古切今"。换言之，康有为尊崇古文经学不过是权宜之计。

19世纪80年代末，康有为出入京师，薄游香港，接触西学，眼界大开，对汉学、宋学的认识更加深刻。在转向今文经学前后，他对汉学、宋学展开了摧腐拉朽式的抨击。

---

① 如他说："孔子改制之意隐而未明，朱子编礼之书迟而不就，此亦今古之大会也。朱子未能言之，即言之，而无征不信，此真可太息也。"见康有为：《教学通义》，见《康有为全集》(1)，139页。

② 不少学者认为，康有为早期学术思想的主流是古文经学，如汤志钧《近代经学与政治》、房德邻《康有为与近代儒学》即持这种观点，笔者认为宋学在康有为早期思想中的地位要高于汉学。

③ 康有为：《康南海自编年谱》，7~10页。

④ 康有为：《康南海自编年谱》，10页。

⑤ 康有为：《康南海自编年谱》，11页。

康有为指出，不仅汉学家脱离现实，"猎琐文单义，沾沾自喜，日事谀闻"，无关于风俗人心①，而且宋学家也是索索无任何生气可言。他在给友人的书信中直言道："今之中国，圆颅方趾四万万，四子书遍域中诵之，而卓然以先圣之道自任，以待后学，不为毁誉、排挤、非笑所夺者，未有人焉。此所以学术榛塞，风气披靡也。"②而他往来于京粤，"所经之地，所阅之民，穷困颛愚，几若牛马"，更激发了悲天悯民的热肠和对理学的愤懑，"慨然遂有召师之责，以为四海困穷，不能复洁己拱手而谈性命矣"③。

他对当时士林不问现实、争立门户的学风十分反感："考据、义理交讧，其弊浩博而寡要，陋略而难安。""大抵正学中微，多起于陋儒之争席，讲声音，穷文字，图太极，明本心，栩栩谓得圣学之传，专己守残，如大道何！且精研传注而义理实粗，妙说阴阳而施行多碍，其罔殆正复可哀。"并指出这种做法绝非儒家的传统："儒林道学有分门，后世久相水火，岂知琐碎笺疏，空谈语录，举无关儒家道统之传。"④

康有为认为，汉学、宋学内在学理也是弊端丛生。他以《新学伪经考》数十万字的篇幅，连篇累牍攻击汉学之失，还多次指责理学："近代大宗师，莫如朱、王，然朱学穷物理，而问学太多，流为记诵；王学指本心，而节行易窘，流于独狂，或专向经制则少涵养，专重践履则少振拓。"⑤

为了达到建立新儒学的目的，他不仅否定了汉学、宋学的现实合理性，而且要铲除汉学、宋学的历史合法性。"凡后世所指目为'汉学'者，皆贾、马、许、郑之学，乃'新学'，非'汉学'也；即宋人所尊述之经，乃多伪经，非孔子之经也。""古学皆刘歆之窜乱伪撰也，凡今所争之汉

① 康有为：《与朱一新论学书牍》，见《康有为全集》(1)，1019 页。
② 康有为：《与沈刑部子培书》，见《康有为全集》(1)，379 页。
③ 康有为：《与沈刑部子培书》，见《康有为全集》(1)，380 页。
④ 康有为：《子曰学而不思则罔》，见《康有为全集》(2)，25～27 页，上海，上海古籍出版社，1990。
⑤ 康有为：《与沈刑部子培书》，见《康有为全集》(1)，383 页。

学、宋学者，又皆歆之绪余支派也。经歆乱诸经，作《汉书》之后，凡后人所考证，无非歆说。征应四布，条理精密，几于攻无可攻，此歆所以能欺绐二千年，而无人发其覆也。今取西汉人之说证之，乃知其伪乱百出。"①

平心而论，这种激烈言论在一定程度上反映了汉学、宋学在晚清时期的真实状况——作为封建主义统治思想支柱的汉学、宋学已不足以担当揆道救时的重任。同时，我们从中也可以看出康有为破旧立新、转向今学、构建新儒学的心路历程和雄心壮志。他在与朱一新的往来书牍中多次放言："仆言今古刘、朱之学相盛衰者，正以循环之运，穷则反本。方今正当今学宜复之时。""豁然于古学之伪，不复以马、郑为据，而以董、刘为归，而上寻孔子之绪耳。""谓仆欲嬗宋学而兴西学，且援观人于微之义，谓仆取释氏之权实互用，意谓阳尊孔子，阴祖耶稣耶。是何言欤！马舌牛头，何其相接之不伦也！"②

"凡二千年经说，自魏晋至唐，为刘歆之伪学；自宋至明，为向壁之虚学。"③康有为将汉学、宋学连根拔起，目的就是要正本清源，去除不合时代之需的思想学说，为建立其新儒学服务。他反对正统，但并不是要反对传统、在儒学之外另立新统，他发扬光大儒学的诚心应当是可信的。朱一新说康有为"卑宋儒之论，而欲扬之使高，凿之使深。……高者可心知其意，而不可笔之于书，足下以董生正宋儒，而并欲推及董生所不敢言者，仆窃以为过矣。"④康有为之举虽然不合乎像朱氏这样谨守传统儒学者的要求，但这种来自儒学信仰者的评价确道出了康有为光大门楣的雄心。

（二）复今学之古

章太炎、梁启超等学术大师曾以"复古解放"来概括清代学术思潮。我们知道，这种"复古"是因缘际会的产物，有着较为深厚的现实基础，

---

① 康有为：《新学伪经考》，见《康有为全集》(1)，573、585 页。
② 康有为：《与朱一新论学书牍》，见《康有为全集》(1)，1035～1036 页。
③ 康有为：《桂学答问》，见《康有为全集》(2)，56 页。
④ 朱一新：《朱侍御复长孺第二书》，见《康有为全集》(1)，1030 页。

所复之古学并非是对古学本身的简单复制，而是"复古"者在阐释过程中加入了新思想。笔者在此要指出的是，古学与"复古"者思想虽然不同，但却有相通之处。据康有为《自编年谱》，1888 年他"既不谈政事，复事经说，发古文经之伪，明今学之正"[①]，学术思想转入今学营垒。康有为选择今文经学为阐发其思想的文本和资源，就是看中了今文经学所具有的一些特点和价值。

1. 今学具有以学论政的传统。严格说来，传统儒学，无论是汉学、宋学，还是今学、古学，无一例外，都扎根于现实政治之中。但相较于古学，今学与政治的关系更为密切，援政论经的特点更为直接。今文经学的奠基者董仲舒即是一个显例。董氏为了稳固专制统治，提出天人感应学说；为了论证社会变革的合理性，他撰写了《春秋繁露》，提出"奉天法古，新王改制"的思想。这种解经方式被后来者所效法，何休著《春秋公羊解诂》，发《春秋》新义，提出"三科九旨"及"三世"说，成为加强君权的有力武器。今学在清代的复兴，在很大程度上与学者对现实政治的关注有关。美国学者艾尔曼在论述常州今文学派的兴起时，通过考察经学与政治以及社会思想的关系，认为政治时势是导致常州学派兴起的首要原因[②]。龚自珍、魏源进一步发展了庄存与、刘逢禄援经论证的学风，为了现实政治之需，甚至不惜曲解经典。康有为生活的时代，社会环境变得更为险恶复杂，既有的药方不能满足时代之需，他从今文经学的这种学术传统中找到了阐发政治思想的寄托之处。

2. 今学不甚求史实之精确。公羊学派在经学思想上不拘泥于经书所载史实，而重视师徒的口头传述，重视微言大义。朱一新就曾指责刘逢禄、宋翔凤之徒，"援《公羊》以释四子书，恣其胸臆，穿凿无理"[③]。而这正符合康有为的个性——"有为之为人也，万事纯任主观，信力极强，而持之极毅。其对于客观的事实，或竟蔑视，或必欲强之以从我。

---

① 康有为：《康南海自编年谱》，19 页。
② ［美］艾尔曼：《经学、政治与宗族》，赵刚译，南京，江苏人民出版社，1998。
③ 朱一新：《朱侍御复长孺第四书》，见《康有为全集》(1)，1045 页。

其在事业上也有然，其在学问上也亦有然。"梁启超对康有为的概括可谓准确。梁氏还举例说："有为之治《公羊》也，不断断于其书法义例之小节，专求其微言大义，即何休所谓非常异义可怪之论者。定《春秋》为孔子改制创作之书，谓文字不过其符号，如电报之密码，如乐谱之音符，非口授不能明。"①康有为的反对者则直指其讹："夫同一书也，合己说者则取之，不合者则伪之"，"孔子之告子张，曷尝有一言及于改制？""周制已不可行于今，况夏、殷之制，为孔子所不能徵者乎？穿凿附会之辞，吾知其不能免也。曾是说经而可穿凿附会乎？"②反对者可谓语语中的。康有为所著《新学伪经考》、《孔子改制考》等著作，在当时成为叶德辉、朱一新等人的抨击目标，部分原因即在于此。

3. 今学经文较少，易于发挥。清代今文经学与汉代不同，存世文献较少。康有为在批评古文经学时曾多次强调这一点："徒以二千年经学乖讹，有若聚讼，童年而搜研章句，白首不能辨厥要归。"③康有为认为，古文经学皓首不能穷经的弊病使其失去了可操作性和利用价值，而今文经学则不然：古文经学"使学者碎义逃难，穷老尽气于小学，童年执艺，白首无成。必扫除之，使知孔子大义之学，而后学乃有用。孔子大义之学，全在今学。每经数十条，学者聪俊勤敏者，半年可通之矣。……而一皆本之孔子之大义以为断。其反躬之学，内之变化气质，外之砥厉名节，凡此皆有基可立，有日可按。若一格以古学，则穷读两部《皇朝经解》，已非数年不能，而于孔子之大义尚无所知。……欲其成学，岂不难哉？"④

当然，康有为最为看重的还是今文经学"三统三世"说所蕴含的变通、变易思想。这一点在后面将作详细论述。

(三)早期西学储备

西学是康有为建立新儒学不可或缺的条件，完全可以说，如果没有

---

① 梁启超：《清代学术概论》，79页。
② 朱一新：《朱侍御答康长孺书》，见《康有为全集》(1)，1025、1028、1029页。
③ 康有为：《新学伪经考》，见《康有为全集》(1)，621页。
④ 康有为：《与朱一新论学书牍》，见《康有为全集》(1)，1024页。

西学介入，就没有后来思想的升华。

康有为早年接受的正统儒家教育，在他心田种下了挥之不去的圣人情结。儒家治国平天下的理想追求，时时激励着他谋求济世安民之策，而这一点在风雨如晦的近代中国显得尤为迫切。然而，他出入汉、宋，参悟佛理，并没有寻找到答案。求道迫切，又未有依归，令他彷徨、苦闷，以至于歌哭无常，似有心疾。1879 年，康有为在西樵山晤见前来游玩的京官编修张鼎华，"尽知京朝风气、近时人才及各种新书"。结识张鼎华后，康有为的治学方向发生了明显变化，从此开始有意识地学习西学①。他"既而得《西国近事汇编》、李圭《环游地球新录》及西书数种览之"，不久，游历香港，"览西人宫室之瑰丽，道路之整洁，巡捕之严密，乃始知西人治国有法度，不得以古旧之夷狄视之"。他目睹英国殖民者在香港所建立的资本主义制度，对比当时落后颟顸的清政府，坚定了了解西方、学习西学的决心。1882 年康有为参加顺天乡试南归，"道经上海之繁盛，益知西人治术之有本"，于是"大购西书归以讲求焉"。②据张伯桢《万木草堂始末记》记载，上海江南制造总局译印西学新书，三十年间售出不过一万两千册，而康有为购书达三千册，超过该局售书总量的四分之一。③ 同时他还订购了一份美国人林乐知主编的《万国公报》。从此，他尽释故见，"大讲西学"，"大攻西学书，声、光、化、电、重学及各国史志，诸人游记皆涉焉"，"并及乐律、韵学、地图学"，等等。"新识深思，妙悟精理，俛读仰思，日新大进"。④ 很快，他的西学水平就走在了同时代人的前列。

到 19 世纪 80 年代末，康有为不仅已有深厚的儒家文化素养，而且对西学也有相当广泛的了解。我们从《诸天讲》、《人类公理》、《康子内外篇》等著作中不难看出他西学积累的程度。他"合经子之奥言，探儒释之微旨，参中西之新理，穷天地之赜变，搜合诸教，披析大地，剖析今

---

① 康有为：《康南海自编年谱》，10 页。
② 康有为：《康南海自编年谱》，11～12 页。
③ 参见马洪林：《康有为大传》，40 页，沈阳，辽宁人民出版社，1988。
④ 康有为：《康南海自编年谱》，13 页。

故，穷察后来"，把儒学与西方近代科学知识和社会政治学说融合在一起，自觉不自觉中已改变了他的世界观和宇宙观。同时，这些尝试性著作也说明，他的西学储备已初步达到融会中西、改造儒学、创立新说的水平。康有为自述中的一段文字可视为对其早期合烩中西而成的新儒学思想的集中表述：

> 其道以元为体，以阴阳为用，理皆有阴阳，则气之有冷热，力之有拒吸，质之有凝流，形之有方圆，光之有白黑，声之有清浊，体之有雌雄，神之魂魄，以此入统物之理焉，以诸天界、诸星界、地界、身界、魂界、血轮界，统世界焉。以勇、礼、义、智、仁五运论世宙，以三统论诸圣，以三推将来，而务以仁为主，故奉天合地，以合国合种合教一统地球。又推一统之后，人类语言文字饮食衣服宫室之变制，男女平等之法，人民通同公之法，务致诸生于极乐世界。①

1888 年，康有为第一次上书不达，回到广州，晤见廖平，受到启发，毅然决然地转向今文经学，开始对传统儒学进行大刀阔斧地改造。此后十余年间，他先后撰成《新学伪经考》、《孔子改制考》、《春秋董氏学》、《礼运注》、《春秋笔削大义微言考》、《大同书》、《中庸注》、《孟子微》、《论语注》、《大学注》等系列中西互释的思想史论著，从而形成了中国儒学史上蔚为壮观的近代儒学思想。

二、新学要理

康有为以"西学中源"论为据，援西入儒，把西方资本主义的社会政治学说引入儒学，从而化合出一种具有鲜明近代中国文化形态特征的新儒学。学界过去常用"儒表西里"来概括康有为的新儒学，笔者以为，这

---

① 康有为：《康南海自编年谱》，14 页。

一表述不尽准确。从康有为新儒学的内容看，西学与儒学在他的思想世界里存在一种相互发明、交互阐释的复杂关系，他的新儒学既不同于旧学又不同于西学，而是中国近代新文化的呈现。

(一)进化理论

梁启超在《南海康先生传》中把康有为的哲学概括为"进化派之哲学"，认为康有为独发明《春秋》三世进化之义，为中国自创意言进化之嚆矢。三世进化论是康有为儒学思想乃至整个思想的理论基石。

从学术渊源看，康有为的进化思想是中西文化结合的产物。

关于康有为进化思想的来源，学界存在争议。马洪林认为，康有为进化思想的来源是多方面的，但主要是外来的进化理论，而非本土的儒家学说。[①] 与此相对，汤志钧则专门撰文指出，康有为的进化思想不是导源于西方的进化论，而是来自儒家今文经学。汤氏的主要论据是，体现康有为进化思想的"大同三世"说"形成于西方达尔文主义思想输入中国之前，确切地说是在严复翻译的《天演论》正式出版之前"。[②] 笔者以为，康有为进化思想并非仅渊于一端，而是双方共同作用的产物。

1879 年，康有为薄游香港归来后，于西学用功甚勤，同年所作《苏村卧病书怀》一诗中，就有"世界开新逢进化"之句。[③] 1886 年前后，康有为在《康子内外篇》、《诸天讲》中有关于天体演化理论的论述，同时把这一理论与宋明理学的理、气等范畴结合起来，提出了自己的看法。1890 年前后，康有为已明白"人自猿猴变出"的道理，并把生物进化理论传授给他的弟子，这一点从他的自编年谱及弟子笔记《南海康先生口说》可以得到证明。

这些自然进化论知识，显然源自西方。原来，早在严复译介《天演论》之前，西方进化论就已经开始传入中国。如，1851 年李善兰与伟烈亚力合译的由约翰·赫歇尔(John Herschel)所著的《谈天》，曾较为详

---

① 参见马洪林：《康有为大传》，154～156 页。
② 汤志钧：《再论康有为与今文经学》，载《历史研究》，2000(6)。
③ 康有为：《苏村卧病书怀》，见《康有为政论集》，20 页。

细地介绍了天体演化学说。1873 年华蘅芳与玛高温合译的由查理·赖尔(Charles Lyell)所著的《地学浅释》，创刊于 1876 年的《格致汇编》等，曾对生物进化论作过较多介绍。尽管我们不能确知 1882 年康有为从上海所购的大批西学译著中是否包括这些书籍，但通过分析其内容可以肯定，康有为上述著作至少受过这几本西学译著的影响，也就是说康有为早年通过阅读西学书籍已初步掌握了一定的进化论知识。

康有为对当时零星传入中国的达尔文进化论或许所知甚少，但这些自然进化论知识已足以让其思想迸发新的火花，经过改造而与儒学融为一体。

康有为所利用的儒家经典主要是《易经》、《春秋》和《礼运》。儒家传统中并不乏发展变化的观点，《易经》的"穷""变""通""久"说、孔子的"因""损""革""益"说，都是这一方面的精辟概括。而《公羊春秋》的三统三世说，对社会的变迁和演进则有更为详细的描述。三统说把黑、白、赤三统与朝代相配，三统循环往复与朝代更替相一致，实际是一种历史循环论。三世说把鲁国历史分为"所见"、"所闻"、"所传闻"三个阶段。何休在此基础上提出三科九旨说，并把三世说的内容具体化，把"所见"、"所闻"、"所传闻"三个时间概念分别配以高低有序的三个社会发展阶段"太平世"、"升平世"、"据乱世"，从而具有了通俗进化论的意义。已具有西方进化论知识背景的康有为，正是借何休这一不广为人注意的思想，发挥出了新义。《礼运》篇本具有退化史观和复古主义两种含义，认为人类先是生活在"大道之行，天下为公"的大同社会，后来进入"大道既隐，天下为家"的小康社会，再后来进入礼崩乐坏的乱世，并分别对应尧舜、禹汤文武周公、春秋三个历史阶段，同时又寓示以大同小康为人类社会的未来理想，这样，退化史观中又具有进步意识。康有为读至《礼运》，怦然心动，"乃浩然而叹曰：孔子三世之变、大道之真，在是矣；大同小康之道，发之明而别之精，古今进化之故，神圣悯世之深，在是矣；相时而推施，并行而不悖，时圣之变通尽利，在是矣"[①]。

---

① 康有为：《礼运注叙》，见《康有为政论集》，193 页。

他从中掘发出了进化思想。

正是以此为基础,康有为明确赋予儒学以进化论内涵。他把《礼运》的"大同"、"小康"与公羊三世说结合起来,以孔子时代为据乱世,以小康为孔子的近期理想即升平世,以大同为孔子的最终理想即太平世,人类愈改而愈进步,从而彻底抛开了传统儒学的循环论和退步论。梁启超对他老师所推演出的三世进化理论十分赞佩,曾高度评价说:"夫三世之义,自何邵公以来,久暗昒焉,南海之倡此,在达尔文主义输入中国之前,不可谓非一大发明也。"①

从具体内容上看,康有为发明的三世进化说至少有以下几层新义。

一是以社会制度说三世进化。如他曾这样概括《春秋》的内容:"《春秋》始于据乱,立君主;中于升平,为立宪,君民共主;终于太平,为民主。"②《孟子微》、《论语注》通过注解经典,毫不掩饰地指出,从君主制到立宪制、共和制的进化过程是失而复得的孔、孟三世学说的原义。

二是以人类文明程度说三世进化。在《春秋董氏学》、《春秋笔削大义微言考》、《孟子微》等著作中,他大体以据乱世相当于古代文明、升平世相当于人类渐趋平等的近代文明、太平世相当于高度自由平等的文明社会,并与"大同"、"小康"联系起来:"乱世者,文教未明也;升平者,渐有文教,小康也;太平者,大同之世,远近大小如一,文教全备也。"③

三是以民族融合说三世进化。与文明进化相一致,康有为认为,中外民族的界限将不断涵化、消融:"孔子之为《春秋》,张为三世,据乱世则内其国而外诸夏,升平世则内诸夏而外夷狄,太平世则远近大小如一。"④

经过如此阐释、发微,康有为的三世说显然不再是古代儒学的原

---

① 梁启超:《论中国学术思想变迁之大势》,见《饮冰室合集》文集之七,99页。

② 康有为:《春秋笔削大义微言考》,见姜义华等编:《康有为全集》(6),310页,北京,中国人民大学出版社,2007。

③ 康有为:《春秋董氏学》,见《康有为全集》(2),671页。

④ 康有为:《论语注》,28页,北京,中华书局,1984。

版，而已变为近代文化的一部分。

(二)民主学说

运用西方资产阶级的契约论、平等观、民权说等民主思想来充实儒家经典，通过诠释儒家经典来论证近代民主思想的合理性，是康有为思想学说的一大特点。

中国古代儒学在本质上是为封建君主专制服务的，但这并不排除包罗万象的儒家文化中含有反专制的民主思想元素。孟子"民贵君轻"的民本思想，黄宗羲、顾炎武、唐甄等人反对绝对君主专制的初步民主思想，一直被近代启蒙思想家作为宣传民主思想的本土资源，康有为也不例外。不过，康有为对民主思想的系统阐发远远超过了前人。这里笔者主要以光大先秦孟学的《孟子微》为中心来展开论述。

首先看他对君民关系的阐发。"盖国之为国，聚民而成之，天生民而利乐之，民聚则谋公共安全之事，故一切礼乐政法皆以为民也。但民事众多，不能人人自为公共之事，必公举人任之。所谓君者，代民众任此公共保全安乐之事，为众民之所公举，即为众民之所公用。民者，如店肆之东人；君者，乃聘雇之司理人耳。民为主而君为客，民为主而君为仆，故民贵而君贱易明也。众民所归，乃举为民主，如美、法之总统。然总统得任群官，众官得任庶僚，所谓'得乎丘民为天子，得乎天子为诸侯，得乎诸侯为大夫'也。今法、美、瑞士及南美各国皆行之，近于大同之世，天下为公，选贤与能也。孟子早已发明之。"[①]这段话是康有为解释《孟子》"民为贵，社稷次之，君为轻"一章时的大义微言，君主并非"天子"，君权也非神授，君源于民，民可举君，亦可废君，君与民实际上是一种契约关系。对比黄宗羲《明夷待访录》"原君"篇和卢梭《社会契约论》(当时译作《民约论》)可知，康有为这一思想是在整合二氏思想基础上而又有所发展。

再看他对人与人之间关系的阐发。他从儒家的性善论出发，认为孟子思想中含有人人平等、人人自立之义："人人性善，尧舜亦不过性善，

---

① 康有为：《孟子微》，20～21页，北京，中华书局，1987。

故尧舜与人人平等相同。此乃孟子明人人当自立，人人皆平等，乃太平大同世之极。……人人性善，文王亦不过性善，故文王与人平等相同。""言性善者，平世之法，令人人皆有平等自立"，孟子之说待人可谓厚矣。① 进而，他指出《孟子》"万物皆备于我"、"人皆可为尧舜"等也都含有平等、自立之义。他解释说，"万物皆备于我"，实即寓意"人人独立，人人平等，人人自主，人人不相侵犯，人人交相亲爱，此为人类之公理，而进化之至平者"；"人人可为尧舜，乃孟子特义，令人人自立平等，乃太平大同之义，纳人人于太平世者也"。② 经此阐述，儒家传统的天命论、等级观烟消云散，人与人之间化为自立平等的世界。

进而，他又阐发说每个人都应该享有独立自主的人权。西方讲天赋民权，源于"在上帝面前人人平等"的理念，康有为则从《孟子》中找到了人权平等的依据。他在解释"孟子道性善，言必称尧舜"一段话时指出："盖天之生物，人为最贵，有物有则，天赋定理，人人得之，人人皆可平等自立，故可以全世界皆善。"接着，他又在解释"天之生此民也，使先知觉后知"时说道："人人皆天生，故不曰国民而曰天民；人人既是天生，则直隶于天，人人皆独立而平等，人人皆同胞而相亲如兄弟。"③人人既然是平等关系，而这种平等又是天赋的权利，源于自然而非人为，那么享受权利、拥有自由乃题中应有之义。他在解释子贡"我不欲人之加诸我也，吾亦欲无加诸人"这句话时，对自由作了精彩阐述：

> 子赣（即子贡）不欲人之加诸我，自立自由也；无加诸人，不侵犯人之自立自由也。人为天之生，人人直隶于天，人人自立自由。不能自立，为人所加，是六极之弱而无刚德，天演听之，人理则不可也。人各有界，若侵犯人之界，是压人之自立自由，悖天定之公理，尤不可也。子赣尝闻天道自立自由之学，以完人道之公理，急欲推行于天下……近者，世近升平，自由之义渐明，实子赣为之

① 康有为：《孟子微》，15、9页。
② 康有为：《孟子微》，23、16页。
③ 康有为：《孟子微》，7、13页。

祖，而皆孔学之一支一体也。[①]

如果说儒家的"己所不欲，勿施于人"是"自由"，那么，同理，"己欲立而立人，己欲达而达人"便是"人人不相侵犯，人人交相亲爱"的"博爱"。[②] 这样，"推己及人"的"忠恕"之道便具有了自由、平等、博爱之义。经过康有为的创造性阐释，儒家思想中许多隐而未彰的思想被赋予全新的内涵，成为近代民主思想的重要传统资源。

当然，康有为的民主思想不止以上这些，他以西学与儒学相互发明的民主思想也不限于《孟子微》一书。不过，通过以上三点，我们已基本可以把握康有为民主思想的儒学特色。

(三)改制思想

"发明圣制，探讨微言"，"以经术言变法，为本原之本原。"[③]众所周知，探求"六经"中孔子改制的微言大义，乃经学家，尤其是今文经学家锲而不舍、孜孜矻矻的追求。如廖平亦曾以制度的变革为"六经"旨要，他在《知圣篇》中指出："六经旨要，以制度为大纲。而其辨等威、决嫌疑，尤为紧要，……故礼以定嫌疑、辨同异为主"。他把"六经"旨要概括为"辨等威，决嫌疑"，把"孔子新政"归结为"礼"，也就是严格等级名分，虽触及制度问题，但由于仍拘于封建等级制度之中，因此并无多少新义。

康有为则不同。"有为所谓改制者，则一种政治革命、社会改造的意味也"，"近人祖述何休以治《公羊》者，若刘逢禄、龚自珍、陈立辈，皆言改制，而有为之说，实与彼异"。[④]康有为的变法改制以进化论为基石，以民主思想为灵魂，以推行君主立宪制度为目标。康氏关于制度变革的理论设计在历次上清帝书中有较为清晰的呈现，在此不再赘述。笔者仅是指出，他把近代民主制度与传统儒学相联系，在促进西方制度

---

① 康有为：《论语注》，61 页。
② 康有为：《孟子微》，23 页。
③ 康有为：《京师关西学会缘起》，见《中国近代史资料丛刊·戊戌变法》(4)，427 页，上海，上海人民出版社，1957。
④ 梁启超：《清代学术概论》，79 页。

中国化的同时，再次给古色古香的中国儒学涂上了近代色彩。

康有为变法改制的思想并非始于 1897 年《孔子改制考》成书，甚至早于他皈依今文经学的时间。他 1886 年所著《教学通义》，"以教言治"，即曾多次提及制度改革问题，如他说："周制以时王为法，更新之后，大势转移，大周之通礼会典一颁，天下奉行，前朝典礼废不可用，人皆弃之如弁毛土梗"[①]；并对孔子改制郁而不彰表现出关注和遗憾："孔子改制之意隐而未明，朱子编礼之书迟而不就，此亦古今之大会也。朱子未能言之，即言之，而无征不信，此真可太息也。"[②]后在桂林讲学，康有为以今学言改制的思想已相当明朗。他在《桂学答问》中强调指出，制度与义理原是孔学中并立的两翼，孟子多传义理，荀子多传礼制，后朱子多言义理而少言制度，孔子改制大义遂告中绝。在该文中，他还明确说到，孔子是为后世制法的改制素王，孔子创设的新制即存于《春秋》之中："孔子所以为圣人，以其改制，而曲成万物、范围万世也。其心为不忍人之制，其仁为不仁人之政。仁道本于孝弟，则定为人伦。仁术始于井田，则推为王政。孟子发孔子之道最精，而大率发明此义，盖本末精粗举矣。《春秋》所以宜独尊者，为孔子改制之迹在也。《公羊》、《繁露》所以宜专信者，为孔子改制之说在也。能通《春秋》之制，则'六经'之说莫不同条而共贯，而孔子之大道可明矣。"[③]"素王改制"，不过是康有为对传统儒学礼制思想的初步发展；《孔子改制考》等著作以三世进化论为基础把西方民主制度纳入孔学之中，才是康有为对传统儒学的超越和突破。

> 吏道是周、秦以来任官职之旧，仕学院中人也。儒是以教任职，如外国教士之入议院者。
>
> 世卿之制，自古为然，盖由封建来者也。孔子患列侯之争，封建可削，世卿安得不讥？读《王制》选士、造士、俊士之法，则世卿

---

① 康有为：《教学通义》，见《康有为全集》(1)，135 页。
② 康有为：《教学通义》，见《康有为全集》(1)，139 页。
③ 康有为：《桂学答问》，见《康有为全集》(2)，52～53 页。

之制为孔子所削，而选举之制为孔子所创，昭昭然矣。选举者，孔子之制也。

尧舜为民主，为太平世，为人道之至，儒者举以为极者也。……孔子拨乱升平，托文王以行君主之行政，尤注意太平，托尧舜以行民主之太平。[①]

他在进呈光绪帝的《日本变政考》中指出三权分立乃孔学已有之义："《书》之立政，三宅三俊，《诗》称三事，皆三权鼎立之义"[②]；他在《日本书目志》中认为《春秋》即孔子所立万国之法："《春秋》者，万身之公法、万国之公法也。尝以泰西公法考之，同者十八九焉。盖圣人先得公理、先得我心也，推之四海而准也。"[③]如此之论，在在可见。

《孔子改制考》等著作不仅把孔子改造为改制立法的"新王"、"素王"、"圣王"、"先王"、"教主"，把升平、太平之世改造为孔子追求的民主社会，而且直接把民权、议院、选举等民主制度与孔学古义缘附在了一起。但限于维新运动如火如荼，康有为急急惶惶，在此期间他对儒学的改造较为粗糙、牵强甚至荒唐。戊戌政变后，康有为得暇对此作进一步修正、完善。如他在流亡时追写的奏折较为从容、集中地概括了君主立宪制度的儒学根源：

臣窃闻东西各国之强，皆以立宪法、开国会之故。国会者，君与国民共议一国之政法也。盖自三权鼎立之说出，以国会立法，以法官司法，以政府行政，而人主总之，立定宪法，同受治焉。人主尊为神圣，不受责任，而政府代之，东西各国，皆行此政体……其在吾国之义，则曰天视自我民视，天听自我民听，故民之所好好之，民之所恶恶之，是故黄帝请问下民，则有合宫；尧、舜询于刍

---

① 康有为：《孔子改制考》，见《康有为全集》(2)，221、278、332～333 页。

② 故宫博物院藏康有为进呈《日本变政考》卷一按语，转引自房德邻：《儒学的危机与嬗变》，114 页，台北，文津出版社，1992。

③ 康有为：《日本书目志》，见《康有为全集》(3)，812 页，上海，上海古籍出版社，1984。

莞，则有总章；盘庚命众至庭，《周礼》询国危疑，《洪范》称谋及卿士，谋及庶人，孟子称大夫皆曰，国人皆曰，盖皆为国会之前型，而分上下议院之意焉。春秋改制，即立宪法，后王奉之，以至于今……今各国所行，实得吾先圣之经义，故以致强；吾有经义，存空文而不行，故以致弱。然此实治国之大经，为政之公理，不可易矣。①

在《孟子微》一书中，康有为探赜索隐，阐发《孟子》"所谓有故国者，非谓有乔木之谓也"一章时说：

> 此孟子特明升平授民权、开议院之制，盖今之立宪体，君民共主法也。今英、德、奥、意、日、葡、比、荷、日本皆行之。"左右"者，行政官及元老顾问官也；"诸大夫"，上议院也。一切政法，以下议院为与民共之，以国者，国人公共之物，当与民公任之也。孔子之为《洪范》曰："谋用卿士，谋及庶人"是也；尧之师锡众曰"盘庚之命众至庭"，皆是民权共政之体，孔子创立，而孟子述之。②

揆诸历史，先秦时期之"国人"虽有参与国政的活动，但毕竟与近代民主大相径庭，甚至与古希腊时代的"市民"也相去悬远。然而，经过康有为创造性转化，西方的民主制度与中国古代的儒家学说相结合，成为顺应近代时势的思想学说。

关于康有为的援西入儒、托古改制，论者多引康氏所云"布衣改制，事大骇人，故不如与之先王，既不惊人，自可避祸"③为据，认为"旧瓶装新酒"，托古是虚，改制是实。笔者赞同康有为托古改制有避祸的目的，也同意其真正目的是为了改制的说法，但要指出，不能忽视康有为重塑新瓶的挚心和信仰儒学的诚意。他曾赞誉孔子说："凡志士通人，

① 康有为：《请定立宪开国会折》，见《康有为政论集》，338页。
② 康有为：《孟子微》，20页。
③ 康有为：《孔子改制考》，见《康有为全集》(3)，314页。

107

莫不有改制之意。孔子以大圣，损益百王，折其中，以推行于后世，尤为责无可辞，仁不能已。"①康有为以当代圣人相期许，此种言论，正是他以孔子为楷模，倡言变法改制，肩负时代道义与重任，实现圣人理想的写照。换言之，康有为认为，他所成就的就是儒家的事业。这一点还可见于百日维新高潮中他所上的《恭谢天恩并陈编纂群书以助变法折》。在此奏折中，康有为坦诚而不可能有隐瞒地向他所信赖的明君光绪皇帝表明了撰写《孔子改制考》的真实用意：

> 诚以守旧者不欲变法，实为便其私图，而往往陈义甚高，动以孔孟程朱以箝人口，臣考古先圣人莫大于孔子，而系《易》著穷变通久之义，《论语》有夏时殷辂之文，盖损益三伐（代），变通宜民，道主日新，不闻泥古，孔子之所以为圣实在是。……改者变也，制者法也，盖谓孔子为变法之圣人也。②

这里，康有为表明其目的是以孔子的权威堵守旧者之口的同时，也反映出他对孔学所含改制思想的确信程度。

三、旧学新解

从传统学术的视角看，康有为以西学发明旧学的理路仍相当清晰。我们谨以康有为对仁、礼、智的诠释为例，就此作进一步探讨。仁、礼、智本是传统儒学的核心范畴，康有为以近代价值观为尺度作了大量发挥。

仁 仁在康有为构筑的儒学殿堂中居于核心位置。康有为有关仁的论说林林总总，内容极其丰富，如在《孔子改制考》中把中国社会落后的原因归于"《春秋》新王行仁之制"未能得以施行，在《大同书》中把仁视为

---

① 康有为：《论语注》，234 页。
② 康有为：《恭谢天恩并陈编纂群书以助变法折》，见《杰士上书汇录》卷三，清内务府抄本，藏故宫博物院图书馆。

普救众生的法宝。举其要者，至少有以下四点。

（一）仁是宇宙万物的本体。"仁者，在天为生生之理，在人为博爱之德。……仁从二人，人道相偶，有吸引之意，即爱力也，实电力也。人具此爱力，故仁即人也；苟无此爱力，即不得为人矣。"①康有为认为仁与天地万物为一体，即以王阳明"仁者以天地万物为一体"之说为基础，又注入了近代物质观念。②

（二）仁为不忍人之心。"不忍之人之心，仁也，电也，以太也，人人皆有之，故谓人性皆善。既有此不忍人之心，发之于外即为不忍人之政。若使人无此不忍人之心，圣人亦无此种，即无从生一切仁政。故知一切仁政皆从不忍之心生，为万化之海，为一切根，为一切源。一核而成参天之树，一滴而成大海之水。人道之仁爱，人道之文明，人道之进化，至于太平大同，皆从此出。"③"不忍人之心"即"恻隐之心"，源于《孟子》。康有为把进化论、大同学融入孟子学说，力图从中寻找到解决现实社会问题的方案。

（三）仁含有资产阶级人道主义精神。"孔子之道本诸身，人身本有好货、好色、好乐之欲，圣人不禁，但欲其推以同人。盖孔孟之学在仁，故推之而弥广；朱子之学在义，故敛之而愈啬，而民情实不能绝也。"④经过康有为改造后，仁成为反对封建理学教条"存理去欲"的人道主义工具。"乾为吾父，坤为吾母，人身特天之分气耳，……凡众生繁殖皆吾同气也，必思仁而爱之，使一民一物得其所焉。"⑤仁为博爱，仁为人权平等，仁为自由独立。

（四）仁与三世进化联系密切。康有为以仁道"爱力"大小把孔子之道分为亲亲、仁民、爱物三等："乱世亲亲，升平世仁民，太平世爱

---

① 康有为：《中庸注》，208 页，北京，中华书局，1987。
② 冯友兰：《中国哲学史》下册，1018 页，北京，中华书局，1961。
③ 康有为：《孟子微》，9 页。
④ 康有为：《孟子微》，101 页。
⑤ 康有为：《中庸注》，206 页。

物。"①这样一来，就把在同一社会中的"爱有差等"改造为"爱无差等"，人类社会成为充满博爱平等的理想社会。

"通于仁者，本末精粗，六通四辟，无之而不可矣。"②在康有为的思想中，他以传统仁学与西方人道主义为主体构筑起的新仁学，几乎无所不在，无所不能，中国赖此得以存，大地生民赖此得以生。梁启超对康有为仁学的思想意义有着深刻体察："先生之哲学，博爱派哲学也。先生之论理，以'仁'字为唯一之宗旨，以为世界之所以立，众生之所以生，家国之所以存，礼义之所以起，无一不本于仁，苟无爱力，则乾坤应时而灭矣。……故先生之论政论学，皆发于不忍人之心，人人有不忍之心，则其救国救天下也，欲已而不能自已。"③

礼　"礼"在中国古代不仅位列"六艺"之一，而且与"仁"同为孔孟学说中最为核心的道德范畴。论者每以仁论康有为的儒学思想，而往往轻视他对礼的阐释。前已论及，康有为的改制思想即与其礼制思想有关，接下来，笔者简要从义理方面分析他的礼学思想。

与经世学风相表里，清代学者十分重视研治《礼》经，涌现出一批皇皇巨著，康有为本人也曾说，"国朝礼学最精"。受此风气影响，康有为一直较为重视《礼》的研究。他早年所著《教学通义》，专辟礼学一节，就礼学历史条分缕析，并较为详细地拟定出按《通考》之例编纂《礼案汇编》的计划。他在《新学伪经考》中指出，"自宋、明后，遂废《礼经》，不以试士，天下士人于是无复诵习者。颠倒悖谬，率天下而侮圣黜经，遂千年矣。"④甚而，他以礼学为发明今学的锐利武器："礼制文字之书既出，百数十年今学不昌者，仆不信也。"⑤终于，在《礼运注》、《孟子微》等著作中康有为对礼学作了不同于前人的诠释。

他说：颜子早殁，而孔子微言大义未能尽传。孟子传《诗》、《书》及

---

①　康有为：《大同书》，289页，上海，古籍出版社，1956。
②　康有为：《孟子微》，5页。
③　梁启超：《康有为传》，见《中国近代史资料丛刊·戊戌变法》(4)，19页。
④　康有为：《新学伪经考》，见《康有为全集》(1)，647页。
⑤　康有为：《与朱一新论学书牍》，见《康有为全集》(1)，1035页。

《春秋》,荀子传《礼》,各据一端,均非完整意义上的孔学。"《礼》者,防检于外,行于当时,故仅有小康、据乱世之意","《春秋》本仁,上本天心,下该人事,故兼据乱、升平、太平三世之义"。孟子虽"传平世大同之仁道,得孔子之本",却寡言礼。他认为:"本末精粗,平世拨乱,小康大同,皆大道所兼有,……皆不可缺,而亦不能相轻也。如东西墙之相反,而相需以成屋也;如水火舟车冰炭之相反,而相资以成用也。"①故孟、荀应当并尊,而荀子虽仅得孔子之粗末,也自有其价值。这里,在学术传授谱系上他把《礼》与荀子相联系,并赋予礼以"乱世"的内涵。

继而,他又发现,《礼记·礼运》包含有完整的圣人之道:"读至《礼运》,乃浩然而叹曰:孔子三世之变,大道之真在是矣,大同小康之道,发之明而别之精,古今进化之故,神圣悯世之深在是矣。相时而推施,并行而不悖,时圣之变通尽利在是矣。是书也,孔氏之微言真传,万国之无上宝典,而天下群生之起死神方哉!天爱群生,赖以不泯,列圣呵护,幸以流传。"康有为认为,在此之前的中国社会,无论其治乱兴衰,总总皆小康之世,"凡中国二千年儒先所言,自荀卿、刘歆、朱子之说,所言不别其真伪精粗美恶,总总皆小康之道"。他自认为这一发现非同小可,拨乌云而见天日,找到了由小康登入大同殿堂的阶梯:"二千五百年至予小子而鸿宝发见,辟新地以殖人民,揭明月以照修夜,以仁济天下,将纳大地生人于大同之域,令孔子之道大放光明,岂不异哉!"②在民国初年康有为所办《不忍》杂志所刊广告中,《礼运注》被描述为继往圣、续绝学、救众生的鸿宝:

> 发明大同之道者,惟《礼运》一篇,若此篇不存,孔道仅有小康,则君臣之义被攻,而孔教几倒,中国礼文皆与孔为缘随之同尽,是中国为墨西哥矣。即废丁祭收祭田,亦可畏矣。今幸《礼运》犹在,大同发见,实希世之鸿宝,中国之绝学,独一无二之秘传,

---

① 康有为:《孟子微序》,见《康有为政论集》,471~472页。
② 康有为:《礼运注叙》,见《康有为政论集》,193页。

即其言据乱之礼，亦多大义微言，为群经所不及。前儒蔽于乱世小康之义，疑莫能通，久翳云雾，郁而不发者二千余年。南海先生生当地球大通，冠岁而悟大同之理，求之孔子之道，得《礼运》之篇，乃大发明之。自有此注而孔子之道乃显，大教不坠。近人疑孔子为专制，辩护者亦可闭喙矣。更与《春秋》升平、太平之义互证，从此孔子新教布露四海，皆赖此书之发明。天下欲考求孔教者，当必争睹为快也。欧美各国贵创明新义者，新出之书，众最贵重，价极不訾。况兹书所创，发为孔子新教，而保存孔教，即以保中国之文明。全中国书，关系之巨重，未有其比。①

显然，康有为夸大了此文的价值。不过，康有为明确地把大同小康之道寓于《礼运》之中，应当说是他对儒家学说的一大发展。尽管此前像洪秀全等人也曾用这段文献阐发大同理想，但是，康有为所建构的是与三世进化相联系的资产阶级理想社会，不仅在社会发展阶段上更进一步，而且通过《大同书》的系统阐释，影响深远，甚至可以说，直接影响了20世纪中国人对于大同社会的理解。退一步从文献方面考虑，《礼运注》也有其独具的价值。《礼运》虽是一篇古代儒学文献，但长期以来并未受到重视，直到康有为的《礼运注》问世，它才继《四书》中《中庸》、《大学》之后，从《礼记》中独立出来，从而被单独作为一篇重要经典引起世人关注。

智　中国儒家传统重道德伦理而轻科学认知，"智"一直位居"仁"、"义"、"礼"之后，居于辅从地位。《论语》"仁者安仁，知者利仁"，虽含有重智之意，但仍以仁为中心，智不过是仁道实现的手段之一罢了。康有为所讲的"智"，不再拘于社会伦理，包罗广泛，富有新义。

一是以智为重，仁智并举。康有为认为智的重要性高于义、礼，应当与仁并立，并从三方面论述了重智的必要性。首先，智是人之为人、别于禽兽的标志。《康子内外篇》专辟"仁智"篇，论说智的重要性："物

---

① 　参见康有为《礼运注叙》附录，见《康有为政论集》，194 页。

皆有仁、义、礼，非独人也。……人惟有智，……苟使禽兽有智，彼亦能造作宫室、饮食、衣服，饰之以伦常、政事、礼乐、文章，彼亦自有其义理矣。故惟智能生万理。"既然"人道之异于禽兽者，全在智"，智能生万理，那么，仁、义、礼自然也为智所生：

> 惟其智者，故能慈爱以为仁，断制以为义，节文以为礼，诚实以为信。夫约以人而言，有智而后仁、义、礼、信有所呈，而义、礼、信、智以之所为，亦以成其仁，故仁与智所以成终成始者也。……就一人之本然而论之，则智其体，仁其用也，就人人之当然而论之，则仁其体，智其用也。……人道以智为导，以仁为归。故人宜以仁为主，智以辅之。主辅既立，百官自举，义、理与信，自相随而未能已。故义、理、信不能与仁、智比也。

经此解释，康有为就推翻了朱子"仁统四端，兼万善"的旧说，否定了仁对义、礼、信、智的统率地位，突显了智的先行性和重要性。其次，重智代表中国社会的演化方向。康有为说："上古之时，智为重；三代之世，礼为重；秦汉至今，义为重；后此之世，智为重。所重孰是？曰：智为上，礼次之，义为下。何也？曰：仁者爱之，智也，爱之斯安之矣。"[1]再者，重智是当今世界的大势所趋。康有为比较中西社会文化结构后认为，当今世界是列国并立之世而非一统垂裳之世，西方诸国强大的原因，就在于智学发达，因此，要挽救国家陆沉，就必须改变旧法，以智为重："夫一统之世以静，镇止民心，使少知寡欲而不乱；治竞长之世以动，务使民心发扬，争新竞智，而后百事皆举，故国强。"[2]康有为所讲的智，已不仅仅属于为仁服务的道德范畴，而且具有科学认知、创造发明、社会改造等多种内涵。

二是广开民智。"夫才智之民多则国强，才智之士少则国弱"，"故今日之教，宜先开其智"。[3] 开民智是维新思想家们的共识，梁启超、

---

① 以上见康有为：《康子内外篇》，见《康有为全集》(1)，190、191、192 页。
② 康有为：《请开制度局以统筹大局革旧图新以救时艰折》，见《杰士上书汇录》卷二。
③ 康有为：《上清帝第二书》，见《康有为政论集》，131 页。

严复等人都曾力加倡导，但表达方式则各具特色。相比较而言，康有为的宣传更注重与儒家文化相结合。孔子认为智分等差，多数民众都是愚昧无知的下等之人："生而知之者，上也；学而知之者，次也；困而学之，又其次也；困而不学，民斯为下矣。"（《论语·季氏》）并且，孔子断然判定下等民众的愚昧世世代代不会改变："唯上智与下愚不移。"（《论语·阳货》）康有为则认为："其断限之等，以及其大小远近，皆自其识为之，所谓智也。智也者，外积于人世，内浚于人聪，不知其所以然，所谓受于天而不能自已也。学也者，穷物理之所以然，裁成辅相，人理之当然而已。"①与孔子视人的聪明智慧为先天所生不同，康有为强调后天的学而知之，广大普通民众通过学习也可以成为聪睿之士。他在《论语注》中说道：

> 生而知之者，晶光如日，照耀洞然，盖凤根久远，历世不忘者也。学而知者，灼烁如电，光芒相触，盖凤慧亦深，触发如旧者也。困而学之者，然灯为明，亦复能照，盖凤根轻微，资今培养者也。困而不学，如顽石暗钝，绝无凤根，故与学不入，痴愚暗昧，为民中之下者。然生资者天也，好学者人也。好学，则困知与生知成功如一。②

他认为学可治愚，这就打破了孔子"唯上智与下愚不移"对人们思想的禁锢。他深信民众通过学习可以成为智者，"合亿万人之脑而智生"，合中国四万万人之脑而智能日益生，积跬步而至千里，中国在竞智中就可强大起来，最终"至于太平大同之世，则人人皆成上智，而无下愚矣"。③

三是智学以西学为基础，尤注重物质之学。从 1888 年《万身公法书籍目录提要》、《实理公法全书》及后来的历次上书看，康有为是要以西学为基础建立智学，智学的中心不是文史哲等人文学科，而是农工商财、天文地理、物理化学等格致之学，即中国传统的经世实用之学。如

---

① 康有为：《康子内外篇》，见《康有为全集》(1)，172 页。
② 康有为：《论语注》，253 页。
③ 康有为：《论语注》，259 页。

《上清帝第二书》认为，开民智宜先开艺科，"各省、州、县遍开艺学书院。凡天文、地矿、医律、光重、化电、机器、武备、驾驶分立学堂，而测量、图绘、语言、文字皆学之"。① 在《圣学会缘起》中，康有为以"三业学"为智学的主要内容：

> 泰西之富，不在治炮械军兵，而在务士农工商。农工商之业，皆有专书千百种，自小学课本，幼学阶梯，高等学校皆分科致教之，又皆有会，以讲格致新学新器，俾业农工商者考求。……今翻译其书，立学讲求，以开民智。②

康有为所讲智学的内容是一以贯之的，即使在变法失败后的 20 世纪初叶，依然高谈物质救国论、理财求国论。

康有为因何以西方的物质之学来开启民智呢？这与他一贯主张的"中体西用"思想有关。他在戊戌以前就曾说过："仆以为必有宋学义理之体，而讲西学政艺之用，然后收其用也。"③在变法期间，他对于朝廷的中体西用主张积极表示赞同。④ 戊戌以后，他在《物质救国论》中对此有一段较为详细的解释：中西相较，"中国数千年之文明，实冠大地，然偏重于道德哲学，而于物质最缺然"。他认为，中国长于形而上的道德，"论道德之醇厚，我尚有一日之长，即不易比校，然亦不过互有短长耳"，而短于形而下的物质之学，这是中国落后的根源，因此主张以物质之学开民智："以中国之地位，为救急之方药，则中国之病弱，非有他也，在不知讲物质之学而已"，"夫工艺兵炮者，物质也，即其政律之周备，及科学中之化光、电重、天文、地理、算数、动植生物，亦不出于力数形气之物质。然则吾国人之所以逊于欧人者，但在物质而

---

① 康有为：《上清帝第二书》，见《康有为政论集》，131 页。
② 康有为：《两粤广仁善堂圣学会缘起》，见《康有为全集》(2)，623 页。
③ 康有为：《与朱一新论学书牍》，见《康有为全集》(1)，1040 页。
④ 康有为在《请改八股为策论折》中说："伏读本月二十三日上谕，令士庶以圣贤理之学为根本，又博采西学之切于时务者实力讲求，以救空疏迂谬之弊，以成通经济变之才，尚虑风气不开，特加诚谕，煌煌圣言，明并日月，勇过雷霆矣。"见《康有为政论集》，265 页。

已"。① 如果说 19 世纪末叶康有为把传统的道德范畴与西方物质之学结合起来构建智学，具有儒家特色和时代新义，那么，20 世纪初叶，他所宣讲的物质救国论则完全沦为了反对民主革命思想的附庸②，已无多少积极意义可言。

除仁、礼、智外，诸如被梁启超称为康氏"自身创作"的大同思想，即是糅合西方空想社会主义与传统儒家大同思想的产物；康有为的"心学"，也非通常意义上的陆王心学，而是以孟子思想为基础而渗入近代民主思想后的混合品③。

从当时的社会发展看，康有为的这一努力如同双刃利剑，无论是对他本人，还是对中国社会的历史进程而言，都带来了正负两种不同的影响。19 世纪最后的 20 年，特别是维新运动时期，康有为以西学中源论为依据，援西学入儒学，化合中西文化所形成的新儒学思想如春风化雨，起到了涤除旧弊、维新气象的效果：借助于孔子及儒学的权威，扩大了社会影响力；以新学代旧学，宣传近代民主，昭蒙启聩，解放了人们的思想；中西交释，有利于缓解传统与近代之间的紧张。不足是，他把异质的西学汇入儒学，存有牵强附会之处，影响了其可信度。进入 20 世纪以后，西学渐成潮流，自由民主思想成为权势话语，康有为的新儒学强调保持文化的民族特性，实际上是文化民族主义与文化多元主义在中国的呈现，自具有其个性和意义；但犹抱遗经，尊孔复辟，则老成有余、创新不足，缺乏与时俱进、同潮共涌的胸怀与气魄，最终陷入保守主义的泥潭，成为时代的落伍者。

---

① 康有为：《物质救国论》，见《康有为政论集》，565～569 页。

② 康有为在《物质救国论》中说："然则今而欲救国乎？专从事于物质足矣。……若舍工艺兵炮，而空谈民主革命、平等自由，则使举国人皆卢骚、福禄特尔、孟的斯鸠，而强敌要挟，一语不遂，铁舰压境，陆军并进，挟其一分时六百响之炮，何以御之！"见《康有为政论集》，569 页。

③ 可参见房德邻《儒学的危机与嬗变》(台北，文津出版社，1992)、王钧林《康有为大同思想与孔学》[载《文史哲》，1997(1)]、任军《康有为大同思想的东方文化色彩》[载《历史研究》，1993(6)]、吴雁南《"心学"、今文经学与康有为的变法维新》[载《近代史研究》，1989(2)]等。

四、纳儒入教

儒学从产生那天起，就不是封闭静止的，而是与历史大潮互相激荡，呈现为一种发展变化的动态过程。正如梁启超所言："浸假而孔子变为董江都、何邵公矣，浸假而孔子变为马季长、郑康成矣，浸假而孔子变为韩退之、欧阳中叔矣，浸假而孔子变为程伊川、朱晦庵矣，浸假而孔子变为陆象山、王阳明矣，浸假而孔子变为顾亭林、戴东原矣。"[①] 不过，在康有为以前，儒学无论怎样演化变迁，都没有离开此岸的人文天地。但经康有为的改造与重塑，孔子浸假而为天，浸假而为神，浸假而为耶稣，浸假而为通天教主，几乎将儒学推向了彼岸的宗教世界。康有为将儒学宗教化，既是儒学发展史上的一大转折，也是中国近代文化史上的一大奇观，耐人寻味。

（一）原因探析

作为维新思想家的康有为，为何要纳儒入教呢？原因固然多种多样，但择其荦荦大者，主要有以下三端。

一是对儒学、佛学和基督教的顿悟体察。

康有为一生治学，驰骋于儒学、佛学等领域。他"六岁而受经，十二岁而尽读周世孔氏之遗文，乃受经说及宋儒先之言，二十七岁而尽读汉、魏、六朝、唐、宋、明及国朝人传注考据义理之说"。[②] 1876 年，康有为又拜学于朱次琦门下。朱氏"发先圣大道之本，举修己爱人之义"，"主济人经世，不为无用之高谈空论"。康有为"于时捧手受教，乃如旅人之得宿，盲者之睹明，乃洗心绝欲，一意归依，以圣贤为必可期，以群书为三十岁前必可尽读，以一身为必能有立，以天下为必可为。从此谢绝科举之文，土芥富贵之事，超然立于群伦之表，与古贤豪

---

① 梁启超：《清代学术概论》，87 页。
② 康有为：《礼运注叙》，见《康有为政论集》，192 页。

君子为群，信乎大贤之能起人也"。① 康有为认为，举凡君臣、父子、夫妻、兄弟之伦常，鬼、神、巫、祝之风俗，诗、书、礼、乐之教化，蔬、果、鱼、肉之食物，儒学几乎无所不包，是任何时候国家治理人民都不可或缺的信条，对此不可等闲视之，理应奉为宗教。

朱次琦辞世后，康有为隐居西樵山白云洞，"席芳草，临清流"，究心佛典，常常"夜坐弥月不睡，恣意游思，天上人间，极苦极乐，皆现身试之，始则诸魔杂沓，继则诸梦皆息，神明超胜，欣然自得"。② 所谓"自得"即认为："佛学之博大精微，至于言语道断，心行路绝，虽有圣哲无所措手，其所包容尤为深远。况又有五胜、三明之妙术，神通运用，更为灵奇。"③对此，梁启超曾指出：南海"潜心佛典，深有所悟，以为性理之学，不徒在躯壳界，而必探本于灵魂界"；"以故日以救国救民为事，以为舍此外更无佛法"。④ 康有为尊孔不舍佛，而信佛反过来又强化了他纳儒入教的襟抱和情怀。

此后，康有为又受到了西方传教士所宣传的基督教的影响。例如，林乐知、李佳白、花之安、李提摩太等曾大谈孔教与基督教实相通，论证说孔教符合其基督教义。德国人安保罗宣扬"孔子基督为友"，"凡孔子之善道，基督教无不乐而扶持之"⑤。这些宣传和影响，不仅使康有为对基督教产生了误读，而且对他的儒学宗教化起了推波助澜的作用。

于是，康有为决心把儒学提升为宗教，并认为，只有这样，才能上合天意，下齐民心，使儒学道统不衰，使中华民族不亡。

二是对内忧外患的追根溯源。

康有为是一位敏时之士，对内忧外患有着深切的体会。中法战争以后，他指出："外夷交迫……将及腹心。"⑥甲午战争以后，他又指出：

---

① 康有为：《康南海自编年谱》，8 页。
② 康有为：《康南海自编年谱》，10 页。
③ 康有为：《大同书》，369 页，北京，生活·读书·新知三联书店，1998。
④ 梁启超：《南海康先生传》，见《饮冰室合集》文集之六，61～70 页。
⑤ ［德］安保罗：《孔子基督为友论》，8 页，上海，商务印书馆，1904。
⑥ 康有为：《上清帝第一书》，见《康有为政论集》，52 页。

"自东师辱后,泰西蔑视,以野蛮待我","其分割之图,传遍大地,擘画详明,绝无隐讳"。① 德国强占胶州湾后,他进一步指出:"瓜分豆剖,渐露机牙"②,"诸国环伺,岌岌待亡"③。那么,形势为何会如此江河日下呢? 康有为认为,其主要原因之一就是外国有宗教,而中国没有宗教:"泰西以兵力通商,即以兵力传教,其尊教甚至,其传教甚勇,其始欲以教易人之民,其后以争教取人之国。"④而现在,"彼教堂遍地,随在可以起衅,彼我互毁,外难内讧,日日可作,与接为构,乱丝梦如,而彼动挟国力,以兵船来,一星之火,可以燎原"。⑤ 例如,在中越边界,"法既得越南,开铁路以通商,设教堂以诱众,渐得越南之人心,又多使神父煽诱我民,今遍滇、粤间,皆从天主教者,其地百里,无一蒙学,识字者寡,决事以巫,有司既不教民,法人因而诱之"。⑥外国列强兵教结合,双管齐下,中国岂能抵挡。相形之下,中国不但兵弱,而且教衰:中国"盖风俗弊坏,由于无教。士人不励廉耻,而欺诈巧滑之风成,大臣托于畏谨,而苟且废弛之弊作。而六经为有用之书,孔子为经世之学,鲜有负荷宣扬,于是外夷邪教,得起而煽惑吾民。直省之间,拜堂棋布,而吾每县仅有孔子一庙,岂不可痛哉!"经此比较研究,康有为最后得出的解决办法是:"扶圣教而塞异端"⑦,以眼还眼,以牙还牙。

三是对大同世界的热切向往。

大同思想是康有为思想中一以贯之的流脉。以往学术界一般皆认为,康有为勾勒的大同世界,是一资产阶级的理想社会,其实它亦是一个宗教的理想境界。在康有为看来,在政治上可以通过和平改良的方式逐渐达到这一社会,但在精神上则必须以人们的"不忍之心"为阶梯和渡

---

① 康有为:《上清帝第五书》,见《康有为政论集》,202 页。
② 康有为:《上清帝第五书》,见《康有为政论集》,202 页。
③ 康有为:《上清帝第六书》,见《康有为政论集》,211 页。
④ 康有为:《请商定教案法律折》,见《杰士上书汇录》卷二。
⑤ 康有为:《请商定教案法律折》,见《杰士上书汇录》卷二。
⑥ 康有为:《上清帝第一书》,见《康有为政论集》,54 页。
⑦ 康有为:《上清帝第二书》,见《康有为政论集》,132 页。

桥。因此，他在《大同书》中，反反复复地阐述"不忍人之心"："山绝气则崩，身绝脉则死，地绝气则散。然则人绝其不忍之爱质乎，人道将灭绝矣。""不忍之心"即"仁"，是"人道"赖以存在的基础。"人道所以合群，所以能太平者，以其本有爱质而扩充之，因以裁成天道，辅相天宜，而止于至善，极于大同，乃能大众得其乐利。"①那么，怎样才能将人们的"不忍之心"和"人道之质"呼唤出来呢？康有为认为，人的仁爱精神是从"元气"分离出来的，"众生本一性海，人类皆为同胞"，只因"妄生分别"，才造成了"九界"，酿成了"三十八苦"。解决之途，只有依靠宗教。也就是说，人的仁爱精神是带有宗教性质的，只有通过宗教信仰和宗教活动，才能廓除人们心中的迷惘，把仁爱精神发挥出来。因此，康有为极力主张将孔子设为人道教或神道教，尊孔祀孔，依照孔子的仁道行事，普度芸芸众生，步入大同之境。

正是基于以上三点原因，康有为在中国近代文化史上演出了一幕纳儒入教的活剧。

（二）孔教活动

康有为为将儒学纳入宗教，挥毫泼墨，奔走呼号，几乎拼搏了一生。从宏观上考察，其宗教活动大致可分为以下三个阶段。

第一阶段从 1885 年至 1895 年，是其纳儒入教的发轫期。

经过 20 余年的思想酝酿和文化储备后，从 19 世纪 80 年代中期开始，康有为正式拉开了纳儒入教的帷幕。1885 年，他"合经子之奥言，探儒佛之微旨，参中西之新理，穷天地之赜变，搜合诸教，披析大地，剖析今故，穷察后来"②，手定大同之制，名曰《人类公理》。1886 年前后，又草成《公理书》、《实理公法全书》和《康子内外篇》。在前三部著作中，康有为叛逆世俗，将宗教与名、刑、礼、法相提并论，表现出了对宗教理想的绵绵痴情和强烈追求。在后一部著作的《理学篇》、《性学篇》、《不忍篇》和《肇域篇》等篇章中，他不仅高谈阔论设立孔教的重要

---

① 康有为：《大同书》，49、351 页。
② 康有为：《康南海自编年谱》，15 页。

性，而且将孔教与佛教进行比较论证："孔教多于天，佛教多于人；孔教率其始，佛教率其终；孔教出于顺，佛教出于逆；孔教极积累，佛教极顿至；孔教极自然，佛教极光大。无孔教之开物成务于始，则佛教无所成名也。……人治盛则烦恼多，佛乃名焉，故舍孔教无佛教也。……二教者终始相乘，有无相生，东西上下，迭相为经也"①。也就是说，在社会发展中，孔教与佛教各居其位，各司其职，缺一不可，现在佛教已成，孔教焉能不设。

进入 90 年代后，康有为反观历史，更加坚定了纳儒入教的信念。他先后著成或着手写作《婆罗门教考》、《王制义证》、《周礼伪证》、《尔雅伪证》、《史记书目考》、《国语源本》、《孟子大义考》、《魏晋六朝诸儒杜撰典故考》、《墨子经上注》、《孟子公羊学考》、《论语为公羊学考》、《春秋董氏学》、《春秋考义》、《日本书目志》、《新学伪经考》、《孔子改制考》等书，对孔教思想进行了淋漓尽致的阐发。

第二阶段从 1895 年至 1898 年，是其纳儒入教的发展期。

甲午战争以后，特别是伴随变法高潮的到来，康有为加快了儒学宗教化的脚步。1895 年 5 月，他在《上清帝第二书》中，直截了当地将社会风气败坏的原因归结为"由于无教"；极力主张"立道学一科，……发明孔子之道"，"令乡落淫祠，悉改为孔子庙，其各善堂会馆俱令独祀孔子，庶以化导愚民，扶圣教而塞异端"；并明确指出："将来圣教施于蛮貊，用夏变夷，在此一举。且借传教为游历，可调夷情，可扬国声，莫不尊亲，尤为大义"②。这样，康有为不仅将孔教思想具体化了，而且将孔教作用扩大化了。

1897 年，康有为在桂林组织成立圣学会。圣学会虽为一学术团体，但却具有明显的宗教色彩。当时，康有为目睹外教入侵，流毒四方，在《两粤广仁善堂圣学会缘起》中深为忧虑地指出："外国自传其教，遍满地球，近且深入中土。顷梧州通商，教士蝟集，皆独尊耶稣之故，而吾

---

① 康有为：《康子内外篇》，见《康有为全集》(1)，179 页。
② 康有为：《上清帝第二书》，见《康有为政论集》，132 页。

乃不知独尊孔子以广圣教，令布濩流衍于四裔，此士大夫之过也。"因此，他所成立的圣学会，以"广大孔子之教"为旨趣，以"尊孔教救中国"为目的。① 在某种意义上说，圣学会的成立，是康有为将其孔教思想付诸实践的尝试与开端。

继而，《孔子改制考》刊成，震动思想界。该书主题之一即宣传纳儒入教思想，从孔子创教，论及托古改制；从"万世教主"，论及大同之世；从"三统三世"，论及当代政教，以重塑孔子和设立孔教一以贯之，并对孔教的内容、形式、仪式都作了较为明确的规定。对此，就连宗教思想极其淡薄的梁启超都不得不承认"有为谓孔子之改制，上掩百世，下掩百世，故尊之为教主。误认欧洲之尊景教为治强之本，故恒欲侪孔子于基督，乃杂引谶纬之言以实之。于是有为心目中之孔子，又带有'神秘性'矣"②。

1898 年 3 月，康有为紧紧抓住即墨文庙被洋人所毁事件，指使其弟子梁启超、麦孟华等，组织起 800 余人，发布公呈，广泛宣传他的孔教思想。公呈指出："顷乃公毁先圣先贤之像，是明则蔑吾圣教，实隐以尝我人心。若士气不扬，人心已死，彼即遍毁吾郡邑文庙，即焚毁吾四书六经，即昌言攻我先师，即到处迫人入教。若人咸畏势，大教沦亡，皇上孤立于上，谁与共此国者？""若大教既亡，纲常绝纽，则教既亡而国亦随之。"③公呈将教亡国亡、教兴国兴巧妙而又有机地联系在一起，拨人心弦，增强了康有为孔教思想的宣传力度。

这一时期，最能代表康有为主张设立孔教的文字，是他在百日维新期间呈递给光绪皇帝的《请商定教案法律，厘正科举文体，听天下乡邑增设文庙，谨写〈孔子改制考〉进呈，以尊圣师而保大教折》。该折明确主张：开设孔教会，以衍圣公为总理；由入会士庶公举督办、会办、乡办，分别管理各级孔教会事务；皇上举行临雍之礼，令礼官司酌订尊崇

---

① 康有为：《两粤广仁善堂圣学会缘起》，见《康有为全集》(2)，620 页。
② 梁启超：《清代学术概论》，79 页。
③ 梁启超：《公车上书请办德人拆毁山东孔庙折》，见汤志钧等编：《梁启超全集》(1)，440 页，北京，中国人民大学出版社，2018。

之典；天下淫祠皆改为孔庙，士庶男女膜拜祭祀；选生员为乡县孔子庙祀生，专司讲学，日夜宣讲孔子忠爱仁恕之道；明确孔教会与礼部关系，如军机处与内阁、总署与理藩院之关系；厘正科举及岁科试四书文体，废除八股，为发明孔子大道开辟路径；令天主、耶酥各教各立会长，与议定教律。① 该折不仅将有关孔教的具体问题阐述得清清楚楚，而且将康有为的孔教主张陈于庙堂，使其纳儒入教活动大大向前发展了一步。

第三阶段从 1899 年至 1918 年，是其纳儒入教的峰巅期。

戊戌政变后，康有为避居异国，遍释群籍。1900 年他在槟榔屿书成《中庸注》、《春秋笔削大义微言考》，1911 年在日本写成《救亡论》、《共和政体论》。《大学注》、《论语注》、《孟子微》等书也大体在此前后完成。在这些著作中，康有为纳儒入教的心志益发坚挺。如在《共和政体论》中，他将"虚君"释为"素者，空也，素王素帝，真虚君也"，而推孔子为素王、为教主，推衍圣公为监国摄政王。② 如此之论，在上述著作中不时可见。

1913 年，随《不忍》杂志创刊，康有为关于孔教的鼓荡亦掀起了新的波澜。在《中国学会报题词》等文章中，他极力宣传设立孔教的重要性，认为：孔子是改制之圣王、创教之教主，自孔子创教立说以后，中国饮食男女，生作行持，政治教化，矮首顿足，无一不在孔子思想范围之内，如果孔教一旦被弃，"则举国四万万之人，彷徨无所从，行持无所措，怅怅惘惘，不知所之，若惊风骇浪，泛舟于大雾中，迷罔惶惑，不知所往也"③。在《以孔教为国教配天议》中，他更主张以孔子配上帝，以孔教配国教，提出在天坛明堂由总统率百官行礼，在地方乡邑各立庙祀天以孔子配之。至此，孔子已与天齐、孔教已至国上了。

孔教会成立后，康有为以总会长的名义，两次为其作序，极力赞扬

---

① 康有为：《请商定教案法律……折》，见姜义华等编：《康有为全集》(4)，93～94 页。
② 康有为：《共和政体论》，见《康有为政论集》，692 页。
③ 康有为：《复教育部书》，见《康有为政论集》，864 页。

孔子，大肆鼓吹孔教。他指出："中国数千年来奉为国教者，孔子也。大哉孔子之道，配天地，本神明，育万物，四通六辟，其道无乎不在。故在中古，改制立法，而为教主。其所为经传，立于学官，国民诵之，以为率由，朝廷奉之，以为宪法，省刑罚，薄税敛，废封建，罢世及，国人免奴而可仕宦，贵贱同罪而法平等，集会言论出版皆自由，及好释、道之说者，皆听其信教自由。凡法国革命所争之大者，吾中国皆以孔子之经说先得之二千年矣。"[①]"今欲存中国，先救人心，善风俗，拒诐行，放淫辞，存道揆法守者，舍孔教末由已。"[②]因而，他号召孔教会同仁，"以演孔为宗，以翼教为事"，高高举起崇圣立教的大纛。在康有为的摇旗呐喊下，一时间，举国上下，孔教会纷纷成立，"其会友遍布于各地者百三十余处"。[③]康有为纳儒入教活动达到了登峰造极的地步。

物极必反。1918年康有为辞去孔教会总会长职务，其纳儒入教活动偃旗息鼓，烟消云散。

(三)几点思考

对于康有为纳儒入教的思想及活动，以往学术界一般皆认为是唯心、反动、复古、倒退的。现在看来，这种观点不免简单武断且偏颇失误。

首先，康有为呼唤和建构的孔教与佛、耶、回、道等教不尽相同。何谓宗教？梁启超曾指出：宗教"以起信为第一义"，反对怀疑，"迷信宗仰"，以使人脱离尘世到达天堂为目的。他还借口西人说："西人所谓宗教者，专指迷信宗仰而言。其权力范围乃在躯壳界之外，以灵魂为根据，以礼拜为仪式，以脱离尘世为目的，以涅槃天国为究竟，以来世福祸为法门。诸教虽有精粗大小之不同，而其概则一也。"[④]"其概则一也"，是说各种宗教尽管有"精粗大小"的区别，但它们"迷信宗仰"，本

---

① 康有为：《孔教会序一》，见《康有为政论集》，732页。
② 康有为：《孔教会序二》，见《康有为政论集》，740页。
③ 卢湘父：《万木草堂忆旧》，19页，收入《近代中国史料丛刊续编》第66辑，台北，文海出版社，1974。
④ 梁启超：《保教非所以尊孔论》，见《饮冰室合集》文集之九，52页。

质是相同的。而康有为主张的孔教则别具旨趣。对此，梁启超曾指出：

> 先生者，孔教之马丁路得也。其所以发明孔子之道者，不一而
> 足，约其大纲，则有六义：一、孔教者，进步主义，非保守主义；
> 二、孔教者，兼爱主义，非独善主义；三、孔教者，世界主义，非
> 国别主义；四、孔教者，平等主义，非督制主义；五、孔教者，强
> 制主义，非巽懦主义；六、孔教者，重魂主义，非爱身主义。①

如果说梁启超概括得过于抽象朦胧的话，那么肖万源对此则作了具体确切的论述。他认为，康有为的孔教与其他宗教之不同，可归纳成以下几点。

第一，孔教重人道，"不尚高远，专为可行"②，"敬天而爱人，尚公而亲亲，忠孝信义，爱国亲上"，治教兼备，人人可行之。佛、耶诸教都不循天理，远于人道，"大怨亦报以德，人杀其父彼亦孝事之如父"，悖于人心，违背公理，"诸子创教，其大谬多类此"。③

第二，孔教讲天与父母并重，仁与孝兼举，魂与体交养，性与命双修，且"讲魂而远于人道之内"。而诸教只尊天、修魂，道教只修魂，佛、耶二教"寡及父母，言仁而寡言孝，尊魂而少言修身"。④

第三，孔教极重人道之繁衍，"以生为道，以仁为道，故以父子夫妻为重"⑤。而佛、耶"不嫁娶独尊天"⑥，不合人情，人人皆如此，"则生人久绝矣"，因此"不能为人人共行"⑦。

第四，孔教"主进化"、"主维新"⑧，倡三世大同之道，为他教所不及。

---

① 梁启超：《南海康先生传》，见《饮冰室合集》文集之六，300页。
② 康有为：《论语注》，27页。
③ 康有为：《论语注》，220页。
④ 康有为：《陕西第二次讲演》，见《康有为政论集》，1100页。
⑤ 康有为：《孟子微》，64页。
⑥ 康有为：《陕西第二次讲演》，见《康有为政论集》，1100页。
⑦ 康有为：《孟子微》，64页。
⑧ 康有为：《孟子微》，86～87页。

第五，孔教尊天兼敬祖，仁孝并重，"久于其习，宜于其俗，行于其地，深入于其人心者是也"①，已成"人心风俗之本"②。佛教尚慈悲明罪福，虽高妙深远，"然多出世澶漫之言"③，"于人道之条理未详也"④，只行于蒙、藏等地，不能行于全中国。耶教尊天尚仁，"养魂忏恶，于欧、美为盛矣"⑤，而不可行于中国。"然今在中国，欲立废祠墓之祭扫，弃祖宗之系，恐未能也"⑥。

第六，孔教治与教兼备，既能治国又能教化天下。一国虽有基督或佛，照样为"供人宰割之具、奴虏之用"，"不观耶苏之生于犹太乎？不数十年而犹太为墟，……夫耶苏能为欧人之教主，而无救于犹太之灭亡；佛能为东亚之教主，而无救于印度之灭亡"⑦。而孔教则具有救国治世、教化天下的功用。⑧

由此，我们对康有为纳儒入教的思想和活动至少可以得出以下三个结论：第一，康有为奔走呼号三十余年，依据历史风俗、针对内忧外患，是想建立起一种中国式的宗教。第二，康有为的孔教是以人设教，神化先贤，具有浓厚的人文主义色彩。第三，康有为的纳儒入教，实质是对传统儒学的改造与重构。他试图以宗教化的儒学，作为一种思想武器，正人心，移风俗，改造国民性；作为一种精神屏障，拒异端，排邪说，阻止西方文化侵略；作为一种历史渡船，挽中华，救众生，最后步入大同之境。

其次，康有为建构的孔教与其政治主张紧密相连。康有为将孔子改造为天，改造为神，改造为耶稣，改造为通天教主，在当时的历史条件下具有一定意义。他试图用孔教来统一人们的信仰，抹掉西方耶稣头上

---

① 康有为：《以孔教为国教配天议》，见《康有为政论集》，842 页。
② 康有为：《复教育部书》，见《康有为政论集》，864 页。
③ 康有为：《复教育部书》，见《康有为政论集》，864 页。
④ 康有为：《以孔教为国教配天议》，见《康有为政论集》，842 页。
⑤ 康有为：《以孔教为国教配天议》，见《康有为政论集》，842 页。
⑥ 康有为：《中华救国论》，见《康有为政论集》，726 页。
⑦ 康有为：《物质救国论》，见《康有为政论集》，569 页
⑧ 肖万源：《中国近代思想家的宗教和鬼神观》，60～61 页，合肥，安徽人民出版社，1991。

的光环，抵制西方传教士的宗教蛊惑，具有反侵略的目的。他旨在说明皇帝和人民都是"天之子"，都应尊孔祀天，这不仅破除了只有皇帝是"天之子"的独尊地位，也剥落了皇帝是"天之子"的神秘外衣，从而为其"君民共治"的君主立宪制提供了理论依据。他借孔子之名对世俗迷信进行了批判。他指出：由于中国"尚多神话之俗，未知专奉教主"，因而"惑于鬼神"，膜拜"妖巫神怪"，致使"淫祠遍地"，"妖庙林立"，"而牛鬼蛇神，日窃香火，山精木魅，谬设庙祀，于人心无所激厉，于俗尚无所风导，徒令妖巫欺惑，神怪惊人，虚靡牲醴之资，日竭香烛之费"。因而他主张禁淫祀，废淫祠，匡谬正俗，只祀孔子，奉为教主。更为难能可贵的是，他还提出"改诸庙为学堂"，变"淫祠遍于天下"为"学堂遍地"，"以公产为公费，上法三代，旁采西法，责令民人子弟，年至六岁者"，都必须入小学读书，学习文字、语言、图算、器艺，其中一些人再入由各省书院改成的中学堂、大学堂，"兼习中西"。[①] 这无疑值得肯定。

再者，康有为的纳儒入教与现代新儒学有相通性。在现代新儒学史上，虽然还没有康有为的名字和地位，但详加考察，现代新儒学与康有为的孔教有不少惟妙惟肖之处。从形上看，它们都"似宗教而非宗教"，非理性的东西和理性的东西交存杂处。从神上看，它们都融现代西方唯心主义哲学于传统儒学之中，极度推崇儒学唯心主义。从终极关怀上看，它们都积极入世，述而且作，希图重振儒学雄风，解释和解决中华民族的精神问题。例如，钱穆在《孔子与心教》中高唱："只因有孔子的心教存于中国，所以中国能无需法律宗教的维系，而社会可以屹立不摇。此后的中国乃至全世界，实有盛唱孔子心教之必要。"[②]与康有为的创教言论如出一辙。牟宗三在《作为宗教的儒教》中强调："一个文化不能没有它的最基本的内在心灵。这是创造文化的动力，也是使文化有独

---

① 康有为：《请尊孔圣为国教立教部教会以孔子纪年而废淫祠折》，见《康有为政论集》，279～280 页。

② 见蔡尚思主编：《中国现代思想史资料简编》第 4 卷，408 页，杭州，浙江人民出版社，1982。

特性所在。依我们的看法，这动力即是宗教，不管它是什么形态。依此，我们可说：文化生命之基本动力当在宗教。"①这说明，现代新儒学亦存在着纳儒入教的冲动与倾向。康有为与现代新儒家在思维模式、致思路径上的这种可比性，在某种层面上体现了近代文化建设的代代相继和不舍追求。

① 刘志琴编：《文化危机与展望——台港学者论中国文化》(上)，212 页，北京，中国青年出版社，1989。

第五章 "淬厉其所本有而新之"

——儒学与梁启超文化思想的演进

在梁启超的文化思想中，儒学占有重要地位。正确认识儒学对梁启超文化思想的影响和梁启超对儒家思想的发展，对于解读梁启超的思想和认识传统文化的现代转化，无疑具有重要意义。本章以时间为序，就儒学与梁启超的变法思想、新民思想以及五四以后文化思想的关系展开论述，力图阐明儒学对梁启超文化思想的影响、梁启超对儒学的发展和改造，进而揭示儒学近代化的复杂性。

一、儒学与变法

梁启超早年接受的是传统儒学教育。他曾先后就读于当时名声甚著的学海堂和广府学宫，还"为菊坡、粤秀、粤华之院外生"。[1] 严格正规的书院教育，为梁启超打下了深厚坚实的经学功底，他自称这一时期对于"段王训诂之学，大好之"[2]，并著有洋洋万余言的《汉学商兑跋》。1891 年梁启超入康有为万木草堂后，不再研习古文经学，皈依今文经学派，并开始涉猎陆王心学、佛学等。

梁启超早年的学术训练和儒学修养为他宣传康有为的托古改制学说奠定了良好的基础。1888 年康有为上清帝第一书失败南归后，在万木

---

① 丁文江等编：《梁启超年谱长编》，20 页，上海，上海人民出版社，1985。
② 梁启超：《三十自叙》，见《饮冰室合集》文集之十一，16 页。

草堂撰述借今文言改制的变法理论,梁启超成了得力助手。康有为"著《新学伪经考》,(梁)从事校勘。著《孔子改制考》,(梁)从事分纂"。[①] 1895 年维新运动开始后,梁启超积极鼓吹今文经学派的变法主张,成为"对于'今文学派'为猛烈的宣传运动者"。[②] 在维新变法时期,梁启超不仅撰有专门的今文经学著作《论语公羊相通论》,而且利用、发挥公羊学微言大义,为维新变法大造声势,写下了《变法通议》、《古议院考》、《说群序》、《论君政民政相嬗之理》、《读〈春秋〉界说》、《读〈孟子〉界说》、《论支那宗教改革》等一批以学言政、脍炙人口的变法篇章。约略论之,梁启超在戊戌维新时期借儒学言变法主要有以下内容。

(一)尊今文以谋变法

与康有为倡言孔子改制一唱一和,梁启超也努力从学术思想上寻找孔子改制的立论依据。《读〈春秋〉界说》一文不仅表明了他公羊学派的学术立场,而且宣示了他托孔子言变法的政治用心。为了给康有为"布衣改制"寻找证据,他说:孔子"盖逆知后世必有执布衣不当改制之说,而疑孔子之僭妄者,故先自言之也"。并不厌其烦地博征《论语》、《史记》、《说苑》、《明夷待访录》、《黄书》等进行类推论证。为了寻找变法大义的借口,他明确指出:"《春秋》为明义之书,非记事之书";"《春秋》本以义为主,然必托事以明义,则其义愈切著";"《春秋》立三世之义,以明往古来今天地万物递变递进之理,为孔子范围万世之精意"。[③] 为了"开民智",倡西学,扫除传统思想中的"夷夏大防"观念,他在《〈春秋〉中国夷狄辨序》中对"中国""夷狄"重新作了界定。他说:随着"张三世"递进,中国与夷狄已是"天下远近若一",今天持攘夷狄论者是"持升平之义"对《春秋》的误解,正确的界定依据应是政俗与行事而非种族与区域。由此,他断定"天下为公,选贤与能,讲信修睦……劝商惠工,土地辟,田野治,学校昌……"这一类似于资本主义的图景"谓之中国",反乎此

① 梁启超:《三十自叙》,见《饮冰室合集》文集之十一,17 页。
② 梁启超:《清代学术概论》,见《饮冰室合集》专集之三十四,61 页。
③ 梁启超:《读〈春秋〉界说》,见《饮冰室合集》文集之三,17~18 页。

者谓之夷狄，今天中国只能说是一"新夷狄"。① 为了倡民权，他声称：
"《春秋》大同之学，无不言民权"，以此权衡，"二十四朝，其足当孔子
王号者无人焉，间有数霸者生于其间，其余皆民贼也"。② 显然，梁启
超尊奉今文经学是为维新变法的理论宣传服务的。

（二）借孔学以表心声

在对待孔学问题上，梁启超以清除几千年来对孔子学说的歪曲邪
传、恢复孔子的历史真面目自任，目的是塑造一位宣讲资产阶级变法的
"孔子"。他在《湖南时务学堂学约》中大声疾呼：今日中国落后，并不是
因为儒学讲得太多了，而是因为中国的儒学"受教者"日少，"加以异说
流行"所致。为了自保，就须广设学堂，"以宗法孔子为主义"，使西人
之"菲薄吾教者"与陋儒之"自蔑其教者""知孔子之所以为圣也"，清除历
史对孔子的歪曲，恢复孔子的真面目。"取六经义理制度微言大义，一
一证以近事新理以发明之，然后孔子垂法万世、范围六合之真乃
见。……孔子之教，非徒治一国，乃以治天下"。③ 在《论支那宗教改
革》一文中，梁启超进一步明确指出："我支那当周秦之间，思想勃兴，
才智云涌，不让西方之希腊。而自汉以后，二千余年，每下愈况，至于
今日，而衰萎愈甚，远出西国之下者，由于误六经之精意，失孔教之本
旨，贱儒务曲以阿世，君相托教旨以愚民，遂使二千年来孔子之真面目
湮而不见，此实东方之厄运也。"因此，"今欲振兴东方，不可不发明孔
子之真教旨"。这种真教旨是什么呢？"南海先生所发明者，即孔子之教
旨"。也就是"进化主义非保守主义"、"平等主义非专制主义"、"兼善主
义非独善主义"、"强立主义非文弱主义"、"博包主义非单狭主义"、"重
魂主义非爱身主义"。④ 康有为所顶礼膜拜的这位资产阶级化了的"孔
子"，正是梁启超刻意要宣传的对象。他们所要凸显的"真孔子"，不过
是一位近代化孔子罢了。

---

① 梁启超：《〈春秋〉中国夷狄辨序》，见《饮冰室合集》文集之二，48～49 页。
② 丁文江等编：《梁启超年谱长编》，90 页。
③ 梁启超：《湖南时务学堂学约》，见《饮冰室合集》文集之二，28 页。
④ 梁启超：《论支那宗教改革》，见《饮冰室合集》文集之三，55～56 页。

（三）绌荀申孟以倡民权

戊戌改良派大都主张绌荀申孟，如康有为认为，孔子之道包含着大同、小康二义，小康治升平之世，大同治太平之世，但长久以来孔子的大同之义却湮没无闻。究其原因，他认为"始误于荀学之拘陋，中乱于刘歆之伪谬，末割于诸子之偏安，于是素王之道，暗而不明，郁而不发，令二千年之中国，安于小康，不得蒙大同之泽，耗矣哀哉！"①梁启超进一步发挥了康氏之说，自称："启超谓孔门之学，后衍为孟子荀卿两派，荀传小康，孟传大同，汉代经师不问为今文家古文家，皆出荀卿。（汪中说）二千年间，宗派屡变，一皆盘旋荀学肘下，孟学绝而孔学亦衰，于是专以绌荀申孟为标帜，引孟子中诛责'民贼''独夫''善战服上刑''授田制产'诸义，谓为大同精义所寄，日倡导之。"②梁启超把秦汉以降两千余年政治学术皆归于荀子，认为荀子及其弟子"尊君权"、"排异说"、"谨礼仪"、"重考据"，阻碍了中国社会发展和文化进步。他认为，不仅汉学、宋学皆出于荀子，而且专制政治也是荀学的产物，因而变法当务之急，便是扬弃荀学，提倡孟学。③ 与绌荀相应，梁启超认为孟子得到了孔子"特别"真传，认为《易》与《春秋》之义才是孔教的主旨所在，应该发扬光大。因此，他反复强调孟子思想的经世意蕴，强调孟子言"民为贵"、"言仁政"、"言王政"、"言不忍人之政"等与"泰西诸国今日之政，殆庶近之"，④ 其用意显然是要从传统中攫出一条解释变法理论合法性的新路。正是由此自觉，他与夏曾佑、谭嗣同等人掀起了"排荀运动"，并在湖南时务学堂揭起"借《公羊》、《孟子》发挥民权的政治论"为教学旗帜。⑤

（四）借公羊三世说以言进化

梁启超多次借公羊三世说阐发他的进化观和变法理论。在《论君政

---

① 康有为：《礼运注叙》，见《康有为政论集》上册，192页。
② 丁文江等编：《梁启超年谱长编》，49页；又梁启超：《清代学术概论》，见《饮冰室合集》专集之三十四，61页。
③ 梁启超：《论支那宗教改革》，见《饮冰室合集》文集之三，57页。
④ 梁启超：《读〈孟子〉界说》，见《饮冰室合集》文集之三，18页。
⑤ 丁文江等编：《梁启超年谱长编》，84页。

民政相嬗之理》一文中，他把公羊学"张三世"说发明为"三世六别说"来阐述变法的必要性："博矣哉，《春秋》张三世之义也。治天下者有三世，一曰多君为政之世，二曰一君为政之世，三曰民为政之世。多君世之别又有二：一曰酋长之世，二曰封建及世卿之世。一君世之别又有二：一曰君主之世，二曰君民共主之世。民政世之别亦有二：一曰有总统之世，二曰无总统之世。多君者，拒乱世之政也。一君者，升平世之政也。民者，太平世之政也。此三世六别者，与地球始有人类以来之年限，有相关之理，未及其世，不能躐之，既及其世，不能阏之。"①他把公羊三世说发展推衍为人类进化之公理，并表达了改良派渐变的进化主张。他还把这种公羊三世说的进化观联系现实政治进行发挥，以加强维新变法理论的说服力。他宣称："顾以为中国历古无民主，而西国有之，启超颇不谓然。西史谓民主之局起于希腊、罗马，启超以为彼之世非民主。若以彼为民主也，则吾中国古时亦可谓有民主也。《春秋》之言治也有三世：曰据乱，曰升平，曰太平。启超常谓据乱之世则多君为政，升平之世则一君为政，太平之世则民为政。凡世界必由据乱而升平而太平，故其政也，必先多君而一君而无君。"这里，梁启超运用进化论驳斥西方民主制度古已有之的说法，认为虽"就今日视之，泰西与支那诚有天渊之异，其实只有先后，并无低昂，而此先后之差，自地球视之，犹旦暮也"。他认为据乱→升平→太平是人类社会发展的必经阶段和必然趋势，由低级向高级、由野蛮向民主的社会进化是"不易之理"，东西社会差别只是发展速度上的迅缓问题，中国只有在此历史发展必由之路上奋起直追，变法维新，才是唯一的出路。正是出于这种认识，他放声疾呼："地球既入文明之运，则蒸蒸相逼，不得不变，不特中国民权之说即当大行，即各地土番野猺亦当丕变，其不变者，即渐灭以至于尽，此又不易之理也。"②

这一时期，梁启超虽然坚定地站在持公羊学派的维新派阵营中，他

---

① 梁启超：《论君政民政相嬗之理》，见《饮冰室合集》文集之二，7 页。
② 梁启超：《与严幼陵先生书》，见《饮冰室合集》文集之一，108～109 页。

个人也以"启超之学，实无一字不出于南海"①自称，但在以下两个方面则明显表现出与康有为对儒学的不同态度。

1. 经世的路数有所不同

戊戌时期是经世之学的重要转变期，经世的内容开始变为以学习西学为主。在文化方面，需要解决道德重建，实现儒家道德的近代转型。在这一点上，师生二人看法不同。康有为带有更多的神秘色彩，强调外在超越，力图创建孔教；梁启超则强调通过内在超越实现近代转化。这从 1896 年、1897 年梁启超所拟《湖南时务学堂学约》和《万木草堂小学学记》中可以看出，他十分注重的是"陆王派的修养论"，强调内心的志向和心性的培养是走上经世致用获得治世之才的必由途径。在上述学约中，他沿着传统儒学"诚意、正心、修身、齐家、治国、平天下"的内圣外王秩序，把"立志"、"养心"、"治身"、"穷理"放在了重要位置。在政治方面，需要解决援西入儒，实现政治的近代转型。在这一点上，梁启超同康有为相比有着更为严谨的经世态度，说理更为充分，这从 1897年他致康有为的一封信中可窥一斑。信中说：著书只有持严谨态度，才能有利于传教，并指出康有为《孟子公羊同义证传》书序中"杂引公明、公孟各考据，其词极辩，然究似未能绝无牵强之处，且此考据家旧习，吾党正排斥不遗余力，必不宜复蹈之。专讲虚考据，不讲实考据，虽无一毫左证，犹能悍然断之，其何借于此。况孟子为公羊学，人人共见，岂必费此唇舌耶？其人如信吾言也，即无此考据犹之信也；其不信也，有此考据只益增攻诘耳"。在这封信中，他公开承认："先生（康有为）之著书，与吾党之著书有异。"②表明了师生二人在著书立说、宣传变法理论态度上的不同。

2. 对待孔教的态度存在差异

这一时期梁启超在对待孔教问题上形式上以追随康有为自任，是孔教的宣传者。如早在 1896 年发表的《变法通议·论不变之害》中他就提

---

① 丁文江等编：《梁启超年谱长编》，100 页。
② 丁文江等编：《梁启超年谱长编》，81 页。

出了保教问题，1897 年他又在《复友人论保教书》中提出要在中国设立保教公会，1898 年他与康有为一起在京发起以"保国、保种、保教"为宗旨的保国会，随后发表《纪年公理》配合康有为立孔教为国教作宗教宣传。但二人的不同也是存在的。与康有为对待孔教的神秘主义态度相比，梁启超则更多表现出理性主义色彩。首先，他从东西社会发展落差的对比中，指出立国不可无教，保教可以强国，并指出："夫天下无不教而治之民，故天下无无教之国。"①其次，他从中国古盛今衰的原因推究中，认为圣教衰微、圣人之旨失传是中国落后的重要原因。最后，从根本上说，设教是梁氏出于变法维新的策略考虑，以期树立变法维新的思想权威。他说："但中国今日民智极塞，民情极涣，将欲通之，必先合之。合之之术，必择众人目光心力所最趋注者而举之以为的，则可合。然后因而旁及于所举之的之外以渐而大，则人易信而事易成。"②梁启超在这里把设教的目的说得很明白，他希图用孔教合群，增强凝聚力，以有利于变法。他对此岸世界现实的关照明显高于对彼岸世界的终极关怀。也就是说，他在本质上对宗教是持怀疑态度的。他在《与严幼陵先生书》"教"可保与不可保的矛盾辩证分析中，初步露出他反对保教的端倪："教之一尊未定，百家并作，天下多学术。既已立教，则士人之心思才力皆为教旨所束缚，不敢作他想，室闭无新学矣。故庄子束教之言，天下之公言也。此义也，启超习与同志数人私言之，而未敢昌言之。"③保教是梁启超在历史与价值矛盾中做出的临时选择，他后来在保教问题上与康有为分道扬镳是必然的。

　　就总体言之，梁启超在戊戌时期通过对传统儒学的领会理解和对当时形势的判断分析，一方面确实看到了儒家文化的价值所在，希图通过焕发传统文化的青春，来挽救陆沉的祖国，他那儒家普世主义的坚定信念和理性主义的文化策略，对于引进西学、倡言变革，无疑具有积极意

① 梁启超：《复友人论保教书》，见《饮冰室合集》文集之三，10 页。
② 梁启超：《与严幼陵先生书》，见《饮冰室合集》文集之一，110 页。
③ 梁启超：《与严幼陵先生书》，见《饮冰室合集》文集之一，109 页。

义。另一方面，囿于当时特定的历史环境，梁启超存在着片面夸大儒家文化作用的倾向，模糊了政治与文化的关系，使他的文化价值判断阻碍了他对政治形势作出合理评价。此外，梁启超这一时期对儒学的态度，对儒家文化价值的认识，也严重影响了他的中西文化观。"舍西学而言中学者，其中学必为无用，舍中学而言西学者，其西学必为无本，无用无本，皆不足以治天下。"①他的体用论既表现出西学盛行下对于重建儒家文化缺乏足够的自信，又流露出缺乏中西文化融合对策的窘迫。

二、儒学与新民

戊戌变法失败后，梁启超流亡海外，得以大量阅读西学书籍特别是近代启蒙思想家的著作，以致各种新思潮"腾跃于脑，如幽室见日，枯腹得酒"②，使梁氏"脑质为之改易"。他分析多年来中国图强致败的原因时说："今日口言经济者，辄曰中国之患，贫也弱也，官吏不忠也，乱民遍地也，外国凌逼也。其救之之法则曰练兵也，办团也，筹饷也，劝商也。其尤高识者则曰变旧法也，兴民权也。彼持其论，谁谓不然？以吾观之，虽其所见有高下大小之不同，要之皆治近因之方法，而非治远因之方法。不治远因而欲治近因，则必不可得治。"③什么是远因呢？他有多种表达方式，简言之，就是"从文化上感觉不足"，需要改造国民性。

正是出于这种考虑，在变法失败后的十余年间，梁启超以"新民"为旗帜，以《清议报》、《新民丛报》等刊物为阵地，"每有所触，应时援笔"，写下了《自由书》、《国民十大元气论》、《少年中国说》、《新民说》、《新民议》、《保教非所以尊孔论》等一系列警励国人自省上进的文章。笔

---

① 梁启超：《西学书目表后序》，见《饮冰室合集》文集之一，129 页。
② 梁启超：《论学日本文之益》，见《饮冰室合集》文集之四，80 页。
③ 梁启超：《自由书》，见《饮冰室合集》专集之二，11 页。

者要指出的是，这一时期，儒学在他的"新民"思想体系中仍然占有重要地位，下面从民族主义和自由主义两个方面来分析儒学与"新民"思想之间的关系。

1. 儒学和梁启超的民族主义思想

梁启超明确指出，"新民说""立论之根柢有二：一曰关于内治者，二曰关于外交者"。① 所谓外交者，即处理中国与外国、我族与他族之间的关系，强调的是民族主义。实现传统民族主义向近代民族主义的转变，是梁启超"新民"思想中文化启蒙的重要目标。其中，儒学在梁氏民族主义理论形成中扮演了重要角色。

什么是民族主义？梁启超认为，民族主义指"同种族同言语同宗族同习俗之人，相视如同胞，务独立自治，组织完备之政府，以谋公益而御他族是也"②。它具有"不使他族侵我之自由，我亦毋侵他族之自由"的作用，是"世界最光明正大公平之主义"③。这是中国所亟须的。什么是中国的民族主义？梁启超认为"凡一国之能立于世界，必有其国民独具之特质"④，中国的民族主义也必然存于"国民独具特质"之中。在他看来，这种特质就是以孔子为代表的儒家文化："且试思我国历史，若将孔子夺去，则暗然复何颜色，且使中国而无孔子，则能否抟挼此民族为一体，盖未可知。"⑤他认为，要想确保中华民族的生存和发展，仅仅固守"国民独具特质"是不够的，有两条路要走：一是要激起国民政治民族主义的热情，"先建设一民族主义国家"。二是将"感之于地理，受之于历史，胎之于思想，播之于风俗"的民族"固有之特性"，"良者务保存之，不徒保存之而已，而必采他人之可以补助我者，吸为己有而增殖之。否者务刮去之，不徒刮去之而已，而必求他人可以匡救我者，勇猛

---

① 梁启超：《新民说》，见《饮冰室合集》专集之四，2 页。
② 梁启超：《新民说》，见《饮冰室合集》专集之四，4 页。
③ 梁启超：《国家思想变迁异同论》，见《饮冰室合集》文集之六，20 页。
④ 梁启超：《新民说》，见《饮冰室合集》专集之四，6 页。
⑤ 梁启超：《复古思潮平议》，见《饮冰室合集》文集之三十三，68 页。

自克而代易之"。① 即实现民族主义的文化新生。为此，他从以下两个方面进一步阐发了他的近代民族主义思想。

其一，他把"小民族主义"和"大民族主义"作了区别。1903 年 10 月，梁启超在《新民丛报》上发表《政治学大家伯伦知理之学说》一文，提出"小民族主义"与"大民族主义"两个概念并加以阐释："吾中国言民族者，常于小民族主义之外，更提倡大民族主义。小民族主义者何？汉民族对于国内他族是也。大民族主义者何？合本部属部之诸族以对于国外之诸族是也。"② 把狭隘的传统民族主义即种族主义与近代民族主义观念区分开来，这是梁启超的一大贡献。中国传统民族主义意识根深蒂固，《春秋》有"尊王攘夷"的口号，《左传》有"非我族类，其心必异"的种族区分观念，明末遗老更强调"夷夏大防"、"华夷之辨"的狭隘民族传统，这些陈腐观念甚至影响到近代资产阶级革命家章太炎等人，传统的夷夏观念成为他们宣传"排满革命"的立论依据。梁启超宣扬大民族主义观念，对于澄清人们对民族理论的模糊认识，认清民族矛盾的实质，纠正革命派思想的偏差，无疑具有重大现实意义。

其二，把"天下主义"发展到"国家主义"。美国学者列文森曾说过："近代中国思想史的大部分时期，是一个使'天下'成为'国家'的过程。"③ 梁启超在这一过程中做出了较大贡献。他在《中国积弱溯源论》中指出："不知'国家'与'天下'之差别"是中国人爱国心薄弱的第一根源，中国四万万同胞"同处于一小天下之中，视吾国之外，无他国焉。"④ 这种天朝上国意识严重阻碍了中华民族学习他族的进取精神，淡化了中国人的政治国家意识。他呼吁，中国要想免于沦胥，就必须更新传统的"天下主义"观念，"先建设一民族主义国家"，树立牢固的国家思想，"国家思想者何？一曰对于一身而知有国家，二曰对于朝廷而知有国家，

---

① 梁启超：《政治学学理摭言》，见《饮冰室合集》文集之十，60～61 页。
② 梁启超：《政治学大家伯伦知理之学说》，见《饮冰室合集》文集之十三，75～76 页。
③ ［美］列文森：《儒教中国及其现代命运》，郑大华等译，87 页，北京，中国社会科学出版社，2000。
④ 梁启超：《中国积弱溯源论》，见《饮冰室合集》文集之五，15 页。

三曰对于外族而知有国家，四曰对于世界而知有国家"。① 每个国民只有具有明确的国家观念，才能滋发爱国心，国家才会强大，民族才能强盛。梁启超通过剖析儒家文化中"国家"、"天下"观念，实现了近代国家主义即政治民族主义在中国的扎根。

与上述扬弃儒家文化的消极面、"采补其所本无而新之"相辅相成，对于儒家文化的积极面，梁启超采取了"淬厉其所本有而新之"的态度，强调儒家文化在近代民族主义形成中的积极作用。在谈到"醉心欧化"声浪日高时，他不无忧虑地说："吾不患外国学术思想之不输入，吾惟患本国学术思想之不发明。"②他对中国文化的价值抱有坚定的信念，认为中国文化传统依然有自己存在的根柢，有一种"善美之精神，深入全国人之心中"，这种精神在过去几千年使中国免于沦胥，在今后也将会使中国继续滋长发荣下去。他在《中国道德之大原》一文中详细论证说，儒家文化的三种道德特性"报恩"、"明分"、"虑后"是中国所以能数千年立于大地，经无数劫难而不失其国性的道德根本之所在。他在《保教非所以尊孔论》中则强调指出："孔教者，悬日月、塞天地而万古不能灭者也"，孔教具有超越时代的价值，它与其他宗教不同，"其所教者，人之何以为人，人群之何以为群也，国家之何以为国家也"③，这些对于民族主义具有重要意义，正是中国"今日正待于发扬淬厉"的"坚强善美之国性"④。通过吸收西方文化，在民族主义问题上梁启超实现了儒家文化的近代化转向。

梁启超的民族主义思想，一方面，深受西方社会政治学说影响，引进了西方近代政治民族主义理论。为了在中国传播这一理论，他割弃了传统文化中与此相悖逆的成分，从而避免了狭隘的民族主义和保守主义倾向。另一方面，出于对儒家文化的深刻认识和民族主义建设的需要，他对儒家文化中有利于民族团结、民族凝聚、民族进步的积极成分进行

---

① 梁启超：《新民说》，见《饮冰室合集》专集之四，16 页。
② 梁启超：《中国道德之大原》，见《饮冰室合集》文集之二十八，17～20 页。
③ 梁启超：《保教非所以尊孔论》，见《饮冰室合集》文集之九，57～58 页。
④ 梁启超：《中国道德之大原》，见《饮冰室合集》文集之二十八，13 页。

了继承和发挥，从而巧妙地用文化民族主义回避了民族虚无主义所带来的认同危机。同时，我们也可以认清梁启超在有关儒家文化和孔教论述中矛盾双方的一致性。"故吾所谓新民者，必非如心醉西风者流，蔑弃吾数千年之道德学术风俗，以求伍于他人；亦非如墨守故纸者流，谓仅抱此数千年之道德学术风俗，遂足以立于大地也。"①此可谓是梁启超对其民族主义思想与儒家文化立场的写照。

2. 儒学与梁启超的自由主义思想

与宣扬民族主义自觉相表里，"新民说"立论的另一根柢——"关于内治者"，即从"新民德"、"开民智"、"鼓民力"三方面新民，核心是宣扬自由主义的民主自觉。他说："自由者，权利之表证也"，"天下之公理，人生之要具，无往而不适用者"②；"吾中国四万万人，无一可称完人者"，就是因为缺乏号为精神界之生命的自由，"故今日欲救精神界之中国，舍自由美德外，其道无由"③。因此，他几乎不加选择地把大陆理性自由主义（卢梭）和英国经验自由主义（穆勒）相混用，把政治学上的行为自由（卢梭、穆勒）与伦理学上的意志自由（康德）相混用。他把欧美自由发达史粗列为四端：政治上之自由，宗教上之自由，民族上之自由，生计（经济）上之自由。以此为参照，他认为中国目前在自由问题上最急缺者为"参政"问题和"民族建国"问题。为此，他提出了从道德思想上建立自由主义的改造国民性方案。

首先，他指出传统儒家文化是实行自由主义的主要障碍。他说："言自由者无他，不过使之得全其为人之资格而已。质而论之，即不受三纲之压制而已，不受古人之束缚而已。"④儒家伦理是自由的一大限制。在《呵旁观者文》中，他又从文化心理对儒家文化作了揭露和批判："天下最可厌可憎可鄙之人，莫过于旁观者"，"中国词章家有警语二句，曰：'济人利物非吾事，自有周公孔圣人。'中国寻常人有熟语二句，曰：

---

① 梁启超：《新民说》，见《饮冰室合集》专集之四，7页。
② 梁启超：《新民说》，见《饮冰室合集》专集之四，40页。
③ 梁启超：《十种德性相反相成义》，见《饮冰室合集》文集之五，46页。
④ 丁文江等编：《梁启超年谱长编》，236页。

'各人自扫门前雪，不管他人瓦上霜。'……质而言之，即旁观二字代表吾全国人之性质也。是即无血性二字为吾全国人所专有物也"。① 他还把中国人缺乏自由主义的根源归于儒家的传统："中国于教学之界则守一先生之言不敢稍有异想，于政治之界则服一王之制不敢稍有异言。此实为滋愚滋弱之最大病源。"②在《新民说》中他把中国人顽钝无耻、缺乏权利思想的原因归之于"末俗承流"对"先哲之教"的曲解，把专制主义归因于后世"贱儒"对孔教的缘饰、利用和诬罔。他还指出，儒家哲理也含有不利于自由主义滋长的成分，比如说，"大抵中国善言仁……仁者人也，我利人，人亦利我，是所重者常在人也。……夫出吾仁以仁人者，虽非侵人自由，而待于人者，则是放弃自由也。"③"仁"不仅使人格趋于卑下，而且造就出"仁政"，削弱了中国人的权利思想。而从"义"的思想中，梁氏看到了一种初期的权利观念。

其次，他的自由主义学说明显带有儒家思想的烙印，他的自由主义是儒家式的自由主义。张灏在《梁启超和中国思想的过渡》结语中说："梁氏国民思想中的集体主义倾向自然比胡适思想中的矛盾的个人主义特征更能代表中国的自由主义。"④这句话是有其道理的。这不仅是因为梁氏自由主义思想明显带有民族性特征，把自由主义作为改造国民性、实现民族独立富强的突破口；而且，梁氏自由主义思想在内容上与儒家文化的群己观存在千丝万缕的联系。儒家的"杀身成仁"、"舍身为国"、"己立立人，己达达人"、"克己复礼"、"人之生，不能无群"等一系列价值观念在亡国灭种的危迫关头，其所包含的重国家、重社会、重集体的取向自然会凸显起来。

儒学对梁氏自由主义思想的影响，还表现在梁启超对心学的重视上。吴雁南把心学对梁启超新民思想的影响归为以下几点：（1）用心学

---

① 梁启超：《呵旁观者文》，见《饮冰室合集》文集之五，69 页。
② 丁文江等编：《梁启超年谱长编》，237 页。
③ 梁启超：《新民说》，见《饮冰室合集》专集之四，35 页。
④ 张灏：《梁启超和中国思想的过渡》，崔志海、葛夫平译，217 页，南京，江苏人民出版社，1995。

宣传树立为天下国家献身之志。(2)用心学鼓吹奋不顾身的进取冒险精神。(3)用心学陶铸刚毅和坚忍不拔的气质。(4)用心学陶铸变革精神。(5)用心学陶铸廉耻观。① 心学对梁氏自由主义思想的影响在《新民说·论自由》一节中有淋漓尽致的表现,例如,他在文中说:"若有欲求真自由者乎?其必自除心中之奴隶始。"怎样除去心中之奴隶呢?他认为:第一,发挥心学"学贵自得"的精神,不以古圣先贤之是非为是非,不做古人之奴隶。第二,发挥心学"独立不惧"的精神,不随波逐流,不做世俗之奴隶。第三,发挥心学"人定胜天"的观点,实现民族的独立,不做环境的奴隶。第四,发挥心学"克己复礼"的思想,克服传统思想的束缚,不做情欲的奴隶。② 从梁启超对心学的重视可以看出,自由主义在这一德治而非法治传统的国家里,最终只能寻求道德的保护。

最后,梁启超在利用儒学改造自由主义的同时,也利用自由主义改造儒学。与对儒家文化消极因素批判相对应,梁启超对儒家文化中有利于阐发自由主义思想的内容则积极加以改造和发挥。他认为,"孔子之所以为孔子,正以其思想之自由也",孔子是自由主义的化身。然而,中国为何又缺乏自由精神呢?他解释说,这是"自命为孔子徒者,乃反其精神而用之"的结果,而不是孔子本人之罪。梁启超对孔教也进行了改造,他说:"盖孔教之精神,非专制的而自由的也。我辈诚尊孔子,则宜直接其精神,毋拘其形迹。"③只有这样,爱自由胜过爱故人,爱真理胜过爱孔子,使孔教与时俱进,才不致使其束缚国民思想。

从上述不难看出,梁启超在运用儒家文化论述民族主义思想时相对得心应手,与此相对,在阐发自由主义思想时则有些捉襟见肘。之所以如此,笔者认为,这主要是因为儒家文化这一独具特质的东方文化承纳了更多的民族特色,而缺乏与西方文化相沟通的近代意蕴所致。

---

① 吴雁南:《梁启超的维新观和心学》,载《近代史研究》,1993(3)。
② 梁启超:《新民说》,见《饮冰室合集》专集之四,47~48 页。
③ 梁启超:《保教非所以尊孔论》,见《饮冰室合集》文集之九,55~58 页。

三、儒学的普适性

20 世纪 20 年代后，梁启超的文化思想与以前相比有较大的发展变化。如果说过去主要是在引进西学的过程中对儒家文化进行批判和改造，那么，进入 20 年代后，梁启超不仅大力提倡"化合"中西文化，并从正面对儒学进行肯定。

梁启超文化思想的转变，可追溯至 1903 年后他对资本主义世界欧美诸国弊端的体察，特别是 1918—1920 年他对战后欧洲的实地考察。第一，第一次世界大战后欧洲满目疮痍、一片狼藉的"沉忧凄惨"景象，使他对西方文化的负面作用有了深刻认识，改变了他以往的西学价值观，加强了他运用儒学救世的使命感和责任心。第二，国内数次以西方资本主义为政治取向的共和、立宪运动的失败，坚定了他的文化民族主义信念，他希图寻求一条属于自己民族的文化重建之路。第三，梁启超长期以来对儒学特别是对孔孟之学和陆王心学的钟情，使他确信中国文化有着超越时代的价值。第四，西方生命哲学大师柏格森、倭铿等人的保守主义论调对梁启超也产生了重大影响。正是以此为背景，在"五四"时期"打孔家店"的背景下，梁启超挺身而出，写成《欧游心影录》、《孔子》、《先秦政治思想史》、《儒家哲学》等一批捍卫发扬儒家文化价值的论著。大体说来，梁氏这一时期主要从以下几方面对儒学进行了探讨。

1. 肯定儒家文化的现代价值

梁启超认为，先秦哲学与"最近提倡的实用哲学、创化哲学"，在理论与实际相"调和"方面，有着一致性。"孔、老、墨三位大圣，虽然学派各殊，'求理想与实用一致'却是他们共同的归着点。如孔子的'尽性赞化'、'自强不息'，老子的'各归其根'，墨子的'上同于天'，都是看出有个'大的自我'、'灵的自我'和这'小的自我'、'肉的自我'同体，想要因小通大，推肉合灵。我们若是跟着三圣所走的路，求'现代的理想与实用一致'，我想不知有多少境界可以辟得出来哩。"①这里，梁启超通过对中国文化的"返本开新"，把传统理学"理从天出"、"性即理也"、"存天理，去人欲"等观念指导下的伦理观结构的主从关系进行了倒置，梁氏"因小通大、推肉合灵"的伦理观结构是经过他改造后的产物。梁启超用这种资产阶级文化标准去规范传统文化，以此实现儒家文化的近代价值转换。

2. 肯定儒家文化的世界意义

梁启超认为，欧战爆发的根源与自由主义和进化论思潮有关，由此导致了科学主义的泛滥。他指出："现今思想界最大的危机，就在这一点。宗教和旧哲学，既已被科学打得个旗靡辙乱，这位'科学先生'便自当忍不让起来。"②科学主义的泛滥，冲垮了欧洲人的精神家园，所以现在西方普遍有一种"世纪末"的恐惧感。由此，梁启超得出一个结论：欧洲人科学万能的大梦已经破产。与此相反，他为东方文化高唱赞歌，认为孔学"措诸四海而皆准，俟诸百世而不惑，岂惟我国，推之天下可也；岂惟今日，永诸来劫可也。……昌明孔子之教，则亦昌明此而已矣"③。他又指出：儒家"内圣"之学，"是绝对不含时代性，如智、仁、勇三者为天下之达德，不论在何时何国何派，都是适用的"④。在他的思想中，进化论的地位也受到儒学的挑战。他说："孟子说：'天下之生久矣，一治一乱。'这句话可以说是代表旧史家之共同观念，我向来最不喜欢听这句话，因为和我所信的进化主义不相容。但近年来我也不敢十分坚持了。我们平心一看，几千年中国历史，是不是一治一乱的在那里循环。何止中国，全世界只怕也是如此。"⑤梁启超推崇儒学，旨在强调儒学对于人类文化发展的普遍意义和永恒价值，旨在说明他是根据超越中国传

---

① 梁启超：《欧游心影录》，见《饮冰室合集》专集之二十三，36页。
② 梁启超：《欧游心影录》，见《饮冰室合集》专集之二十三，11页。
③ 梁启超：《孔子教义实际裨益于今日国民者何在欲昌明之其道何由》，见《饮冰室合集》文集三十三，65页。
④ 梁启超：《儒家哲学》，见《饮冰室合集》专集之一百三，8页。
⑤ 梁启超：《研究文化史的几个重要问题》，见《饮冰室合集》文集之四十，5页。

统文化的价值而提出"拿我们的文明去补助西洋文明"口号的。

3. 肯定儒学的社会价值

1920 年梁启超出版《孔子》一书，并附上《世界伟人传第一编孔子》，宣扬孔子是中国第一伟人，中国无一不受孔子之赐，学问是孔子的，政治是孔子的，伦理是孔子的，历史是孔子的，没有孔子就没有中国，就没有几千年来的世界，孔子思想的社会意义可谓大矣。为了发扬光大孔子的学说，他把孔子扮成一位与时俱进的先知："孔子主张调和，不主张排斥，因为他立在中间，看见那两极端所说，都含有一面真理，所以不肯排斥他。……孔子是最尊重思想自由的人，他的书里头从没有一句排除异己的话。"[①]后来，他在《先秦政治思想史》和《儒家哲学》中进一步对儒学的社会价值进行阐释。他说："儒家哲学也可以说是伸民权的学问，不是拥护专制的学问，是反抗压迫的学问，不是奴辱人民的学问。"[②]在他看来，儒学简直就是资产阶级社会政治学说。

4. 强调儒家人生哲学的意义

这一时期梁启超极力推崇儒家人生哲学的意义，大讲儒家内圣成德之学、安身修己之道。他说："启超确信我国儒家之人生哲学，为陶养人格至善之鹄，全世界无论何国、无论何派之学说，未见其比，在今日有发挥光大之必要。"[③]梁启超深信，儒家人生哲学和柏格森、倭铿的生命哲学有相通之处，适足以导人类于正途，能够为人类文化的发展指明正确方向。他指出，生命的意义和人生的价值不在物质生活之丰富，而在道德自我之挺立，而这正是儒学所固有而西学所新生的。他认为，西方主智，故科学发达，但不能贴近人生，缺乏对情、意的重视；从苏格拉底、柏拉图、亚里士多德到中世纪宗教，"都可以说是没有走到人生的大道上去。直至詹姆士、柏格森、倭铿等出，才感觉到非改走别的路不可，很努力的从体验人生上做去……但是真果拿来与我们儒家相比，

---

① 梁启超：《孔子》，见《饮冰室合集》专集之三十六，56 页。
② 梁启超：《儒家哲学》，见《饮冰室合集》专集之一〇三，10 页。
③ 丁文江等编：《梁启超年谱长编》，983 页。

我可以说仍然幼稚"①。接着，他列举儒家"知行合一"、"天人合一"对于人生的重要意义，并对儒家"仁"的人生观赞不绝口。他说道：儒家"己立立人，己达达人"，"这幅美妙的仁的人生观"，"我们……应该好好保存这分家私，……才不愧是圣人之徒"。②

至此，我们看到梁启超仿佛又回归到了尊孔崇儒的传统中。其实不然。这从以下几点可以看出。第一，这是他对儒家文化和西方文化进一步了解、深入思考后得出的结论。与变法时期相比，他对儒家文化不再是牵强附会地利用或凭照主观臆说，而是更深刻更抽象地从儒家文化价值深层来说明问题。如他说："凡一种思想，总是拿他的时代来做背景。我们要学的，是学那思想的根本精神，不是学他派生的条件。因为一落到条件，就没有不受时代支配的。"③与"新民"时期相比，他对西方文化也不再是一往情深，而是经过多年实地考察和理性思考后有了更全面的认识，认识到西方文化本身也有缺点和不足。第二，他对待中西文化之间关系的态度依然是较为全面客观的。这一时期，他虽然一再强调西方文化的没落，一再高扬儒家文化的价值，但是他仍然没有忘记对二者作辩证地分析，注意到西方文化的长处和儒家文化的不足。因此，他对儒学采取开放的态度，对中西文化关系采取会通的处理方式。他说："是拿西洋的文明来扩充我的文明，又拿我的文明去补助西洋的文明，叫他化合起来成一种新文明。"④他还说："要发挥我们的文化，非借他们的文化做途径不可。因为他们研究的方法实在精密，所谓'欲善其事，必先利其器'。"⑤很显然，他不是局限于把西学作为价值追求，而是把西学作为整合手段，以达到复兴和改造儒家文化并使其实现近代化的目的。第三，他对儒家文化的重视明显表现了他超出时人的历史眼光。这从他对五四新文化运动的评价中可窥一斑："青年脑筋中，充满了一种

---

① 梁启超：《治国学的两条大路》，见《饮冰室合集》文集之三十九，115页。
② 梁启超：《治国学的两条大路》，见《饮冰室合集》文集之三十九，118页。
③ 梁启超：《欧游心影录》，见《饮冰室合集》专集之二十三，37页。
④ 梁启超：《欧游心影录》，见《饮冰室合集》专集之二十三，35页。
⑤ 梁启超：《欧游心影录》，见《饮冰室合集》专集之二十三，37页。

反常的思想。如所谓'专打孔家店','线装书应当抛在茅坑里三千年'等等。此种议论，原来可比得一种剧烈性的药品。……所以那些奇论，我也承认他们有相当的功用。……若因为这种议论新奇可喜，便根本把儒家道术的价值抹煞，那便不是求真求善的态度了。"①他从文化的传承性来看待儒家文化，避免了近代化所带来的文化认同危机，纠正了五四"全盘反传统"的偏差，这与现代新儒家可谓异曲同工。综上所述，我们可以说，与前一时期相比，这一时期梁启超倡导的是一种更高层次的文化融合，他批评西方文明、崇扬儒家文化绝不可简单地视为他彻底抛弃西学而回归传统，更不能说这是梁启超文化思想的复古倒退。

当然，梁启超对儒学和中西文化的理解也存在着一定的理论误区。第一，梁启超把文化划分为物质、精神两部分，虽然有认识论上的合理性，但却割裂了文化的整体性。他强调文化的特质，把中国文化简单地归之为精神文化，把西方文化简单地归之为物质文化，忽视了西方物质文化与精神文化的统一性，结果造成了片面强调西方物质文化，影响了对西方精神文化的吸收和中西文化融合的进程。第二，他否定了西方文化中心主义，却又陷入了东方文化本位主义。在谈到中西文化交流和融合时，梁启超有一段论述，他说："第一步要人人存一个尊重爱护本国文化的诚意；第二步要用西洋人研究学问的方法去研究他，得他的真相；第三步把自己的文化综合起来，还拿别人的补助他，叫他起一种化合作用，成了一个新文化系统；第四步把这新系统往外扩张，叫人类全体都得着他好处。"②梁启超因"西方的没落"而否定西方文化中心主义，重视从中国自身的文化传统中寻找文化重建之路，前三步无疑具有积极意义。但是物极必反。在"化合"新文化的根柢问题上，他恪守民族文化特质不放，又有东方文化本位主义之嫌。他某程度上排斥西方近代精神文化，特别是对俄国十月革命及马克思主义顽斥固拒，丧失了与历史大潮同潮共涌的大好时机。这样，他所坚持的儒家文化的现代转化也就必然带上了旧时代的烙印，难以跟上时代潮流。

---

① 梁启超：《儒家哲学》，见《饮冰室合集》专集之一○三，6 页。
② 梁启超：《欧游心影录》，见《饮冰室合集》专集之二十三，37～38 页。

第六章 "统新故而视其通"

——西学家严复的儒学观

严复有"近代西学第一人"之称。目前学界对严复的研究主要集中在西学特别是社会学方面，严复丰富的西学译著及对近代思想文化的巨大影响力，使后来者忽视了对这位西学家儒学思想的研究。其实，严复与以儒学为核心的传统文化渊源深厚，儒学对严复思想产生过深刻影响，而严复对待中西文化的态度也有值得后人反思和借鉴的地方。

一、从儒学视角看严复思想的演进历程

严复思想与儒学有着千丝万缕的联系。从儒学角度研究，我们可以较清楚地认识中学、西学在严复思想中的地位，实事求是地评价严复思想的演进轨迹。

对于严复思想的价值取向及其演行轨迹，有的论者用由"西化（离异）"到"复古（回归）"来概括。其实不然。如果紧紧抓住严复是思想家而非政治家这一点就会发现，严复的思想（包括政治思想在内）是以其文化思想的内在逻辑为基础发展的，既不存在"离异（西化）"问题，更无"回归（复古）"可言。就其文化思想而言，前期激进（西化）的外形下依然包裹着儒家的合理内核，后期保守的形式下依然强调要学习西方，实际上，中西兼采、中西会通才是他始终如一的指导思想。从儒学角度考察严复思想的演进历程，有助于问题的解决。

1. 从 1859 年至 1894 年，严复接受正统儒家思想教育，玉成他中学的深厚根基。

同近代众多思想家一样，严复早年接受的是儒学启蒙，研习的是《四书》、《五经》。他从 7 岁开始入塾就读，历时五载，"童年从师数人"，其中名声较著的有严复胞兄严厚甫和同邑黄少严。自兹开始，严复"治经有家法，饫闻宋元明儒先行"①。黄少严等人汉学宋学并重的学术风格对严复思想的发展影响较大。重事实、重考证的汉学和思辨天命心性的宋学与西学有着相通之处，正如美国学者史华兹教授所说："严复后来对斯宾塞宇宙论的形而上学体系和对穆勒逻辑归纳与经验主义所抱有的同样热情，正是在某种程度上反映了他的老师糅合汉学与宋学价值的苦心。"②

儒学教育不仅奠定了严复一生的中学基础，而且影响了他这一时期的人生价值取向。尽管他从 1867 年到 1879 年 10 余年间系统接受了西式教育，但儒家理想依然是他孜孜以求的目标。严复为自己并非"正途"出身而备感痛苦，他在诗中写道："平生贱子徒坚顽，穷途谁复垂温颜？当年误习旁行书，举世相视如髦蛮。"③因此，他每遇功成名就的达官贵人往往"慑然为之下，肩耸足自躩"，自惭形秽且又心往神驰，"忽尔大动心，男儿宜若此"。源于这种认识，从 1885 年到 1893 年 9 年中，他刻苦攻读儒家经典，先后四次参加乡试，都以名落孙山而告终，如果不是 1895 年甲午之战日胜中败的当头棒喝，严复八股求仕之路可能还会走下去。

2. 从 1895 年至 1898 年，严复倡言变法图强，学习西方，但不忘儒家文化之精意。

这一时期，严复"目击国耻，忧思愤盈"，写下了《论世变之亟》、

---

① 陈宝琛：《清故资政大夫海军协都统严君墓志铭》，见《严复集》，1541 页，北京，中华书局，1986。

② ［美］史华兹：《寻求富强：严复与西方》，叶凤美译，22 页，南京，江苏人民出版社，1989。

③ 严复：《送陈彤卣归闽》，《瘉懑堂诗集》卷上，见《严复集》，361 页。

《原强》、《辟韩》、《救亡决论》等一批惊世之作，并译介了举世震惊的《天演论》。在这些著述中，严复以犀利的文笔，倡言变法图强、学习西方的必要性，猛烈抨击以儒家文化为代表的封建主义旧文化的弊端，从而被有些论者称为"西化"。其实这是一种偏至之论。严复这一时期慷慨激昂的文字之间，依然透露着他对儒家文化的眷恋情怀和殷殷期待。这种文化情结，不仅是他引进西学的动力，而且影响着他的政治关怀。

其一，严复认为阐发儒学微言奥义需要引进西学。尽管严复这一时期反复倡言自由、民主、富强、优胜劣汰、天演进化等西方近代思想观念，批判儒家文化"无实"、"无用"，但他对儒家文化并非一概而论，而是"确实感受到了两种文化的相同之处"①，确信儒学含有不易之精华。他说：西方文化"苟扼要而谈，不外于学术则黜伪而崇真，于刑政则屈私以为公而已。斯二者，与中国理道初无异也"。② 也就是说，"科学"（黜伪崇真）与"民主"（屈私为公）精神本是儒家文化应有之义，只是后人没有做好继承的工作罢了。他还以西方社会学为例作了说明：群学"所论，其节目枝条，与吾《大学》所谓诚正修齐治平之事有不期而合者"，只不过是"《大学》引而未发，语而不详"而已。③ 他在《天演论》自序中更明白直接地道出了他对儒学的看法："近二百年欧洲学术之盛，远迈古初。其所得以为名理公例者，在在见极，不可复摇。顾吾古人之所得，往往先之，此非傅会扬己之言也。"④他认为儒家文化中的这些精髓，正是需要引进西学才能得以阐扬的："即吾圣人之精意微言，亦必既通西学之后，以归求反观，而后有以窥其精微，而服其为不可易也。"⑤看来，他不仅不拒斥儒家文化，而且要发扬光大之。

其二，严复对儒学负面作用的深刻认识导致他重视文化救国而忽视政治变革的迫切性。提及戊戌变法的弄潮儿，人们往往把康、梁、谭、

---

① ［美］史华兹：《寻求富强：严复与西方》，47 页。
② 严复：《论世变之亟》，见《严复集》，2 页。
③ 严复：《原强》，见《严复集》，6 页。
④ 严复：《〈天演论〉自序》，见《严复集》，1320 页。
⑤ 严复：《救亡决论》，见《严复集》，49 页。

严并称，其实，严复变法主张的激烈程度不仅远逊于谭嗣同，就是同康、梁相比也有一定的距离。康、梁、谭认为：维新变法纵有千头万绪，但须从政治做起，即要求立即通过自上而下的改革实行君主立宪制度。而严复独不然，率先提出从文化着手进行缓慢变革。严复认为，要使中国成为一个独立、富强、民主的国家，目前只能从"开民智"的教育慢慢做起。尽管在其思想激进的《原强》中他提出"设议院于京师"的主张，但并不是说要把议院制付诸实施于现在，而是要伺之将来。① 在《辟韩》篇中，他虽然尖锐地批判封建君主专制，认为国君都是大盗，积极提倡民权，但他最后得出的结论却是中国目前能有一个"开明专制"也就心满意足了。他还解释说："然则及今而弃吾君臣可乎？曰，是大不可。何则？其时未至，其俗未成，其民不足以自治也。"②另外从梁启超1897年所著的《论君政民政相嬗之理》中，也可以看出严复对政治变革的消极和低调。那么，是什么导致严复大张旗鼓地呼号西学救国而在政治变革上却缩手缩脚呢？笔者认为，这除了归因于他笃信斯宾塞"民之可化至于无穷，惟不可期之以骤"的庸俗进化论外，还渊于他对儒学负面效应的洞察，他认为中国的愚、弱、贫应有儒学负之，政治变革的前提是改造儒学。

3. 从1899年至1911年，严复固守文化救国道路，西学对他的影响明显大于儒学。

戊戌变法的失败强化了严复所坚守的文化救国主张，他说：

> 仰观天时，俯察人事，但觉一无可为。然终谓民智不开，则守旧维新两无一可。即使朝廷今日不行一事，抑所为皆非，但令在野之人与夫后生英俊洞识中西实情者日多一日，则炎黄种类未必遂至沦胥；即不幸暂被羁縻，亦将有复苏之一日也。③

出于这种考虑，在戊戌政变后七八年间，他"屏弃万缘，惟以译书自

---

① 王栻：《严复传》，47～48页，上海，上海人民出版社，1976。
② 严复：《辟韩》，见《严复集》，34～35页。
③ 严复：《与张元济书》，见《严复集》，525页。

课"。继戊戌时期《天演论》之后，他译出了《原富》、《法意》、《穆勒名学》、《群学》、《群己权界论》、《社会通诠》、《名学浅说》等一批近代西方资产阶级社会政治学说，对传播西学、解放思想做出了巨大贡献。

　　然而，究其实质，这些译著却隐藏着严复深远的政治寓意，表达了严复一贯的政治立场，借用章太炎的一句话说就是"革命立宪，皆非其所措意者"①。严复不仅对风势如潮的革命运动大张挞伐，而且认为风靡海内外的立宪运动也过激太快。② 显然，这时他的思想表异于时代思潮。其根源在哪里呢？我们认为，在于他固守文化救国、西学救国的信条，正如西方学者史华兹所指出："严复已被斯宾塞、赫胥黎甚至穆勒有效地灌输了预防革命的思想。他们都教导他相信人类进化是一个长期的、艰苦的、缓慢的过程，不可能有奇迹般的跳跃阶段。"③西学约束了严复政治思想的发展。由此可见，有些论者提出的"以孔孟之道为代表的儒家文化是埋葬严复先进思想的墓地"等说法是荒谬的。④ 既然"严复的这种保守主义显然不意味着他对西方思想有丝毫的偏离"⑤，那么"回归"之说也就无从谈起了。

　　4. 从 1912 年至 1921 年，严复文化思想转向强调儒学的现代价值，政治思想依然在固有老路上蹒跚而进。

　　这一时期严复文化思想的重心转为强调儒学传统。他先后发表了《读经当积极提倡》、《导扬中华民国立国精神议》等文，并积极参加倡导尊孔读经的活动。在政治上他为复辟帝制大唱赞歌，对五四新文化运动则嗤之以鼻。表面看来，严复已被传统儒学的封建思想所俘获。实际如何呢？

　　第一，严复由侈谈西学向强调儒学传统的转变，符合历史逻辑。他

---

　　① 章太炎：《〈社会通诠〉商兑》，载《民报》，第 12 号，1907。

　　② 严复：《译〈群学肄言〉序》，见《群学肄言》（严译名著丛刊），北京，商务印书馆，1981。

　　③ ［美］史华兹：《寻求富强：严复与西方》，136 页。

　　④ 陈越光、陈小雅：《摇篮与墓地——严复的思想与道路》，成都，四川人民出版社，1985。

　　⑤ ［美］史华兹：《寻求富强：严复与西方》，176 页。

自己对这次转变有一番解释:

> 不佞垂老，亲见脂那七年之民国，与欧罗巴四年亘古未有之血
> 战，觉彼族三百年之进化，只做到"利己杀人，寡廉鲜耻"八个字。
> 回观孔孟之道，真量同天地，泽被寰区。此不独吾言为然，即泰西
> 有思想人亦渐觉其为如此矣。[①]

严复思想的转变主要是由于他对民国初年"假共和"社会失序的不满、对第一次世界大战造成的尸山血海人间悲剧的失望以及受西方时贤思想的影响所造成的。同时，社会上荒经蔑古、全盘西化风气蔓延抬头也使严复为之忧惧。传统儒学在促使他思想转变中的作用显然不居主要地位。由此可见，这次转变不仅是严复西学救国论面对西方没落的必然反应，而且是他长期以来对儒学所抱坚定信念的发展，是符合其思想发展逻辑的。

第二，严复这一时期并未固守传统儒学，而是执中用两，强调用西学来实现儒学的现代转换。他在给熊纯如的信中说："古人陈义……有历古不变法者焉，有因时利用者焉，使读书者自具法眼、披沙见金……"[②]也就是说，对儒家文化要批判继承，而不是照搬照抄。接下来他又说："四子五经，固是最富矿藏，惟须改用新式机器发掘淘炼而已。"[③]儒家文化必须用西方新文化进行阐释发明才能勃发生机。严复晚年所倡导的"用吾古以翕收之以成吾大"，守中学兼采西学之长，显然不是复古倒退，而是对他前期"统新故而视其通，苞中外而计其全"的一种新的表达。

第三，儒学并未曾改变严复早年所固持的西学思想。1914 年严复在《庸言报》上发表《〈民约〉平议》，驳斥洛克、卢梭等资产阶级思想家的观点，但这并不意味着严复拒斥西学。诚如史华兹所言："事实上，严复从未倾心于卢梭，严复精神上的任何一个西方导师也未赞同过卢梭。"

---

① 严复：《与熊纯如书》，见《严复集》，692 页。
② 严复：《与熊纯如书》，见《严复集》，692 页。
③ 严复：《与熊纯如书》，见《严复集》，668 页。

"严复与斯宾塞、赫胥黎、穆勒和甄克思一样，从未同意过卢梭关于自由与平等的基本观点。"①严复和卢梭的分歧只不过是对自由平等的理解不同而已。1915 年严复参加筹安会主张复辟帝制，写下了一生中最耻辱的一页，但他却有自己的解释："以不佞私见言之，天下仍须定于专制。不然，则秩序恢复之不能，尚何富强之可跂乎？"②显然，他复辟帝制的目的在于寻求富强，与袁世凯有着不同用意。1919 年他指斥俄国十月革命为"过激党"，"其党极恶平等自由之说"，可见他对平等自由依然情有所衷。同年他批判白话文运动时说："须知此事全属天演，革命时代，学说万千，然而施之人间，优者自存，劣者自败，虽千陈独秀、万胡适、钱玄同，岂能劫持其柄，则亦如春鸟秋虫，听其自鸣自止可耳。"③他的理论武器仍然是进化论。用"复古"二字来表达这一时期严复思想的变化，有失笼统片面。

纵观儒学与严复思想演变的关系，以下两点值得注意。

一是儒学对严复思想发展的影响不可低估。目前学界谈及严复往往从西学切入，认为严复是近代西化论的典型，从前面分析看出，儒学在严复思想中占有重要地位。同时，儒学对严复思想发展的影响不可高估。从一定意义上说，严复毕竟是近代受西学影响较大的思想家，西学的"科学"、"民主"精神以及理性主义一直蛰居在严复思想的深处。严复晚年思想所暴露出的缺点与消极性更大程度上与他所选择接受的西学有关，而不能全部归谬到儒学头上。④

二是评价思想家应力戒政治成败为唯一标准，文化思想有相对的独立性。尽管严复晚年政治上趋于保守、明显落后于时代（时代在进步，他的政治思想没有跟上时代步伐，而非思想自身后退了），但其思想特别是文化思想则是一直按照自己的内在逻辑向前发展的，不能用"复古""倒退"一概而论。也就是说，严复思想前后没有根本的不同，只不过是

---

① ［美］史华兹：《寻求富强：严复与西方》，209 页。
② 严复：《与熊纯如书》，见《严复集》，603 页。
③ 严复：《与熊纯如书》，见《严复集》，699 页。
④ 参考史华兹所著《寻求富强：严复与西方》一书。

他固持的理论没有跟上时代前进的步伐而已。

二、严复从未对儒学进行过全部肯定或否定

严复的儒学思想丰富而又复杂，既蕴含着他对儒家文化的深厚情感，又反映了他饱览西学后的理性思考。有的论者用"批孔反儒"或"尊今叛古"来盖棺论定难免有武断之嫌。下面拟从严复对原始儒家、后世儒学、近代孔教的思想态度三个方面来分析严复的儒学观。

（一）原儒——瑕不掩瑜

严复在他早年著作中对儒家学说创始人孔子、孟子等多有尖锐犀利的批评，这是事实。但综览严复一生浩丰淹博的著述后却发现，在更多情况下，原儒是处于尊崇的地位。

即使在严复思想激烈的早期著作中，推扬原儒的文字也不少见。《论世变之亟》的开门之笔便是以圣人大义为旨归，他认为圣人不仅"知运会之所由趋"，而且"逆睹其流极"，能够"裁成辅相，而置天下于至安"①。在《辟韩》篇中，他以禹、汤、文、武、周公、孔、孟为模范来批判韩愈的绌而不正②。《救亡决论》更是直抒胸臆："圣人之精意微言"，"为不可易也"③。戊戌以后，严复褒扬原儒的言论日见其长。在其"统新故而视其通，苞中外而计其全""不至枯守其旧，盲随于新"文化观的指导下，他鲜明地提出了"自尧舜禹汤文武，立之民极，至孔子而集其大成，而天理人伦，以其以垂训者为无以易"，"五伦之中，孔孟所言，无一可背"④，"经史词章，国律伦理，皆不可废"⑤。孔、孟地位高

---

① 严复：《论世变之亟》，见《严复集》，1页。
② 严复：《辟韩》，见《严复集》，34页。
③ 严复：《救亡决论》，见《严复集》，49页。
④ 严复：《论教育与国家之关系》，见《严复集》，168页。
⑤ 严复：《论今日教育应以物理科学为当务之急》，见《严复集》，284页。

高在上。辛亥以后，严复"回观孔孟之道，真量同天地，泽被寰区"①，称颂孔孟的文字明显增多。如，他说："鄙人行年将近古稀，窃尝究观哲理，以为耐久无弊，尚是孔子之书"②，"显而征之，则有君子喻义，小人喻利，欲立立人，欲达达人，见义不为无勇，终身可为惟恕。又如孟子之称性善，严义利，与所以为大丈夫之必要，凡皆服膺一言，即为人最贵"③。如此之论，在在可见。

总体上看，严复认为，孔、孟等儒家学说创始人的思想是白璧微瑕，含有许多不易之精华，后人应当好好继承和发扬光大。

这里有两点值得指出：一是严复的评判原则值得借鉴。严复把历史的孔子与孔子的历史、把原始儒学与后世儒学区别开来。他说："今人意中之孔子，乃假设之平圣人，而非当时之真孔子。"④他认为如果孔子生于今世也会倡言变法，学习西学。是什么原因致使原儒的宏言高旨没有大行于天下呢？他对此解释说："儒术之不行，固自秦以来，愚民之治负之也，"⑤后世晚学错释曲解诬之也，而非孔子本人的错误。这种历史主义的分析基本上是实事求是的。

二是严复对荀学的态度值得探讨。戊戌时期，在中国思想文化界掀起了一股"排荀"潮流。夏曾佑、谭嗣同、梁启超是排荀运动的始作俑者，康有为也含有排荀思想。他们排荀的原因，梁启超回忆说：

> 穗卿和我都是从小治乾嘉派考证学有相当素养的人，到我们在一块的时候，我们对于以前所学生极大的反动，不惟厌他，而且恨他，……清儒所做的汉学，自命为"荀学"，我们要把当时垄断学界的汉学打倒，便用"擒贼先擒王"的手段去打他的老祖宗——荀子。⑥

他们排荀其实远远超出学术目的，还具有政治意义。谭嗣同说："二千

---

① 严复：《与熊纯如书》，见《严复集》，692页。
② 严复：《与熊纯如书》，见《严复集》，668页。
③ 严复：《读以当积极提倡》，见《严复集》，331页。
④ 严复：《救亡决论》，见《严复集》，51页。
⑤ 严复：《原强》，见《严复集》，14页。
⑥ 梁启超：《亡友夏穗卿先生》，见《饮冰室合集》文集之十五，20页。

年来之政,秦政也,皆大盗也;二千年来之学,荀学也,皆乡愿也。惟大盗利用乡愿,惟乡愿工媚大盗。"①梁启超也说:"二千年政治,既皆出荀子矣。而所谓学术者,不外汉学宋学两大派,而实皆出于荀子,然则二千年来,只能谓之荀学世界,不能谓之孔学世界也。"②显然,他们是把荀学作为封建社会意识形态儒学的替罪羊来批判的。耐人寻味的是,同为改良派思想家的严复则坚持尊荀的立场。他在《译〈天演论〉自序》中道出了个中的由来:"赫胥黎此书之指,本以救斯宾塞'认天为治'之末流,其中所论,与吾古人有甚合者,且于自强保种之事,反复三致意焉。"这位古人就是荀子。严复之所以尊崇荀子,主要是他认为荀子思想的诸多方面与近代西学有着暗合相通之处,如荀子"制天命而用之"所含有的进取有为思想与进化论有着一致性。

(二)后学——无实无用

严复虽然晚年对儒学后进有些许推褒之词,如他在《道学外传余义》中说:"周、程、朱、张、阳明、蕺山之流,生于今日之中国……吾知其必有益也。"但就总体而言,他对后世儒学基本上持否定态度。

其一,严复对后世所谓"正统"儒学——八股取士的制艺试律帖括之学进行了无情鞭挞。在《救亡决论》一文中,他枚举八股之学有三大害:一曰"锢智慧",使人计虑智识荡然扫尽,谬妄糊涂;二曰"坏心术",使人荣辱羞恶之心旦暮梏亡,巧宦趋时,遑恤民生国计;三曰"滋游手",使人如虱滋生,"尚志不闻,素餐等诮"。③ 简言之,严复认为八股之学"破坏人才,国随贫弱",不仅不能致富强,而且难以救危亡。

其二,严复对后世儒家诸门学问一一给予否定。桐城学派把儒家学术分为"义理、考据、辞章"三门,"义理者,在孔门为德行之科,今世目为宋学者也;考据者,在孔门为文学之科,今世目为汉学者也;辞章者,在孔门为言语之科,从古艺文及今世制艺诗赋皆是也"④。严复认

---

① 谭嗣同:《仁学》,见《谭嗣同全集》,54 页,北京,中华书局,1981。
② 梁启超:《论支那宗教改革》,见《饮冰室合集》文集之三,57 页。
③ 严复:《救亡决论》,见《严复集》,40~42 页。
④ 曾国藩:《劝学篇示直隶士子》,见《曾国藩全集·诗文》,442 页。

为，处今存亡危急之秋，务亟图自救之术，"不独破坏人才之八股宜废除，与［举］凡宋学汉学，词章小道，皆宜且束高阁也"。他对义理、考据、辞章诸学逐一进行了批判和否定。

首先，他对宋明以来的新儒学，程朱理学和陆王心学，批判尤为用力。他批评朱熹说："朱子主理具气先之说，然无气又何从见理？"①他认为朱熹主张的"格物致知"与赫胥黎所论的"以宇宙为我简编"直接向大自然探索真理有根本不同，朱子只不过是"读书穷理"向故纸堆"求古训"而已，这样一来，既不能明古人之是非，又何谈持之以为用。他用实证论批判陆王之说是"师心自用"、"向壁虚造"、"强物就我"，"圣人创物成能之意，明民前用之机，皆将由此熄矣。率天下而祸实学者，岂非王氏之言欤？"②在《救亡决论》中他对侈陈礼乐、广说性理的理学家们作了全面批评：

> 周、程、张、朱，关、闽、濂、洛。……深宁、东发，继者顾、黄。……褒衣大袖，尧行舜趋。訑訑声颜，距人千里。灶上驱虏，折棰笞羌。经营八表，牢笼天地。夫如是，吾又得一言以蔽之，曰：无实。③

其次，他批判汉学考据无裨于扶贫救弱之切用。他指出，标帜汉学考据的汉学家和辞章学家们，"此追秦汉，彼尚八方，归、方、刘、姚，恽、魏、方、龚；唐祖李、杜，宋祢苏、黄；七子优孟，六家鼓吹。魏碑晋帖，南北派分，东汉刻石，北齐写经。戴、阮、秦、王，直闯许、郑，深衣几幅，明堂两个。钟鼎校铭，珪琮著考，秦权汉日，穰穰满家。诸如此伦，不可殚述。然吾得一言以蔽之，曰：无用"④。斤斤考据并不能带来国家富强、物阜民康。

最后，他对词章之学虚词饰说的危害还展开了进一步的批判："若

---

① 严复：《天演论（下）》，见《严复集》，1389 页。
② 严复：《救亡决论》，见《严复集》，46 页。
③ 严复：《救亡决论》，见《严复集》，44 页。
④ 严复：《救亡决论》，见《严复集》，44 页。

夫词章一道，本与经济殊科，词章不妨放达，故虽极蜃楼海市，惝恍迷离，皆足移情遣意。一及事功，则淫遁诐邪，生于其心，害于其政矣；苟且粉饰，出于其政者，害于其事矣。而中土不幸，其学最尚词章，致学者习与性成，日增惛慢。又况以利禄声华为准的，苟务悦人，何须理实，于是惛慢之余，又加之以险躁，此与武侯学以成才之说，奚啻背道而驰。"词章虚饰徒为破坏人才之祸。①

总之，严复认为儒学末流以求古训为鹄的，"古人之非，既不能明；即古人之是，亦不知其所以是。记诵词章既已误，训诂注疏又甚拘，江河日下，以致于今日之经义八股，则适足以破坏人材，复何民智之开之与有耶？"②他们已根本丧失原儒经世致用之精神，为害甚大，宜摒弃弗图。

（三）孔教——从批判到尊奉

儒教，是中国古代社会的一种伦理教化，而非现代意义上的宗教。但在近代中国思想文化界却出现了一股纳儒入教的浪潮。康有为等人为抵御西方列强的文化侵略特别是宗教侵略，高扬"保教"的大旗，为儒学宗教化挥毫泼墨、奔走呼号，号召奉儒家学说为教旨，尊孔子为教主，立孔教为国教。孔教运动在戊戌时期、民国初年形成两次高潮。对此，严复给予了极大关注。

戊戌维新时期康有为立孔教为国教的主张得到了大多数维新思想家的赞同，而严复则是当时少数反对者之一。严复较为全面地阐述了他反对的理由：从成因上说，康有为"持孔教也，大抵与耶酥、谟罕争衡，以逞一时之意气门户而已"，缺乏理性分析。③ 从性质上看，"名为教者，必有事天事神及一切生前死后幽杳难知之事，非如其字本义所谓文行忠信授受传习已也"，孔子不语怪力乱神，专言人事，"故中国儒术其必不得与道、释、回、景并称为教甚明"。④ 从历史发展看，虽"历代同

---

① 严复：《救亡决论》，见《严复集》，45 页。
② 严复：《原强修订稿》，见《严复集》，29 页。
③ 严复：《有如三保》，见《严复集》，82 页。
④ 严复：《支那教案论》，见《严复集》，850 页。

奉孔教以为国教。然二千年来，改变极多。……夫孔教之行于中国，为时若此之久，为力若此之专，即中国人之斤斤与外人相持，亦均以新法之有碍孔教为辞，若欲以国殉之者"，于国于种，未尝有益，不利于救亡图存。[1] 退一步说，即使孔教虽有高明之处，平实易行，"孔子虽正，而支那民智未开，与此教不合。虽国家奉此以为国教，而庶民实未归此教也"，孔教缺乏群众基础。[2] 总之，他认为"以孔子之道律今人，乃无一事是皈依孔子"，不仅不符合孔子思想原义，而且会引起外国人对孔教的鄙视。因此，他主张只要大家砥节砺行，"孔教固不必保而自保矣"[3]。

严复对康有为尊孔教为国教的批评是较为中肯的，尤其是他用近代宗教理论为武器，增强了说服力。梁启超对此评论说："不意千年闷葫芦被此老一言揭破。"[4]他深为严复高论折服，从而改变了对孔教的态度。1902 年梁启超发表《保教非所以尊孔论》一文，与康有为分道扬镳。

也应看到，严复这一时期反对孔教的言论如《有如三保》、《保教余义》等，只是反对立即设孔教为国教，而不是反对孔教本身。严复认为，人们之所以不可尊孔教是因为他们"民智未开，物理未明"，"不读万国之书，不能明一先生之说也"。[5] 设立孔教的条件还不成熟。

随着时间推移，严复在民国初年也逐渐转向尊奉孔教。1913 年孔教会成立，发起者 200 余人，严复列名首位。这不仅是国内外形势变化影响所致，而且与严复的思想认识有关。戊戌时期他反对立孔教为国教，主要是出于救亡图存、民主富强的需要，同时认为宗教与天演进化之公理相悖逆。而此时他尊奉孔教则多是出于文化层面的考虑，意识到宗教对于挽救民国初年道德沦丧、价值失范，防止西化，秩序社会甚至救亡图存都有重要意义。[6] 这与袁世凯尊孔复古不能混为一谈。

---

① 严复：《保教余义》，见《严复集》，84 页。
② 严复：《保教余义》，见《严复集》，85 页。
③ 严复：《有如三保》，见《严复集》，82 页。
④ 丁文江等编：《梁启超年谱长编》，76 页。
⑤ 严复：《保教余义》，见《严复集》，85 页。
⑥ 严复：《读经当积极提倡》，见《严复集》，330 页。

三、处理中西方文化关系的方法多样化

严复被称为"近代西学第一",为介绍、宣传和引进西学做出了巨大贡献。严复提倡西学,是把西学作为科学知识更是作为思想学说来介绍的。这样,西学在传播过程中,必然与中国以儒家为代表的传统文化发生碰撞、涵化和融合,那么,严复是怎样处理儒学与西学之间的关系的呢?概括说来,主要有以下几点。

破旧立新。儒学与西学是两个各自独立、自成体系的文化系统。一定意义上说,在近代,两者不仅存在类的差异,而且代表时的先后。因此,严复要引进西学必须对传统儒学进行一番治理整顿,甄别抉择,以确立文化引进的基线。严复在引进西学过程中,对儒学的精华和糟粕是分别对待的。首先,他凿通滞碍东西文化交流的壁垒,剔除儒家文化中的糟粕。他指陈儒家夷夏大防观念所带来的危害时说:"夫与华人言西治,常苦于难言其真。存彼我之见者,弗察事实,辄言中国为礼义之区,而东西朔南,凡吾王灵所弗届者,举为犬羊夷狄,此一蔽也","明识之士,欲一国晓然于彼此之情实,其议论自不得不存是非善否之公。而浅人怙私,常詈其誉仇而背本,此又一蔽也"。[①] 这种塞己怙私的"天朝上国"文化心态危害极大,严重阻碍了中国人学习西方的前进步伐,必须予以破除。怎样破除呢?严复认为用西方自由学说可以破除之。又如在《救亡决论》篇中,严复用西方的实证论、经验论来批判程朱陆王的格致之学,指斥"其为祸也,始于学术,终于国家"。怎样补救呢?改用西方"博大"、"悠久"、"高明"的格致之学。[②] 严复用西学为武器批判儒学之糟粕,往往切中肯綮,入木三分。

破是为了立。不仅要破除传统儒学之糟粕,而且要借助西学重塑儒

---

① 严复:《论世变之亟》,见《严复集》,2 页。
② 严复:《救亡决论》,见《严复集》,45 页。

学之新精神，这才是严复的目的。严复反复强调在引进西学时要保持中学的特质，其实他并不是要"固守吾旧有"，而是主张将儒家文化中精华部分"用新式机器发掘淘炼"，[①] 即用西方文化对儒学进行创造性转化，以凸显其现代价值，再次焕发儒家文化之青春，用严复常用的话说就是"自他之耀，回照故林"。如他说：中国儒家古籍是否有价值，要借照西方文化——"大抵古书难懂，中国为尤。二千年来，士循利禄，守阙残，无独辟之虑。是以生今日者，乃转于西学，得识古之用焉。"[②]严复以西方文化为坐标来把握、为参照系来评估、为掘进机来发掘中国传统文化，这在当时无疑具有进步意义。

"新旧相以为用"。严复在引进西学的过程中，不仅执中用西，主张用西方文化改造重塑中国旧文化，而且主张"新旧相以为用"，用儒学为西学东渐铺路架桥。

在前期他主要是挖掘儒家文化中他认为可堪与西学相对应的内容，为新学作注、作疏、作解。他引用最多的当是儒家《五经》和孔、孟、荀及老、庄等诸子的思想学说。如他在介绍儒家文化所本无的"自由"思想时这样解释说："中国理道与西法自由最相似者，曰恕，曰絜矩。然谓之相似则可，谓之真同则大不可也。何则？中国恕与絜矩，专以待人及物而言。而西人自由，则于及物之中，而实寓所以存我者也。"[③]他用儒学中与西学"自由"概念最相近的"恕"与"絜矩"为"自由"作注解，有利于人们理解"自由"的含义。在辛亥以后特别是他晚年，他主要是用儒家的价值观来观照西方文化，以确立自身文化发展的信心和方向。他说：所谓"人之所以成人，国之所以为国，天下之所以为天下，则舍求群经之中，莫有合者。彼西人之成俗为国，固不必则吾之古，称吾之先，然其意事必与吾经法暗合，而后可以利行，可以久大"[④]即是说，西方文化必须以中国儒家经法为检视，其价值方可肯定；中国人读经当然是份

---

① 严复：《与熊纯如书》，见《严复集》，668 页。
② 严复：《天演论自序》，见《严复集》，1320 页。
③ 严复：《论世变之亟》，见《严复集》，3 页。
④ 严复：《读经当积极提倡》，见《严复集》，331 页。

内之事，自然应积极提倡。

中西相长，各补所需。严复不仅认为"自由、平等、民主、人权、立宪、革命诸义，为吾国六经历史之不言"①，要采补西学而有之，而且认为儒学中也含有许多精华，能够弥补西学的缺憾。他认为孔孟之道等儒家人文精神正是西方所缺乏的。如他在《思古谈》中指出，西方文化"什八九皆其物质文明"，孔子所删削之群经所含的儒学教义能补其不足。他在《读经当积极提倡》中指出，一国欲求进步，除需追求西方科学外，有如"君子喻义、小人喻利，欲立立人、欲达达人，见义不为无勇、终身可为惟恕。又如孟子之称性善，严义利"等固属不可抛荒。②

严复十分重视中西文化互补的意义。他说："非新无以为进，非旧无以为守；且守且进，此其国之所以骏发而又治安也"，应当积极提倡。③ 他认为中西文化互补不仅符合中国国情，而且有利于发扬光大中华文明。"西学不兴，其（中学）为存也隐；西学大兴，其为存也彰。盖中学之真之发现，与西学之新之输入，有比例为消长者焉。"④文化互补可以焕发儒家文化的生机和活力。这里，严复所提出的"新旧二学当并存具列"的互补主张，既是一种文化综合，也是一种文化创新。"统新故而视其通，苞中外而计其全"，"不至枯守其旧，盲随于新"，是严复对文化综合创新的概括。

暗合道妙，道通为一。"通"是严复中西文化交融汇合的最高境界。在严复那里，"通"有两层含义。第一层是从静的角度讲的，指二者存有相同相通之处。严复认为中西文化存在相通之处，并非想要牵强附会抬高儒家文化的地位，而是通过对中西文化细致入微的洞察和分析后得出的结论。在文字成理上，严复认为中西具有相通性。他说：

> 尝考六书文义，而知古人之说与西学合。何以言之？西学社会

---

① 严复：《主客平议》，见《严复集》，118 页。
② 严复：《读经当积极提倡》，见《严复集》，331 页。
③ 严复：《主客平议》，见《严复集》，119 页。
④ 严复：《〈英文汉诂〉卮言》，见《严复集》，156 页。

之界说曰：民聚而有所部勒（东学称组织）祈向者，曰社会。而字书曰：邑，人聚会之称也。从口，有区域也，从卩，有法度也。西学国之界说曰：有土地之区域，而其民任战守者曰国。而字书曰：国，古文或，从一，地也，从口，以戈守之。观此可知中西字义之冥合矣。①

严复能找出中西文字间的相通性，得益于他扎实的学术功底。不仅此，严复指出中西方在思想学说方面也有相通性。他在《天演论》自序中说："夫西学之最为切实而执其例可以御蕃变者，名、数、质、力四者之学是已。而吾《易》则名、数以为经，质、力以为纬，而合而名之曰《易》。"②他认为，《易》、《书》、《大学》、《周官》等与亚当·斯密《原富》中之生计学有相同之点③，《大学》、《中庸》、《荀子》等与斯宾塞《群学肄言》有相通之处④，《大学》絜矩之道与穆勒《群己权界论》之"自由"相近⑤，《周礼》、《中庸》、《九经》等与孟德斯鸠《法意》相通⑥。他认为，中西方在方法论上也有相通之处。他在《天演论》自序中指出《易》、《春秋》与西方逻辑学相通，"及观西人名学，则见其于格物致知之事，有内籀之术（指归纳法）焉，有外籀之术（指演绎法）焉"，斯二者与吾"推见至隐"之《春秋》和"本隐而之显"之易学正好相合。⑦ 在当时，严复的观点对于那种借中西文化差异而反对中西文化交流的论调是一种反击，而且指出了中国文化汲纳西方文化的可行性："是故彼此谣俗，古今典训，在彼有一焉为其民所传道。迨返而求诸吾国，亦将有一焉而与之相当。"⑧同时，他还说明了中西文化会通的必要性："今夫学之为言，探

---

① 严复：《〈群学肄言〉译余赘语》，见《严复集》，126 页。
② 严复：《天演论自序》，见《严复集》，1320 页。
③ 严复：《译斯氏〈计学例言〉》，见《严复集》，98 页；《〈原富〉按语》，见《严复集》，855 页。
④ 严复：《〈群学肄言〉译余赘语》，见《严复集》，126 页。
⑤ 严复：《〈群己权界论〉译凡例》，见《严复集》，132 页。
⑥ 严复：《〈法意〉按语》，见《严复集》，941 页。
⑦ 严复：《天演论自序》，见《严复集》，1319～1320 页。
⑧ 严复：《〈习语辞典集录〉序》，见《严复集》，359 页。

赜索隐，合异离同，道通为一事也。"①

第二层是从动的角度讲的，指中西文化在体用不二基础上会通融合。在 19 世纪下半叶，"中体西用"论在中国思想文化界风行一时。作为一种中西文化结合模式和文化策略，它在戊戌前所表现出的积极性在戊戌后逐渐被这一模式自身的痼疾所销蚀。王韬、张树声、郑观应、谭嗣同等敏识之士都先后多次论及体用不一给中西文化交流所带来的严重危害。1898 年，张之洞抛出洋洋万余言的《劝学篇》，系统表述并论证"中体西用"理论的合法性，企图以此阻止日益东渐的西方资产阶级社会政治学说，一时影响很大。时代需要洞悉西学的思想家从根本上澄清和解决"中体西用"论所带来的消极影响。在此背景下，严复 1902 年发表了《与〈外交报〉主人书》。此文既是严复对几十年来一直纠纠不休的中西文化论争的总结，又明确表达了他对中西文化会通的真知灼见。在文中，他对排外守旧、尽从西新、中体西用、政本艺末、中主西辅等文化观点进行了深入的分析和批判，在此基础上提出了中西会通的文化主张。他借用生物有机论批判体用论说："体用者，即一物而言之也。有牛之体，则有负重之用，有马之体，则有致远之用。未闻以牛为体，以马为用者也。……故中学有中学之体用，西学有西学之体用，分之则并立，合之则两亡。"②那么该怎样来正确处理和对待中西文化交流呢？他说：中西学"考订既详，乃会通之以求其所以然之理，于是大法公例生焉"，然后付诸试验，"试验愈周，理愈靠实矣"。③也就是说在对中西文化进行全方位深入科学研究基础上，扬榷辨析，去粗去伪，取精取真，择善而从，反复实践，这样才是真正意义上的会通，才是正确处理中西文化及其关系的必由之路。对此，陈宝箴有高度评价，他说："君（指严复）于学无所不窥，举中外之治术学理，靡不究极原委，抉其失得，证明而会通之。六十年来治西学者，无其比也。"④

---

① 严复：《救亡决论》，见《严复集》，52 页。
② 严复：《与〈外交报〉主人书》，见《严复集》，559 页。
③ 严复：《西学门径功用》，见《严复集》，93 页。
④ 陈宝箴：《清故资政大夫海军协都统严君墓志铭》，见《严复集》，1542 页。

第七章　"用国粹激动种性"

——章太炎与儒家思想的近代转换

章太炎是近代"有学问的革命家"。学界过去比较注意章氏以严厉的文字抨击孔子和儒学，却忽视了另外一个方面，即他积极发挥国学大师之长，驾轻就熟地把他人看来代表旧传统的儒学，与维新、革命等现代性观念相互结合，新旧相资，搭建起一座从传统通向现代的桥梁。

一、儒学与维新、革命

维新、革命都是现代性范畴，在不少人心目中，它们与儒学两者相悖，难居一间。然而，经过章太炎独具匠心的改造后，儒学却具有了近代内涵，成为宣传维新、革命思想的工具。

(一)儒学与维新

人们熟知康有为托古改制，援经论政。康有为为了现实的需要不惜给历史披上"夸诞的外衣"，把孔子扮成一位"托古改制"的圣王、创立新教的通天教主。他改造孔子，重塑儒学，大力发挥公羊学的微言大义。其实，受康、梁等维新思想家的影响，笃信古文经学的章太炎在维新期间也曾设计过一套与孔子有关的变法改制理论。

这一理论的出台始自章太炎受康、梁影响借用今文经学宣传维新变法思想。章太炎在《时务报》社任职不久发表的《论学会有大益于黄人亟宜保护》一文中，便留下了受康、梁等人影响的迹象。该文第一段写道："……整齐风俗，范围不过，若是曰大一统；益损政令，九变复贯，若是曰通三统。通三统者，虽殊方异俗，苟有长技则取之。虽然，凡所以取其长技，以为我爪牙干城之用者，将以卫吾一统之教也。"①这里，他借用公羊学的"大一统"、"通三统"理论来阐明学习西方的必要性，卫护儒教。接下来，他又说："吾闻《齐诗》五际之说曰：午亥之际为革命，卯酉之际为革政，神在天门，出入候听。是其为言也，岂特如翼奉、郎颚所推，系一国一姓之兴亡而已。大地动摇，全球播复，内曋中国，覃及鬼方，于是乎应之。方今百年之际，起殆与之符合也哉。"②他援用《齐诗》阴阳灾异推论时政，说明"以革政挽革命"、变法维新的时机已经到来。《异术》也明显受康有为等人思想的影响，文中写道："道生于五德，德生于色，色生于统。三统迭建，王各自为政。仲尼以春王正月莫络之，而损益备矣。"③根据今文经学的"三统演进"和孔子的"因损革益"，他推导出一系列维新思想，诸如"民者冥也，其尊逾帝王"、"上"能"酌民言""酌民意"、"上有禅让，下有举废，使民多幸"④等，委婉表达了他渴望自上而下实施变法维新的思想。

1899 年 3 月 12 日，章太炎在《台湾日日新报》发表的《客帝论》一文，是他长期以来受康、梁今文经学说和维新思想影响的集中体现。该文撰写时间较长，大约"应推前到 1898 年秋天的戊戌政变发生之前"⑤，后来又发表于《清议报》第 15 册和《訄书》初刻本。

什么是客帝？章太炎在开篇指出："自古以用异国之材为客卿，而今始有客帝。客帝者何也？曰：蒙古之主支那是也。"他认为，既然目前中国已接受欧、美人为客卿掌管军队训练权、税收管理权，为何不能接受满洲人为客帝呢？如果中国接受满洲人为客帝，那么"扬州之屠，嘉定之屠，江阴之屠，金华之屠……"所结下的"九世之仇"暂时可以置而

① 章炳麟：《论学会有大益于黄人亟宜保护》，载《时务报》，第 19 册，1897。又见汤志钧编：《章太炎政论选集》，13 页，北京，中华书局，1977。
② 章炳麟：《论学会有大益于黄人亟宜保护》，载《时务报》，第 19 册，1897。又见汤志钧编：《章太炎政论选集》，13 页。
③ 章炳麟：《异术》，载《实学报》，第 4 册，1897；载《实学报》，第 5 册，1897。
④ 章炳麟：《异术》，载《实学报》，第 5 册，1897。
⑤ 谢樱宁：《章太炎年谱摭遗》，5 页，北京，中国社会科学出版社，1987。

不论，"逐蒙之论"、"殆可以息矣"。由此不难看出，客帝论是他长期以来的种族情绪与当时的改良思潮之间矛盾调和的产物。

主客相依而存，章太炎顺理成章地提出了谁为"主"的问题。"抑夫客卿者，有用之者也；客帝者，孰为之主而与之玺绂者乎?"章太炎认为，支那几千年来龙脉未断，一直有"共主"存在，只是人们不如此称呼罢了。支那之共主，衍圣公是也。"昔者《春秋》以元统天，而以春王为文王。文王孰谓? 则王愆期以为仲尼是已。欧洲纪年为耶酥，卫藏纪年以释迦，而教皇与达赖剌麻者，皆尝为其共主。支那之共主，非仲尼之世胄，则谁乎?"这里，他不仅受了公羊学的影响，而且触及了康有为提出的"以孔纪年"的问题。"共主"，实则是中华民族文化的精神领袖，是他对儒家文化的寄托；衍圣公，是他为儒家传统寻得的一个有血有肉的活牌位而已。以衍圣公为"共主"，可谓是章太炎这一时期儒学思想的一大建白。

儒家文化向来讲究"名正言顺"。为了给"共主"和"客帝"正名明分，各适其位，章太炎进行了解释。他先是论证了历史上"共主"和历代帝王的关系。在一般人看来，两千余年的封建王朝变迁不断，刘汉曹魏，李唐赵宋，王朝兴迭，并不存在一个一姓家天下的"共主"。章太炎解释说：

> 素王不绝，黑绿之德不弛，则支那之域，亘千百之世而有共主。若夫摄斧扆、掌图籍者，蒙乎汉乎? 则犹鹳雀蚊虻之相过乎前而已矣。……冠冕未裂，水土未堙，则支那之共主，其必在乎曲阜之小邑，而二千年之以帝王自号者，特犹周之桓、文，日本之霸府也。

在章氏看来，与孔子血脉相承、代表儒家文化精神的历代衍圣公才是支那千年一系的"共主"，而历代帝王不过像周代的诸侯、日本的幕府，只能"主其赏罚而不得窃其名位"；又如同从面前飞过的鹳雀蚊虻，嗡嗡嘤嘤，你去我来，不足道也。接下来，章太炎论证了当今之衍圣公为支那"共主"的合理性。针对有人提出："今之衍圣公，其爵则五等，其册封则必于京室。今倒植其分，霸其封之者，而帝其受之者，其可乎？"他进行了认真回答：

> 《繁露》有言，天子不臣二代之后，而同时称王者三，是则杞、宋之在周世，其名则公，其实则王也。夫以胜国之余孽，不立其图法，不用其官守，而犹通三统而王之，况朝野皆奉其宪法以纲纪品庶者钦？名曰衍圣公，其实泰皇也。

自汉代以来帝王虽更"十七姓"，其中却没有任何一个帝王敢废黜儒家礼乐教化，既然儒家的礼乐文明"非一代之主所得废黜者"，则衍圣公"亦非一代之主所得册封也"。因此，衍圣公虽未受号为帝，又有什么关系呢？相反，如果进行册封，也不过是"骄主媚臣之自为僭滥，亦犹乾隆之世，英吉利尝一通聘，而遽书之以为入贡之藩也"。他认为，只有把"衍圣当帝，而人主之当比于桓、文、霸府"，才能说清楚清代三百年支那依然有自己的"君主"。显然，他的"君主"是指儒家传人，而非指大清皇帝。经此诠释，"共主"、"客帝"各居其位。

章太炎以满人为客帝并未忘记"种族大义"。他在文中再三强调说："逐加于满人，而地割于白人，以是为神州大诟。夫故结肝下首而不欲逞"，只是因为"地处其逼，势处其隍，九世之仇，而不敢复焉"。为了解决亡国灭种的民族危机，满汉矛盾只好暂居其次。

章太炎以满人为客帝并不是说汉人无帝可选。他解释继续以光绪为客帝的原因时说：光绪帝已"悔二百五十年之过矣。彼疏其顽童，昵其地主，以百姓之不得职为己大耻，将登荐贤辅，变革故法，使卒越劲，使民果毅，使吏精廉强力，以御白人之侮。大东辛颛之胄，且将倚之以为安隐，若是，又何逐乎？"既然这位在位的圣明皇帝能够解救目前的危局，即使他"非我族类"，只要"其心不异"，章太炎认为也可欣然接受。

当然，当今圣上既然是"客帝"，就要以"客"的身份自处，一切以汉族儒家文化为依归。章太炎认为，当今圣上除了"必取谟于陆贽，引咎降名，以方伯自处"、降低自己的名分外，还需要学习儒家文化，进行全方位改革。"禘郊之祭，鸡次之典，天智之玉，东序之宝，一切上之于孔氏；彤弓黄钺，纳陛籧篨，一切受制于孔氏。"这是礼制的改革。"退而改革朝官，皆如宗人府丞。朝官皆满汉二员，独宗人府丞则袛一汉员。圈地之满、蒙，驻防之八旗，无置马甲，而除其名粮，一切受制于郡县。自将军以至佐领，皆退为散侠。大政既定，奏一尺书，以告成于孔氏。"①这是政治、军事体制的改革。

从上述不难看出，《客帝论》受了今文经学和改良思潮的影响。这一点，章太炎本人也坦然承认：

> 吾读《伊尹书》，有九主，有素王。吾读《中候》，至于霸免（郑注：霸犹把也，把天子之事），有受空之帝（郑注谓"楚之义帝"）。今以素王空帝，尸其名位，而霸者主其赏罚，则吾震旦所君事者，固圣胄已。其建霸府于域中，则师不陵正，而旅不逼师。臣民之视客帝，非其后辟，其长官也。霍光也，金日磾也，李晟也，浑瑊也，其种系不同，而其役使于王室也若一，则部曲之翼戴之也。汉乎？满乎？亦犹菌鹤马蜎之相过乎前而已矣。君臣不属，则报志可以息，虽勿攘逐，无负于高义。然则二族皆宁，而梅福之大义，且自今始既其实焉。以是流衍于百王，而为宪度，其有成劳于震旦也，亦大矣。②

章太炎正是从今文经学派所信奉的纬书《中候》中得到启示，发明了《客帝论》，"尊崇孔氏，以息内讧"，使他久蓄胸中的"复九世之仇"的《春秋》大义与康、梁主张的君主立宪得以妥协和息争。

需要指出的是，第一，章太炎的儒学思想虽然受了康、梁等人的影响，但并不意味着他们思想的混一。康有为尊孔是以孔子为"托古改制"的通天教主，而章氏尊孔则是因孔子传承了民族文化。在《客帝论》中，章氏依然有强烈的"反清意识"，而康、梁维新变法的前提之一是"保皇"。第二，章氏援用今文经学并非他仅仅受自康、梁影响，"率尔操

---

① 以上引文见"台湾旅客"来稿：《客帝论》，载《清议报》，第15册，1899。又见汤志钧编：《章太炎政论选集》，88、89页，北京，中华书局，1977。

② 章太炎：《客帝》，《訄书》初刻本，见《章太炎全集》(3)，68～69页。

觚",而是事出有源。早在他赴《时务报》社前给汪康年的信中就曾说:
他办报的宗旨是"驰骋百家"、"倚摅子史"、"引古鉴今,推见至隐"、
"证今而不为厄言,陈古则不触时忌",并以西汉今文经师王式以《诗经》
三百五篇"谏"昌邑王的故事为例说明,只要有助于当时的政治改革,即
使今文经师的援今论政,也是可取的。① 他在《经世报》创刊号发表的
《变法箴言》一文中也曾说过:"与道今而不信,则又与之委蛇以道
古。"②可以说,章太炎的援引今文经学论政不仅是对早期兼容今文经学
思想的继续,更是服务于当时政治实践的需要。

(二)儒学与革命

1900 年以后,章太炎明确转向革命,以"有学问的革命家"现身,
运用他所擅长的古文经学,对康有为等保皇派所持的今文经学从学理上
展开批判,从而加大了革命思想宣传的力度。章太炎运用儒学宣传革
命,大致可归纳为以下三个方面。

**1. 从学术角度批驳改良主义思想的依托今文经学的荒谬稽诞,阐
扬革命才是传统经学的精义。**

戊戌变法失败后,康有为以今文经学为依托,撰写《论语注》、《中
庸注》、《春秋笔削大义微言考》、《大同书》诸书,系统宣传改良主义思
想;梁启超以《清议报》和《新民丛报》为阵地,发表《戊戌政变记》、《光
绪圣德记》、《积弱溯源论》等著述,壮大声势。面对这股改良主义潮流,
章太炎抓住其主要论点,一一予以反击。

首先,章太炎猛攻改良派穿凿附会《春秋公羊传》的荒谬性。为此,
他先后撰写了《征信论》、《与人论朴学报书》和《驳皮锡瑞三书》等多篇文
章。在这些文章中,他批判"公羊三世说"道:"三统迭起,不能如循环;
三世渐进,不能如推毂";并正告说:"今文五经之家","信言不美,美
言不信"③。他讽刺康有为等"世儒或言三世,以明进化"是穿凿论调:

---

① 章太炎:《致汪康年书》,见《章太炎政论选集》,3~4 页。
② 章炳麟:《变法箴言》,载《经世报》,第 1 册,1897。
③ 章太炎:《征信论下》,《太炎文录初编》文录卷一,见《章太炎全集》(4),59~60 页。

"察《公羊》所说，则据乱、升平、大平，于一代而已矣。礼俗革变，械器迁讹，诚弗能于一代尽之。"①他还指责康有为等对"大一统"学说的附会论调说："《公羊》所谓大一统者，指正朔言；李斯所谓大一统者，指法令言。法令一统，惟郡县为可；正朔一统，则封建郡县所同。"由此，他进一步指出："《春秋》言治乱虽繁，识治之原，上不如老聃韩非，下犹不逮仲长统"②，它只不过是记载治乱事迹的史书罢了，并未曾为后人设计出治国安邦的根本方案，康氏把《公羊》神圣化和依《春秋》法先王的论调是毫无根据的。这里，章太炎从经学角度驳斥康有为等改良派对《公羊》的穿凿附会，有益于扩大革命派的可信度。

其次，章太炎从古文经学"经史皆一"的观点出发，反对神化孔子及其学说，批驳改良派"托古改制"、"纳儒入教"的谬论。康有为等借《公羊》"三世"言进化，以今文"三统"言因革，引经据典，希图从历史上说明保皇立宪的正统性和合法性。对此，章太炎秉承古文经学家法，以孔子为"史家宗主"、教育先师，从历史观、方法论以及经史关系上，对改良派的今文经学理论予以批判。

在历史观上，他对孔子给予了重新评价。他指出："有商订历史之孔子，则删定六经是也；有从事教育之孔子，则《论语》、《孝经》是也。由前之道，其流为经师；由后之道，其流为儒家。"③因此，孔子是史学家、教育家。他还多次把孔子与左丘明、刘歆等相提并论："孔氏，古良史也。辅以丘明而次《春秋》，料比百家，若旋机玉斗矣"；"孔子死，名实足以伉者，汉之刘歆"。④ 同时，为了揭去今文经学家给孔子披上的神圣外衣，他还直言不讳地指出了孔子的缺点和不足："孔子最是胆小，虽要与贵族竞争，却不敢去联合平民，推翻贵族政体"，相反却依

---

① 章太炎：《尊史》，《訄书》重订本，见《章太炎全集》(3)，320 页。
② 章太炎：《原经》，见《章太炎全集·国故论衡先校本、校定本》，235 页，上海，上海人民出版社，2017。
③ 章太炎：《诸子学略说》，见《章太炎政论选集》，288 页。
④ 章太炎：《订孔》，《訄书》重订本，见《章太炎全集》(3)，135 页。

附于贵族，"依人作嫁"①；孔子的著作也缺乏系统性可靠性，"《论语》者晻昧，《三朝记》与诸告饬、通论多自触击也"②。关于经学的性质问题，章氏以《春秋》为例进行了论证，以此批判今文经学派的观点。他说：《春秋》而上有《尚书》，《春秋》而下有《史记》、《汉书》，孔子作《春秋》是承继前之史学开启后之史学，并不是什么"托古改制"；"若局于《公羊》取义之说，徒以三世、三统大言相扇，而视一切历史为刍狗，则违于孔氏远矣！"③

在方法论上，章太炎在《征信论》(上、下)、《信史》(上、下)等四篇经史文论中，以经史合一的观点，对今文经学派的治学方法予以批判。他指出：应把科学的研究与常识的推论区别开来，史学应有史学的范围，史学的追求在于依据历史以明因果，而不能凭一般名理以此推彼；所谓平议即寻史之始卒源流为职志，而不是今文经学派大义微言的妄议方法。他主张用科学的经史之学来驳斥玄纬的经史之学，并以史实有据的"分析名相"所本的逻辑形式来驳斥康、梁的"经于成型之论"和"疑似因果之论"的荒谬逻辑。他还广征博引，以证谶纬口说为汉儒伪造，以明"微言"不合于事实，以斥今文经学之诬史为愚昧、《新学伪经考》为怪诞、《孔子改制考》为虚妄。章太炎驳斥皮锡瑞等以《王制》为孔子改制证据的《驳皮锡瑞三书》便是一例。

从总体上看，章氏以实证的方法论证孔子及其学说，剥落了孔子"改制素王"、"通天教主"的神圣光环，是对改良派学说的一大打击；他以史学与逻辑学相结合的方法来论证经学问题，具有较强的说服力。对此，侯外庐在《近代中国思想学说史》中曾指出："章太炎以孔学为史学而驳斥托古改制之说，其言精当。"

再者，章太炎以有据可信的实证方法向人们揭示了改良派"天命"、"维新"等论调的虚伪性。戊戌变法失败后，康有为作《中庸注》，大肆宣

---

① 章太炎：《东京留学生欢迎会演说辞》，见《章太炎政论选集》，272 页。
② 章太炎：《订孔》，《訄书》重订本，见《章太炎全集》(3)，134 页。
③ 章太炎：《答铁铮》，《太炎文录初编》别录卷二，见《章太炎全集》(4)，371 页。

扬"天命"论，主张保皇立宪。对此，章太炎驳斥说："《中庸》以'天命'始，以'上天之载，无声无臭'终"，"拨乱反正，不在'天命'之有无，而在人力之难易"。① 进而，他提出以革命论代替改良派"天命"论的主张："公理之未明，即以革命明之；旧俗之俱在，即以革命去之。革命非天雄大黄之猛剂，而实补泻兼备之良药矣。"②而《论承用维新二字之荒谬》一文，则是章太炎利用汉学家所擅长的文字训诂之学，对改良派"维新"一词痛加针砭的短论。文中说："其（改良派）较诸格致尤缪者，则有维新二字。维新之语，始见于《大雅》，再见于伪《古文尚书》。如《大雅》言：周虽旧邦，其命维新。此谓以千数百年西岐之侯国，忽焉宠受帝眷，统一神州，而为万国之共主，是故谓之新命。若今之政府，则帝制自为也久矣，更安有所谓其命维新者？欲言维新，则惟有英雄崛起，历数在躬，而后得副此称尔，而妄者以维新为变法，其缪一也。"再如伪《古文尚书》"所说：'歼厥渠魁，胁从罔治，旧染污俗，咸与维新。'亦可见未有不先流血而能遽见维新者，……而妄者以维新为温和主义，其缪二也"；"衣之始裁为之初，木之始伐谓之新"，"满洲之新，在康熙、雍正二世，今之政府，腐败蠹蚀，其材已不可复用，而欲责其再新，是何异责垂死之翁以呱啼哺乳"，此为谬上加谬也。③ 语言尖刻，笔锋犀利。

此外，章太炎同改良派的其他主张也进行了针锋相对的斗争。改良派宗法宋儒，他便作《乡愿》上下篇，言朱子为乡愿之优者；改良派攻击戴震之学，他便撰《释戴》一文褒戴；改良派抑顾，他便申顾；改良派宗黄，他便《非黄》。应当指出，这些论争有着强烈的政治寓意和革命情绪，有些论据违于历史事实，不能仅简单地从学术角度来理解。

2. 从民族革命角度驳斥改良派保皇立宪的主张，宣扬以"排满"、"光复"为首义的种族革命思想。

站在民族独立立场，宣传"革命排满"，是章太炎一以贯之的思想主

---

① 章太炎：《驳康有为论革命书》，见《章太炎政论选集》，202 页。
② 章太炎：《驳康有为论革命书》，见《章太炎政论选集》，204 页。
③ 章太炎：《论承用维新二字之谬》，见《章太炎政论选集》，243 页。

张。章氏这一思想经历了从早期狭隘排满到光复革命的升华和飞跃，1906 年接任《民报》主编后他的民族革命思想基本趋于成熟。针对改良派的喉舌《新民丛报》、《清议报》、《政论》月刊和《不忍》杂志宣扬的立宪保皇论调，他在《民报》、《汉帜》、《复报》、《国粹学报》等刊物上发表了《东京留学生欢迎会演说辞》、《诸子学略说》、《洪秀全演义序》、《革命之道德》等大批宣扬民族革命思想的政论文章，对改良派展开了猛烈的攻势。其中，他运用儒学同改良派的斗争主要表现如下。

首先，章太炎以"夷夏之防"明确民族大义，指责改良派背叛《公羊》家法、宣扬立宪保皇理论。章氏早在戊戌时期就说过："内中国，外夷狄，《春秋》三家所同，弑君称君为君无道，三家亦不有异。"①这时，他又发展说："刘逢禄辈世仕满洲，有拥戴房酋之志，而张大《公羊》以陈符命，尚非《公羊》旧说也。"②对于"《公羊》旧说"与立宪保皇论调的自相矛盾之处，他做了进一步分析：康氏大同思想并非《春秋》原意，"大同唯见《礼运》……又未尝言进夷狄"，"公羊学派的人，说甚么三世就是进化，九旨就是进夷狄为中国，去仰攀欧洲最浅最陋的学说"③，其目的就是要混淆满汉界线，阻碍革命排满。他还说："长素固言大同公理非今日即可全行。然则今日固为民族主义之时代，而可混淆满、汉以同熏莸于一器哉？时方据乱而言大平，何自悖其三世之说也。"④最后，他得出结论道：《公羊》言"复九世之仇"，康有为却效忠清，"甘与同壤，受其豢养，供其驱使，宁使汉族无自立之日，而必为满洲谋其帝王万世祈天永命之计"⑤，"种种缪戾，由其高官厚禄之性素已养成，由是引犬羊为同种，奉貑尾为鸿宝，向之崇拜《公羊》，诵法《繁露》，以为一字一句皆神圣不可侵犯者，今则并其所谓复九世之仇而亦议之"⑥。

① 章太炎：《太炎先生自定年谱》，光绪二十四年，载《近代史资料》，1957(1)。
② 太炎：《中华民国解》，载《民报》，第 15 号，1907。
③ 章太炎：《东京留学生欢迎会演说辞》，见《章太炎政论选集》，276 页。
④ 章太炎：《驳康有为论革命书》，见《章太炎政论选集》，195 页。
⑤ 章太炎：《驳康有为论革命书》，见《章太炎政论选集》，197 页。
⑥ 章太炎：《驳康有为论革命书》，见《章太炎政论选集》，196 页。

这里，我们对章太炎批判康有为等违背《春秋》大义的说法应做具体分析。一方面，章太炎引用儒家原始典籍为据，来批判康有为的理论违背了《公羊传》的经义，从而在理论上使康有为陷入自相矛盾的境地，这一批判符合历史事实，是有力的。但另一方面，章太炎"排满"的民族观念有一定狭隘性，他对清代公羊学的评价有所偏颇。清代对公羊学的一大发展就是屏弃了传统的夷夏观念，做出了有利于多民族团结的阐述。① 章太炎由于一度固守传统的民族观念，他的驳论虽顺应了革命大潮，但却缺乏时代的高度。

其次，章太炎发展了清初顾、王、戴等汉学大师的经学思想，高扬文化民族主义，以宣传民族革命思想。章氏号召人们学习顾炎武治学的民族气节，反对改良派空谈义理、曲解历史。他说："考证六经之学，始自明末儒先，深隐蒿莱，不求闻达，其所治乃与康熙诸臣绝异。若顾宁人者，甄明音韵，纤悉寻求……惟惧不究，其用在兴起幽情，感怀前德，吾辈言民族主义者犹食其赐。且持论多求根据，不欲空言义理以诬后人，斯乃所谓存诚之学。"② 他还称赞顾氏反清排满矢志不渝、精研朴学学以致用的精神说："宁人居华阴，以关中为天府，其险可守，虽著书，不忘兵革之事。其志不就，则推迹百王之制，以待后圣，其材高矣。"③ 进而他指出顾氏反对清统治的两种做法以告示留日学生说："昔顾宁人以东胡僭乱，神州陆沉，慨然于道德之亡，而著之《日知录》"，以明民族大义；"当初顾亭林要想排斥满洲，却无兵力，就到各处去访那古碑古碣传示后人"，以"增进爱国的热肠"。④ 基于此，他号召人们爱惜历史，弘扬国粹。"为甚提倡国粹？不是要人尊信孔教，只是要人爱惜我们汉种的历史。这个历史，是说广义的，其中可以分为三项：一是语言文字，二是典章制度，三是人物事迹"。他认为：只要晓得历史，"就是全无心肝的人，那爱国爱种的心，必定风发泉涌，不可

---

① 参见孙春在：《清末的公羊思想》，台北，"商务印书馆"，1985。
② 章太炎：《答梦庵》，见《章太炎政论选集》，398 页。
③ 章太炎：《衡三老》，见《章太炎政论选集》，325 页。
④ 章太炎：《东京留学生欢迎会演说辞》，见《章太炎政论选集》，279～280 页。

遏抑的"，必能起来排满革命。①

最后，章太炎发挥汉学家之长，经史结合，引经据典，鼓吹民族矛盾，激起民族革命情感。他说："仆以为民族主义，如稼穑然，要以史籍所载人物、制度、地理、风俗之类，为之灌溉，则蔚然以兴矣。不然，徒知主义之可贵，而不知民族之可爱，吾恐其渐就萎黄也。"②出于这种认识，他反复征引经史典籍宣传民族主义思想。在《原人》一文中，他论证出中国民族皆出于轩辕，得出了华夏不可臣服于胡虏的结论。在《序种姓》一文中，他对中国古代种族和姓氏详加考证后说：中国政权"可禅可继可革，而不可使异类间之"③。在《中华民国解》一文中，他引述《帝典》，又据《说文》，指出"夏指中国人"，夏与蛮族有别，并考证华夏是同一种族，夷狄入主中原是破坏中国政治独立，不能允许存在，必须排满革命。1908 年《民报》被封后，章太炎的政论文章虽然相对减少，但其学术文章如《刘子政左氏说》、《庄子解故》、《小学答问》、《国故论衡》、《文始》和《齐物论释》等训诂考据的朴学著作中，有关"提奖光复"的言辞依然可寻。

3. 从民主革命角度驳斥改良派"尊孔"、"复辟"等封建主义思想，宣传"平等"、"民权"、"共和"的民主主义思想。

在近代资产阶级革命中，民主革命思想的高扬理应走在民族革命的前列，但由于近代中国半殖民地半封建社会的特殊国情，民主革命思想一直渗融在民族革命思想之中，未能得以充分的独立和发展。章太炎对民主革命思想的宣传也不例外。章太炎运用儒学宣传民主思想主要表现为：

其一，从经学中阐发民主的大义。如对《春秋》主旨的理解上，章太炎认为，《春秋》除了强调"夷夏大防"的种族观念外，最重要的一点就是告诫统治者、警诫国君，"责君严于责臣"。他明确反对孟子提出的、为后代统治者信奉的孔子作《春秋》是为了使"乱臣贼子惧"的说法，指出：

---

① 章太炎：《东京留学生欢迎会演说辞》，见《章太炎政论选集》，276 页。

② 太炎：《答铁铮》，载《民报》，第 14 号，1907。

③ 章太炎：《序种姓上》，《訄书》重订本，见《章太炎全集》(3)，172 页。

"《春秋》之治，急于公卿士大夫，缓于士庶。"《春秋》经传多用"弑"、"放"表示君主被杀或放逐。章太炎解释说：书"弑"是分别归罪于君臣，书"放"是为了斥责君主之过。他说："凡书臣之罪者，戮辱止乎其身；书君无道者，戒厉及于永世。"①章太炎的这一解释，与前人不同，表现出了反对君权独尊的民主思想。

其二，章太炎运用汉学的考证方法，以学术论争的方式宣传民主思想。在《官制索隐》和《五朝法律索隐》等文中，他继承实事求是、言而有征的汉学传统，本着治经史不掩其污点、"无厌于甘辛黑白"的求实精神，发展了先辈学者的古史观，把官制起源的"存古"之说，更向真实推进了一步。他的官制起源三说，贯穿了反对封建专制主义的精神。其中，一是古代天子居山说，一扫传统经学家的旧说，证明历史是古野而今文，论定天子不是天生的"可崇可贵"者，从而打破了千古以来对封建君主的迷信，否定了封建社会的三纲五常。二是古代宰官为奴说，认为宰相臣僚等一切后世所谓的尊崇者，在古代皆为奴隶，从而使人们认清封建社会君臣之义的虚伪性，揭穿封建等级制愚弄人的把戏。三是法吏起源说，说明远古社会中非氏族的平民可以问政，进而提出应当发扬法制民主的传统。

他还对儒家对法制民主的破坏提出了批评。在《商鞅》、《原法》等文中，他强调法制是民主的保障与先决，切于人事的法制是民主生活的起码要求，封建社会由于无法因而导致专制局面的出现。他认为，是儒家破坏了法家的传统。他指斥今文经学家"引经附法"的目的是要实行封建专制和君主集权："董仲舒为《春秋》折狱，引经附法，异夫道家儒人所为，则佞之徒也。"封建社会所行之法，是"经之虮虱，法之秕稗也。"②

其三，批判尊孔设教论。民国初年，袁世凯窃取政权，为"帝制复活"大搞祀孔祭天活动；康有为炮制"虚君共和"论，抬出孔教以相迎合；更有甚者，直接指斥辛亥革命是"全法欧美，尽弃国粹"，民主共和制不

---

① 章太炎：《春秋左氏疑义答问》卷二上，见《章太炎全集》(6)，276 页。
② 章太炎：《原法》，《检论》卷三，见《章太炎全集》(3)，436 页。

适于中国。一时，尊孔复古逆流甚嚣尘上，封建主义专制思想猖獗抬头……这一切惊醒了迷陷于时局中的章太炎，他说："余本光复前驱，中华民国由我创造，不忍其覆亡。"①他以宣传民主思想为己任，加入到挽救革命成果的战斗行列。章太炎在《驳建立孔教议》、《示国学会诸生》等文中对康有为等人设立孔教、封建复古的言论进行了系统批判，宣传了民主共和观念。

从章太炎同康、梁斗争的全过程我们可以看出，章太炎批判改良保皇主张，宣传民主革命思想，其批判的武器，其宣传的内容，都在一定程度上与儒学有关。在近代，由于经学还没有作为成熟的学术形态独立出来，与政治还存在着较多的联系，像康有为既主张改良又主今文经学，因此，要彻底推翻他的改良理论，就必须从学术与政治两方面双管齐下，才具有较大的战斗力和说服力。章太炎以"有学问的革命家"现身，援经论政，虽不乏守旧迂腐之处，但由于是针锋相对，影响力自然超出了一般革命家的水平。可以说，传统的经学由于被革命家所掌握，也成为中国近代资产阶级民主革命斗争的武器。借此，我们也可以说明，传统儒学并非全是糟粕，关键在于怎样服务于时代需要，怎样具体分析、灵活运用。

二、儒家道德的批判、继承与转化

伦理道德是反映一个民族一个社会文化心理和价值取向的重要方面，在儒家思想中尤其占有重要地位。儒学讲"内圣"讲"修己"，都是强调道德理性的价值。不可否认，儒家道德对中国封建社会的形成和稳定曾经起到过积极作用，但是，伴随封建社会走向衰落，儒家道德所含有的封建主义意识却越来越成为阻碍社会发展特别是近代化的因素。因此，批判和改造传统儒学的道德系统成为近代思想家们的一项重要任务。

---

① 章太炎：《致陆建章书》，见《章太炎政论选集》，683 页。

从纵向考察，辛亥革命以前，章太炎侧重于对儒家道德阴暗面的揭露和批判，辛亥革命以后则侧重于对儒家道德积极因素的继承和发扬。这里笔者着重对章太炎的儒家道德观作横向的剖析。

（一）批判儒家道德的消极因素

出于反对封建专制主义的需要，章太炎对儒家道德中的糟粕进行了严厉的批判。举其荦荦大者，主要有：

第一，反对愚忠。1898年，章太炎应张之洞之邀赴武昌，对张氏所撰《劝学篇》鼓吹"三纲五常"、忠君仁爱等儒家旧道德极为不满。他在《艾如张·董逃歌序》中愤慨地指出："古之谟训，上思利民，忠也；朋友善道，忠也；憔悴事君，忠也。今二者不举，徒以效忠，征求氓庶"，且满洲贵族"蹂躏吾族几百年，鴢毛饮血，视民如雉兔。今九世之仇纵不能复，乃欲责其忠爱。忠爱则易耳，其俟诸革命以后"。①"忠君"拜圣，忠诚于封建帝王，已是错误，张之洞忠心于"乌桓遗裔"，更是错上加错。在章太炎看来，"忠"的实质，是封建统治者"便其南面之术"的"愚民之计"。特别是"自宋世昌言理学，君臣之义日重"，愚忠愚孝的蒙昧主义、奴隶主义得到了进一步发展。这种所谓"三纲六纪，无益于民德秋毫"，完全是一种"以理杀人"的理论。②

第二，反对腐儒的"仁爱"说教。章太炎对墨守成说、不知变通的"腐儒"的"仁术"、"仁恩"、"仁恕"诸说痛加批评。他指出："仁"的说教"不究其实"，迂腐无用，在贪得无厌的外来侵略者面前，"苟释其利，而倚簟席以谋天下，以交邻国，则徐偃王已"。③他强调在外敌面前应当仁不让，以"斗争"代"仁义"。

第三，批判儒家"以富贵利禄为心"。章太炎指出：儒家道德的最大祸害是以富贵利禄来腐蚀人的心灵，"儒家之病，在以富贵利禄为心"，其"苦心力学，约处穷身，必求得雠，而后意慊"。儒家以"湛心荣利"为

① 章太炎：《艾如张·董逃歌序》，《太炎文录初编》卷三，见《章太炎全集》(4)，240页。
② 章太炎：《驳康有为论革命书》，见《章太炎选集》，159页，上海，上海人民出版社，1981。
③ 章太炎：《经武》，《訄书》初刻本，见《章太炎全集》(3)，90页。

荣，从而造成"艰苦卓厉者绝无，而冒没奔竞者皆是"。① 这些"冒没奔竞"于利禄者，"苟得利禄，而不识远略"②，"终身志望，不敢妄希帝王，惟以王佐自拟"③，无志无谋，奴婢性十足。他们以"无咎无誉"、"从时而变"为处世哲学，实是中庸主义。"所谓中庸，实无异于乡愿。彼以乡愿为贼而讥之。夫一乡皆称愿人，此犹没身里巷，不求仕宦者也。若夫'逢衣浅带，矫言伪行，以迷惑天下之主'，则一国皆称愿人。所谓中庸者，是国愿也，有甚于乡愿者也。"他们号称"时中"、"时绌"、"时伸"，实则一切以利禄为准绳，故"道德不必求其是，理想亦不必求其是"。故此，儒家之"宗旨多在可否之间，论议止于函胡之地"。其为害之大，甚于宗教，"彼耶稣教、天方教崇奉一尊，其害在堵塞人之思想；而儒术之害，则在淆乱人之思想"。④

章太炎对儒家道德的批判，是为民主革命服务的，从而使他的儒家道德论在某些方面表现出与康有为、谭嗣同、梁启超等改良派思想家明显不同。

首先，章太炎把对儒家道德的批判与对康、梁保皇派的批判结合起来。他指出：梁启超所散布的"保皇与革命名异而实同"的谬论，其思想根源就是"孔子之教，惟在趋从，其行义从时而变，故曰：'言不必信，行不必果'。"梁启超佯称革命，实则保皇。同理，康、梁鼓吹"立宪"，指斥革命派用暴力推翻革命派不合乎"中庸之道"，其实质也不过是以"立宪"之名行"保皇"之实。他们"污邪诈伪"，"志在干禄"，根本没有什么"中庸"可言。⑤ 章太炎从保皇派身上揭示儒家道德的反动性，借批判儒家道德揭露保皇派的虚伪性，相辅相成，既从根源上打击了保皇派，又以事实为据说明了批判儒家道德的必要性。

其次，章太炎把对儒家道德的批判同整顿革命派内部人士的思想结

---

① 章太炎：《论诸子学》，见《章太炎选集》，363～366 页。
② 章太炎：《学变》，《訄书》初刻本，见《章太炎全集》(3)，144 页。
③ 章太炎：《论诸子学》，见《章太炎选集》，363 页。
④ 章太炎：《论诸子学》，见《章太炎选集》，365～366 页。
⑤ 参看章太炎：《论诸子学》，见《章太炎选集》，352～366 页。

合起来。针对革命派内部一些人士怀有"念念近于仕途"的个人私念，章太炎警告革命者不要受儒家"富贵利禄"思想的毒害，要防止"微虫霉菌"的侵蚀。他说："孔教最大的污点，是使人不脱富贵利禄的思想。自汉武帝专尊孔教以后，这热衷于富贵利禄的人，总是日多一日。我们今日想要实行革命，提倡民权，若夹杂一点富贵利禄的心，就象微虫霉菌，可以残害全身，所以孔教是断不可用的。"①儒家道德有不适于革命的一面，必须提高警惕。

最后，章太炎把对儒家道德的批判同反对帝国主义的侵略结合起来。在近代中国，帝国主义阴诈地同中国封建势力结成反动的文化同盟，妄图利用封建主义纲常名教达到从精神上奴役和麻醉中国人民的目的。如当时的西洋传教士李提摩太之流就拼命鼓吹尊孔读经，大肆宣扬纲常是上帝规定的人伦，说什么"仁、义、礼、智、信五常大道，两教实相通焉"，力图以儒家道德为基础，把西方基督教神学与中国封建纲常名教结合起来，以消弥中国人民的斗志，造就臣服于他们的忠顺臣民。章太炎对此有敏感的认识，他说：西人借孔子之"遗计"而"西教愈杀"，结果只能造成"中国自是终于左衽矣"。可见，他批判儒家道德有着反对帝国主义文化侵略的用意。

（二）转化性继承儒家优良道德

章太炎对儒家道德虽施以猛烈批判，但并未采取完全否定的态度。在《革命之道德》一文中，章太炎对儒家道德不仅未加批判，反而加以大力阐扬。

在内容上，章太炎强调指出，某些儒家道德是革命道德的重要组成，"革命之道德"应至少包括"确固坚厉、重然诺、轻死生"三点。即是说，革命者应该有坚定的立场、崇高的信仰和自我牺牲的精神。具体地讲，就是要求个人对社会、对民族负起责任，能够"合群明分"、"御侮自保"，防止内部分化和种族退化；能够破除个人的"功名利禄"思想，"不执一己为我"，"一切以利益众生为念"，敢于"为生民请命"，为人民

---

① 章太炎：《东京留学生欢迎会演说辞》，见《章太炎政论选集》，272～273 页。

争"得自由平等"①，而绝不能做"怯懦者"、"浮华者"、"猥贱者"、"诈伪者"。②

在具体的道德规范上，章太炎要求革命者践履顾炎武等先儒指明的路径。他对顾炎武《日知录》所倡言的道德精神推崇备至，称许说：顾氏"匹夫有责之说，今人以为常谈，不悟其所重者，乃在保持道德，而非政治经济云云。吾以为天地屯蒙之世，求欲居贤善俗，舍宁人之法无由。"章太炎以"宁人之法"为改良社会风俗、铸造革命道德的灵丹妙药，并详举三条。"一曰知耻"，即"行己有耻"，要有廉耻之心，特别是要知国耻，有爱国之心；"二曰重厚"，就是要求革命者严肃庄重，不拘名利，言行朴实浓厚；"三曰耿介"，专一、坚定，不为物役，不为利诱，不为流俗所左右。章太炎认为，做到第一条，"则矜欧语者可以戒矣"；做到第二条，"则好修饰者可以戒矣"；做到第三条，"则喜标榜者可以戒矣"。做到这三条，就能够去浮华之习、忘名利之念，"值大事之阽危，则能悍然独往，以为生民请命"，敌忾致果、舍命不渝，具备一个革命者的个人道德修养。

章太炎认为，按照"知耻"、"重厚"、"耿介"去做，确实能够葆气节、去浮华、弃标榜，完全个人的道德修养；但革命非仅凭一己之力所能胜任，需要群策群力、众志成城方能奏效，因此相互之间必须讲究"必信"，做到"言必信，行必果"，"久要不忘平生之言"。如果说"知耻"、"重厚"、"耿介"是针对革命者个体道德而言的，那么，章太炎提出"必信"，主要是就群体道德而言的："信者，向之所谓重然诺也。……知耻、重厚、耿介三者，皆束身自好之谓，而信复周于世用。"③也就是说，个人完美品德的形成并不是最终目的，良好的道德扩展、升华到实际的社会生活领域，成为改造社会生活的精神力量，才是道德的完成与实现。

---

① 太炎：《建立宗教论》，载《民报》，第 9 号，1906。
② 太炎：《答梦庵》，载《民报》，第 21 号，1908。
③ 章太炎：《革命之道德》，见《章太炎选集》，319～322 页。

显然，章太炎所使用的道德学说和道德原则，从语言形式到基本内容均渊源于儒家典籍或前代大儒的名言警句，但我们不能说，这与前面他对儒家道德的批判态度相矛盾，更不能说，这是对传统儒家道德的照抄照搬。这并不难理解。我们知道，在阶级社会，道德不仅有历史性和阶级性，而且有稳定性和继承性。儒家道德在具备这些性质的同时，由于内涵丰富复杂，包罗万象，精华、糟粕必然融于一体。联系当时的文化背景可知，章太炎所批判的儒家道德，主要是批判其中那些过时迂腐的东西；所继承的，主要是继承其中的合理因素。换言之，章太炎对儒家道德的批判或继承，都是认真甄别选择的结果。他衡量道德的标准，即看其是否能服务于革命实践。因此，我们也可以说，章太炎对儒家道德的批判和继承实际上是一种扬弃的过程，即通过剔除儒家道德的糟粕继承儒家道德的精华，使之服务于现实需要，经此，章太炎所继承的儒家道德自然不是传统儒家的旧道德，而是经资产阶级思想洗礼改造后的儒家新道德了，形式虽同，意义则发生了转变。

需要指出的是，章太炎对儒家道德的这种批判性继承，从本民族文化传统出发易为国人接受，但易于与儒家旧道德相混淆，一定程度上削弱了其革命性。

（三）"回归"儒家道德

学界一般认为，梁启超、严复、章太炎等近代思想家步入民国以后特别是晚年时期，他们的思想趋于"颓废"，背逆潮流，退入"尊孔读经"、封建复古的旧辙之中，俨然成为封建主义的代言人。立论根据之一，便是因梁、严、章等人倡导儒家道德。问题是，倡导儒家道德就意味着封建复古吗？我们认为，并不尽然，至少梁、严、章三人不属此类，他们对儒家道德的"回归"，我们应作具体分析。下面以章太炎为例作简要阐述。

第一，与道学家的道德观不同。

民国以后，章太炎倡导读经，尤其要求读《论语》、《孝经》、《大学》、《儒行》、《丧服》等儒家典籍，这难免有保守之嫌。但是，如果我们细绎章太炎的论证过程，不难看出，他所宣扬的儒家道德是有其逻辑体系的，与旧道学不同。

旧道学的理论基础是程朱理学，在清代是教条化的程朱理学。而章太炎在表彰"小四经"（《大学》、《孝经》、《儒行》、《丧服》）的过程中，首先所做的，就是批判朱熹等人对上述典籍原义的曲解。《国学之统宗》等关于"小四经"的演讲都是以批判宋儒的妄谬而展开的，他指责宋儒"轻《孝经》"，疑孔子之说；误解《大学》，"颠倒其本文"；缺乏气节，不重视《儒行》；不知礼节，"乃径改礼文"。① 总之，他批驳宋儒的目的不限于为道德堕落寻找历史原因，更在于寻找改善道德状况的途径，恢复和掘取儒家道德的"真义"。这与其国粹主义是相一致的。

由批判宋儒直复先秦之古，形式是守旧的，但却有一定合理性。先秦是儒家道德的形成时期，先秦儒学较之后来的程朱理学具有更强的生命力，无论就其对于"人道"的重视而言，还是就其对社会和谐的关照而言，都要比包括宋明理学在内的后期儒学含有更多积极因素，而其中所蕴含的封建主义内容则相对少些。章太炎超越宋儒复先秦之道德，一定意义上讲也是一种解放。

第二，对"现代性"观念反思后的选择。

现代是相对于古代、中世纪而言的，"现代性"（modernity）概念首先是指一种时间意识，一种直线向前、不可重复的历史时间意识，一种与循环的、轮回的或者神话式的时间认识框架完全相反的历史观。简单地说，理性主义、主体自由、工业文明、进步主义、科学主义等均隶属于"现代性"观念之下。思想观念的现代化实际上就是"现代性"认同的过程。在五四前后的思想界，有一大部分人认为，"西方的就是好的"，"现代的就是好的"，现代性认同表现强烈。

章太炎并不排斥"现代性"。20世纪初年，他大力宣传西方社会学说，宣扬进化论、唯物论、无神论，这都是现代性认同的表现。然而，辛亥前后，出于对中国社会现实的认识和对西方社会近代化弊病的思考，他提出《俱分进化论》、《五无论》、《四惑论》等学说，对进化论、目的

---

① 章太炎：《国学之统宗》，载《制言》，第54期，1939。

论、进步论重新评价，从理论上对"现代性"观念进行了系统批判。

正是出于对"现代性"的思考，而不仅仅是对"西化"现象的反应，章太炎对"家庭革命"、"道德而不能根据科学者，不是道德"①等社会问题进行了深入反思。反思的结果，他认为，是人们对"现代性"的认同导致了道德衰落。为了摆脱"现代性"观念的纠缠，章太炎从他所掌握的知识中找出的可与"现代性"相对抗的方案，便是提倡儒家道德。由于章太炎对儒家道德的提倡是他对"现代性"由认同到批判后的产物，因此，他提倡儒家道德便具有治疗现代社会道德弊病的主观用意，虽然表现形式是守旧的、保守的，虽然这一方案不切实际且十分迂腐，但同卫道士的复古思想是不同的。

第三，超越说教，具有一定现实意义。

章太炎晚年所提倡的"四经二贤"精神，不是限于口头的道德说教，而是具有一定的现实感；不是凭空臆想，而是进行了认真的论证。

首先，他反对的是唯科学主义，而非科学本身。他在讲演中曾明确提出：道德与科学有所不同，道德虽然以科学为基础，但不能事事均以道德来衡量。他在评论《大学》与《中庸》时，实际上正是以科学思想为指导的。他说："《大学》即太学之谓，所载语皆平实切身，为脚踏实地之言，与《中庸》牵及天道者有异，我人论学，贵有实际，若纯效宋儒，则恐易流入虚泛。且一言及天，便易流入宗教。"②

其次，他倡言儒家道德实有所指。例如，《儒行》一篇，主要是针对民族气节而言。他说，强敌压境，国人麻木不仁，不知图救，"救之之道，首须崇尚气节"，范仲淹"先忧后乐"、顾炎武"行己有耻"都是值得学习的榜样，"而《儒行》所述十五儒，皆以气节为尚"，"任侠一层，与民族危亡，非常相关"③，"今欲卓然自立……非提倡《儒行》不可"④。由此看来，章太炎宣扬儒家道德是出于剀切的爱国主义，而非名教主义。

---

① 章太炎讲，诸祖耿记：《国学之统宗》，载《制言》，第 54 期，1939。
② 章太炎讲，金震记：《讲学大旨与〈孝经〉要义》，载《国学论衡》，第 2 期，1933。
③ 章太炎讲，诸佐耕记：《儒行大意》，载《国学商兑》，第 1 卷，第 1 号，1933。
④ 章太炎讲，诸祖耿记：《国学之统宗》，载《制言》，第 54 期，1939。

最后，我们还需补充两点：一是章太炎之所以大力提倡儒家道德，与他对"道德"的认识有关。他说："理学先生认定'天不变道亦不变'，实不尽然；新学家斥旧道德为野蛮，亦属非是。盖伦理道德不变，而社会道德实变，政体不同，则风俗不同，风俗不同，则道德亦随之不同。"①章太炎把道德分为社会道德与伦理道德的说法不尽科学，他的目的是强调道德的历史性和稳定性。正缘于此，他没有对儒家道德采取一概否定的态度。二是章太炎对儒家道德的论述有失公允之处。他夸大了传统儒家道德的现代意义，把道德视为决定性力量。由于过分拘泥于儒家道德，使他看不到继资产阶级道德后出现的新道德，因而限制了他获取新知的视野，使他找不到更好地对待和处理儒家道德的方法。

三、驳建立孔教议

在近代，儒学宗教性问题的提出，既是一个政治性问题，又是一个文化问题，与新旧价值观念的冲突息息相关。近代众多思想家如康有为、梁启超、严复、蔡元培、陈独秀等人都曾对这一问题进行过认真思考。章太炎从历史和现实两方面表述了他对这一问题的看法，反对建立孔教，并对儒学的未来提出了自己的设想。

(一)历史考察：儒学不是宗教

近代思想家无论是康有为、陈焕章等孔教倡导者，还是严复、陈独秀等孔教反对者，虽然他们所持的看法不同，但他们所说的宗教却是在同一层面上使用的，即以基督教为典范的完全现代意义上的宗教，而非教化之教。② 章太炎对宗教的理解虽别出心裁，但他在反对以孔教为国

---

① 张冥飞记：《章太炎先生国学讲演录》，65 页，上海，上海梁溪图书馆，1926。

② 关于儒学的宗教性问题，当代学者的争论则不同于以往，他们存有分歧的重要原因之一在于他们对"宗教"一词含义的理解不同。这可参看何光沪《多元化的上帝观》(贵阳，贵州人民出版社，1991)、《对话：儒释道与基督教》(北京，社会科学文献出版社，1998)，赖永海《佛学与儒学》(杭州，浙江人民出版社，1992)等论著。

教、认为儒学非宗教时，所指的也正是现代意义上的宗教。以完全现代意义上的宗教为标准，章太炎对传统儒学进行了历史考察。

首先，他揭露了六经所载上古"神道设教"的实质。如前所论，章太炎是一个无神论者，对超意志的"天"、"神"、"鬼"都不承认，针对上古"神道设教"的说法，他本着近代唯物论思想作了驳斥。他说：

> 自夏、殷以往，其民则椎鲁无鳃理，而圣人亦下渐之以济民行。何者？眇论之旨，非更千百年，弗能闾恽，时为之也。当是时，见夫芜夷之萎于燕，貉之不逾汶，鲸鱼、慧星之更生死，与其他之眩不可解者，以为必有鬼神尸之。故天事不谕，而巫咸袑之术兴；观生不週，而圣人以神道设教。①

他认为，生民之初，人类蒙昧无知，"多禨祥"②，"必方士为政"③，神道设教只是一定历史阶段人们认识水平的反映，自孔子出，神道绌，人道立。孔子"病其怪神，植徽志以绌之。……自仲尼之历世摩钝，然后生民之智，始察于人伦，而不以史巫尸祝为大故"④。章太炎对"神道设教"的否定驳斥了有人从历史根源上论证设立孔教合理性的说法。

其次，中国素无设立国教的传统。他说："宗教至鄙，有太古愚民行之，而后终已不废者，徒以拂俗难行，非故葆爱严重之也。"后代虽行宗教，也只是片枝末节，而非居于主流。"中土素无国教矣，舜敷五教，周布十有二教，皆掌之司徒。其事不在庠序，不与讲诵。是乃有司教令，亦杂与今世社会教育同类，非宗教之科。"孔、孟、庄、孙诸公作，人道兴，神道废，"自尔二千年，虽佛法旁入，黄巾接踵，有似于宗教"，但究其实，佛典本不礼鬼神，"乃以寂定智慧为主"，所行近于隐遁，"非所以普教施民"。"若黄巾道士者，符录诡诞，左道惑人"，为人

---

① 章太炎：《原教》，《检论》卷六，见《章太炎全集》(3)，521 页。
② 章太炎：《独圣下》，《訄书》初刻本，见《章太炎全集》(3)，104 页。
③ 章太炎：《原教》，《检论》卷六，见《章太炎全集》(3)，521 页。
④ 章太炎：《独圣下》，《訄书》初刻本，见《章太炎全集》(3)，104 页。

轻蔑，"则中国果未有宗教也"。① 一句话，中国根本没有设立国教的传统。

再次，以孔子为教主、以六经为教义之说不合历史事实。章太炎曾反复指出，孔子为历史学家、教育家、思想家，而非宗教家，"孔子所以为中国斗杓者，在制历史、布文籍、振学术、平阶级而已"，"其所以高于尧、舜、文、武而无算者"在此。"若夫德行之教、仁义之端，《周官》已布之齐民，列国未尝坠其纲纪……固不悉自孔子授之。"孔子之书称为"祭典"，也不过是不想"高世骇俗"，易于为世人接受而已。若说"宗教，则为孔子所弃"。有人以孔子为宗教家实际上是"忘其所以当尊，而以不当尊者奉之，适足以玷阙里之堂，污泰山之迹耳"②。

章太炎主张"六经皆史"、以六经为古籍，反对六经是宗教教义之说。他分析道："《易》称圣人以神道设教，斯即盟而不荐，禘之说也。禘之说孔子不知，号曰设教，其实不教也。……《周礼》神仕诸职，皆王官之一守，不以布于民常。"③"儒以《诗》、《礼》发冢，……皆以儒术为之题署，云儒教者无有也。"④《春秋》、《尚书》是记事之书，非为设教布道而作。总之，六经为经学典籍，其功在记历史，其用在推导成迹，浇灌民众爱国之心，而决非崇拜神祇的圣经。

针对有人提出儒学的教仪在庠序、教仪是向孔子施礼，章太炎指出：学校诸生尊礼孔子，就像"匠师之奉鲁班，缝人之奉轩辕，胥吏之奉萧何，各尊其师，思慕反本，本不以神祇灵鬼事之，其魂魄存亡亦不问，又非能遍于兆庶也"⑤。章太炎认为，以尊礼孔子为教仪，实是牵强附会。

综上，章太炎认为："中土素无国教，孔子亦本无教名，表章六经，

①　章太炎：《驳建立孔教议》，《太炎文录初编》卷二，见《章太炎全集》(4)，194～195 页。
②　章太炎：《驳建立孔教议》，《太炎文录初编》卷二，见《章太炎全集》(4)，195～197 页。
③　章太炎：《驳建立孔教议》，《太炎文录初编》卷二，见《章太炎全集》(4)，195 页。
④　章太炎：《示国学会诸生》，见《章太炎政论选集》，694～695 页。
⑤　章太炎：《驳建立孔教议》，《太炎文录初编》卷二，见《章太炎全集》(4)，195～196 页。

所以传历史，自著《孝经》、《论语》，所以开儒术，或言名教，或言教育，此皆与宗教不相及也。"①

最后，针对有人提出儒教始自董仲舒成于宋代新儒学的说法，章太炎进行了批判。他指出：孔子之在周末，"孟、荀之徒……皆以为百世之英、人伦之杰，与尧、舜、文、武伯仲，未尝侪之圜丘、清庙之伦也"。后来董仲舒"以经典为巫师豫记之流"、以《春秋》为汉世制法，其目的在于"以媚人主"。"昏主不达，以为孔子果玄帝之子，真人尸解之伦。谶纬蜂起，怪说布彰。"章太炎认为，"仲舒之托于孔子，犹宫崇、张道陵之托于老聃"，实际上是对六经的曲解枉说，严重背离六经原貌。董仲舒神化孔子、篡改六经，主要是干政所需，意不在创教。阴阳五行、"禄命形法"、谶纬学说、河图洛书都是旁门左道，等同于巫师骗人的把戏，与宗教相去绝远。② 章太炎对汉宋儒学宗教形态的评论虽缺乏正面论述，但他立足于历史指出董仲舒等人曲经致用而非创教设教、谶纬学说仅是儒学旁门别派而非正宗正派，都有助于说明儒学不是宗教这一问题。

（二）现实回答：不能设立孔教

章太炎对儒学宗教性问题的历史考察，目的是从知识上对儒教的实质进行分析。但设立孔教，不仅是一个知识性问题，还是一个现实性问题。清末以来，特别是在民国初年，尊孔设教呼声甚嚣尘上，康有为、陈焕章等人和袁世凯的爪牙们一起，组织孔教会、孔道会、孔社、宗圣会、昌明礼教社等团体，创办《不忍》等杂志，大肆宣传"以孔教为国教"，为复辟帝制服务。在政治上，他们以革命共和为自己最大的敌人。对这股反动潮流，章太炎进行了有力的还击。

第一，设立孔教是愚民之举。章太炎对袁世凯之流倡立孔教的政治野心洞若观火，他在给汤夫人的信中明确指出："有人欲以孔教为国教，

---

① 章太炎：《示国学会诸生》，见《章太炎政论选集》，694 页。
② 章太炎：《驳建立孔教议》，《太炎文录初编》卷二，见《章太炎全集》(4)，196 页。

其名似顺，其心乃别有主张。"①中国素无国教，"自伏羲、炎、黄，事多隐怪，而偏为后世称颂者，无过田渔衣裳诸业。国民常性，所察在政事日用，所务在工商耕稼，志尽于有生，语绝于无验。人思自尊，而不欲守死事神以为真宰，此华夏之民所以为达。视彼佞谀上帝，拜谒法皇，举全国而宗事一尊，且著之典章者，其智愚相去远矣"②。立孔教为国教，实是愚民之举，这不仅不利于改造国民性，反而利于袁世凯搞复辟专制。

第二，设立孔教有引起冲突和战争之嫌疑。章太炎指出，康有为之徒任意篡改六经，"点窜《尧典》、《舜典》以为美，涂改《清庙》、《生民》以为文，至于冕旒郊天，龙衮备物，民国所不当行者，亦可藉名圣教，悍然言之"。以卫教之名，行攻击民国之实，这就是立教的本质所在。进而，章太炎又指出立孔教为国教将会导致的恶果：立孔教为国教，必造成"政教相揉，不平者必趋而入于天方、基督，四万万人家为仇敌，小则为义和团之争，大乃为十字军之战，祸延于百年，毒流于兆庶"。立宗教"将以半数之命殉其宗教而无所悔，涓涓不绝，成为江河，岂不哀哉。"③章太炎注意到了宗教的负面影响，但没有指出宗教战争的实质。

第三，设立孔教并不能拯救道德。章太炎专门驳斥孔教可以拯救道德的滥言说：有人言"以道德沦丧，藉此拯救为说，足以委曲动人，顾不知其奸言莠行有若是者。夫欲存中国之学术者，百家具在，当分其余品，成其统绪，宏其疑昧，以易简御纷糅，足以日进不已。孔子本不专一家，亦何为牢执而不舍哉！欲救道德之沦丧者，典言高行，散在泉书，则而效之，躬行君子，亦足以为万民表仪矣。若以宗教导人，虽无他害，犹劝人作伪耳"④。也就是说，欲以挽救道德沦丧，六经具在，何必改经从教，徒留作伪之名呢？

① 章太炎：《致汤夫人书》，见《章太炎先生家书》，1913 年 9 月 14 日，上海，上海古籍出版社，1985。
② 章太炎：《驳建立孔教议》，《太炎文录初编》卷二，见《章太炎全集》(4)，195 页。
③ 章太炎：《示国学会诸生》，见《章太炎政论选集》，695 页。
④ 章太炎：《示国学会诸生》，见《章太炎政论选集》，696～697 页。

第四，以孔教为国教并不能防止西方文化的侵略。康有为主张以孔教为国教，的确有抵御西方列强文化侵略特别是宗教侵略的用意，其主观用意有值得肯定的地方，但从客观效果上讲，西方文化侵略是以强大的政治、经济、军事实力为后盾的，康氏主张通过孔教来反对外来宗教侵略无疑是徒劳之举，根本不可能实现。章太炎清醒地认识到了这一点，他明确指出："今人猥见耶酥、路德之法，渐入域中，乃欲建树孔教以相抗衡。是犹素无创痍，无故灼以成瘢，乃徒师其鄙劣，而未有以相君也。"①

第五，设立孔教并非是巩固民族团结的灵丹妙药。有人提出："崇孔教者，所以旁慰沙门，使蒙古、西藏无携志。"针对这一说法，章太炎回答说："此尤诳世之言，二藩背诞，则强邻间之，给以中国废教，藉口其实，非宗教所能驯也。昔张居正之抚蒙古，攻讨惠绥，形格势禁，无所不用。势已宾服，然后以黄教固之耳。今不修攻守之具，而欲以虚言羁致，是犹欲讲《孝经》以服黄巾，必不得矣。"②

第六，孔教有泯绝学术、堕落道德、篡改历史之弊。在《国学会诸生》一文中，章太炎对康有为等人设立孔教的实质和弊端进行了总结。他说："孔教之称，始妄人康有为，实今文经师之流毒。刘逢禄、宋翔凤之伦，号于通经致用，所谓《春秋》断狱、《禹贡》治河、三百五篇当谏书者，则彼之三宝已。大言夸世，故恶明文而好疑言，熹口说而忌传记，以古文《周礼》出于姬公，嫌儒术为周、孔通名，于是特题孔教，视宋儒道统之说弥以狭隘，其纰缪亦滋多矣。"纰缪之一是抹杀历史。"言《公羊》者，辄云孔子为万世制法，《春秋》非纪事之书。夫以宪章文、武，修辑历史者而谓之变乱事迹，起灭任意，则是视六经为道士天书，其祸过于秦之推烧史记。推其用意，必以历史记载为不足信，社会习惯为不足循，然后可以吐言为经，口含天宪"，为其主观臆说服务。③ 二

① 章太炎：《驳建立孔教议》，《太炎文录初编》卷二，见《章太炎全集》(4)，195 页。

② 章太炎：《驳建立孔教议》，《太炎文录初编》卷二，见《章太炎全集》(4)，197～198 页。

③ 章太炎：《示国学会诸生》，见《章太炎政论选集》，695 页。

是堕落风纪道德。章太炎指出：康有为、陈焕章等人擅立宗教，盲改风俗，专尊一家，"俪其侯度，而奉其仪容，则诳耀也；贵其一家，而忘其比类，则偏畸也。进退失据，挟左道，比神事，其不可以垂则甚明。"①尊孔设教，徒渎乱风纪，坠隳道德。三是泯绝学术。章太炎对公羊学派臆说经文学风一向不满，而对王闿运、廖平、康有为等人牵强附会西方宗教的做法尤为深恶痛绝。他说："若其系于学术者，锢塞民智，犹其小者尔，大者乃在变乱成说，令人醒醉发狂。"例如，"彼说耶苏，以为耶即是父，苏即死而复生"；王闿运"则云墨家巨子即榘子，榘者十字架也"。如此之说，"荒诞屈奇，殆若病寐"，"非使学术泯绝，人人为狂夫方相不已"。② 尊孔设教危害学术，不可实行。

（三）价值重建的载体：新佛教

20世纪初年，章太炎"借《民报》作佛声"，大力宣扬佛教。他建立宗教的现实原因，最直接的就是要"用宗教发起信心，增进国民的道德"。在现成的各种宗教之中，他所看中的就是佛教，"佛教的理论，使上智人不能不信；佛教的戒律，使下愚人不能不信；通彻上下，这是最可用的。"在佛教各宗派中，他所选择的是法相、华严二宗："这华严宗所说，要在普度众生，头目脑髓，都可施舍与人，在道德上最为有益。这法相宗所说，就是万法惟心，一切有形的色相，无形的法尘，总是幻见幻想，并非实在真有……在哲学上今日也最相宜。要有这种信仰，才得勇猛无畏、众志成城，方可干得事来。"章太炎所宣扬的佛教，实际上是根据他的需要臆造和改造后的佛教。他将佛教"一切众生，皆是平等"的教义，解释成"佛教最恨君权"，"佛教最重平等，所以妨碍平等的东西，必要除去"。他明确宣布："提倡佛教，为社会道德上起见，固为最要；为我们革命军上的道德上起见，亦是最要。"③在《答梦庵》、《答铁铮》、《建立宗教论》等文中，章太炎都曾反复申谕他建立无神佛教的目

---

① 章太炎：《驳建立孔教议》，《太炎文录初编》卷二，见《章太炎全集》(4)，196页。
② 章太炎：《示国学会诸生》，见《章太炎政论选集》，696页。
③ 章太炎：《东京留学生欢迎会演说辞》，见《章太炎政论选集》，273～276页。

的：增进国民的道德，陶冶革命的情操。一句话，章太炎建立无神宗教就是要为价值观念的重建、革命道德的增进寻求一种载体。

章太炎建立无神的佛教与其儒学思想的发展似乎无关，但经我们仔细考察后却发现，事实并非如此，二者关系密切。

第一，建立无神宗教是儒学不能胜任革命道德建设的需要而作出的选择。在辛亥革命时期，章太炎虽然偶尔也借用儒家道德宣传革命思想，但从总体上说，与他当时的抑儒扬佛思想相一致，他更强调佛学思想对革命道德的建设作用。他认为，近代中国，"民德衰颓，于今为甚，姬、孔遗言，无复挽回之力，即理学亦不足以持世"，且学说日新，智慧增长，"而主张竞争者，流入害为正法论；主张功利者，流入害为正道论。恶慧既深，道德日败。矫弊者，乃憬然于宗教之不可泯绝"。在此条件下，章太炎比较宗教各派各宗后认为，"非法相之理，华严之行，必不能制恶见而清污俗"，而儒家的"《春秋》遗训"、"颜、戴绪言"，也只有以大乘佛教为纲，"才足以相辅"。①

在《建立宗教论》中，章太炎对此作了进一步分析，他说："今之世，非周、秦、汉、魏之世也，彼时纯朴未分，则虽以孔、老常言，亦足化民成俗。今则不然，六道轮回、地狱变相之说，犹不足以取济。非说无生，则不能去畏死心；非破我所，则不能去拜金心；非谈平等，则不能去奴隶心；非示众生皆佛，则不能去退屈心；非举三轮清净，则不能去德色心。"总之，佛教是陶铸革命道德的灵丹妙药，其作用非儒学所能比拟；"作民德者，舍此无他术也"②。

为什么孔教③不能胜任增进民德的任务呢？在《东京留学生欢迎会演说辞》中，他对此专门作了说明："若说孔教，原有好到极处的。就是各种宗教，都有神秘难知的话杂在里头，惟有孔教，还算干净"，但这并不意味着孔教能胜任改造国民道德的任务，因为它具有一大致命的弱

① 章太炎：《人无我论》，《太炎文录初编》别录卷三，见《章太炎全集》(4)，429 页。
② 章太炎：《答梦庵》，见《章太炎政论选集》，397 页。
③ 这里章太炎所说的孔教主要是指教化之教，与康有为等人所说的孔教含义不同。

点——"孔教最大的污点，是使人不脱富贵利禄的思想"。章太炎说，自汉武帝专尊孔教以后，热衷于富贵利禄的人日多一日，而"想要实行革命，提倡民权，若夹杂一点富贵利禄的心，就象微虫霉菌，可以残害全身，所以孔教是断不可用的"。①

总而言之，在章太炎看来，在当时的历史背景下无论是儒家道德还是孔教都具有自身不可克服的缺点，难以胜任增进国民道德的任务，因此只好转求于佛教。

第二，建立无神宗教是出于章太炎对哲学、宗教、道德三者关系的独特认识。章太炎在谈到三者之间的关系时说："世间道德，率自宗教引生。彼宗教之卑者，其初虽有僧侣祭司，久则延及平民，而僧侣祭司亦自废绝。则道德普及之世，即宗教消镕之世也。于此有学者出，存其德音，去其神话，而以高尚之理想，经纬之以成学说。"简言之，即宗教是道德产生的源泉，道德普及则导致哲学昌盛，哲学反过来改造宗教，"存其德音，去其神话"。章太炎认为，无论是西方，还是中国，宗教、道德、哲学都依此规律而递嬗。比如，"中国之孔、老，希腊之琐格拉底、柏拉图辈，皆以哲学而为宗教之代起者"；接下来，孔、老之学，迁为汉儒，琐、柏二氏之学"缘生基督"，这样，"哲学复成宗教"；其后，西方自培根、笛卡尔等人开始，中国自程、朱、陆、王诸儒开始，"又复变易旧章，自成哲学"。按照章太炎的推理，时下又到了宗教取代哲学的时候了。由于"程、朱、陆、王，固以禅宗为其根本，而晚近独逸诸师，亦于内典有所摭拾"，因此，"继起之宗教，必释教无疑也。"②按照章太炎的逻辑，佛教取代儒学合情合理。在这一问题上，康德与章太炎的看法相同，章太炎是否受康德的影响所致，我们不得而知。不过，由于缺乏严密的论证和坚实的证据，章氏这一观点仅能是他个人的臆测，没有多大说服力。

---

① 章太炎：《东京留学生欢迎会演说辞》，见《章太炎政论选集》，272～273 页。
② 章太炎：《建立宗教论》，《太炎文录初编》别录卷三，见《章太炎全集》(4)，418～419 页。

第三，建立无神宗教符合儒学的一贯精神。在章太炎看来，在中国建立无神宗教并非无根之木，而是有章可循，适合中国的历史和现实。他认为，佛学、儒学相通之处甚多。首先，二者的根本精神相合。"支那德教，虽各殊途，而根原所在，悉归于一，曰'依自不依他'耳"，上自孔、孟、荀，下至程、朱、陆、王、颜、李，虚实不同，拘通异状，但在"自贵其心，依自不依他"这一点上则是一以贯之的。而"佛教行于中国，宗派十数，独禅宗为盛者，即以自贵其心，不援鬼神，与中国心理相合"之故。法相有禅宗之长而无禅宗之短，"至于自贵其心，不依他力，其术可用于艰难危急之时，则一也"。①总之，儒学、佛教精神相通，均以远胜欧洲神教的"依自不依他之说"为皋极。其次，法相之学适合于近代的学术精神。明代气节之士，非能研精佛典，只能学习较为简易的禅宗，而不能会通精深的法相之学，而"近代学术，渐趋实事求是之途，自汉学诸公分条析理，远非明儒所能企及。逮科学萌芽，而用心益复缜密矣"，因此，法相之学，"于明代则不宜，于近代则甚适，由学术所趋然也"②。再者，儒学、法相皆主无神之说。孔子言天祝、天丧、天厌、获罪于天等语，此即斯宾诺沙泛神之说，"中国得孔子泛神之说，至公孟而拨除之，印度得数论无神之说，至释迦而昌大之"。二者不仅同主无神之说，而且"转变亦有相似"。最后，儒学、佛教崇拜之法相同。章太炎认为，儒、佛二教，"其神既非实有，则崇拜为虚文耳"。中国传统"士人之拜孔子，胥吏之拜萧何，匠人之拜鲁般，衣工之拜轩辕，彼非以求福而事之，又非如神教所崇拜者。……以为吾之学术出于是人，故不得不加尊礼。此于诸崇拜中，最为清净"。佛教崇拜释迦牟尼与汉人之拜孔子相同，释迦不仅于2600年前实有其人，且"遗风绪教，流传至今"，"沐浴膏泽，解脱尘劳"都是受自释迦之赐。后人"尊仰而崇拜之，尊其为师，非尊其为鬼神"。简言之，佛教尊释迦牟尼与儒学尊奉孔子大同小异，都是缘"一切事端之起，必先有其本师，以本师代表

---

① 章太炎：《答铁铮》，《太炎文录初编》别录卷二，见《章太炎全集》(4)，369～370页。
② 章太炎：《答铁铮》，《太炎文录初编》别录卷二，见《章太炎全集》(4)，370页。

其事，而施以殊礼"而成。①

章太炎建立宗教论的提出看似与儒学价值体系的关系不甚明显，但考察其起因可以看出，它是 20 世纪初期章太炎认为儒学已不足以陶铸革命道德的背景下所找到的重建价值的源泉和增进道德的载体。

综上不难看出，章太炎对儒家思想的阐释导源于传统与近代之间的紧张关系，其出发点是力图超越落伍的传统观念，走向近代，实现思想观念的近代转化。在近代，思想文化的近代化是与批判儒家思想紧密相关的。当时，有人视儒家思想与近代化过程为不相容的两极。章太炎由于与儒家思想渊源较深，对儒家思想有着较为全面而深刻的理解，因此，他在论述中没有对儒家思想作简单化否定，能够注意从儒家文化自身特点出发，强调民族文化近代转化的历史根基，明确指出其中含有可以存继国性、陶铸国魂的精华成分。他对儒家思想的阐释尽管存有一些失误，但在一定程度上却有利于缓解儒家思想与近代中国思想文化近代化之间的紧张。

四、"六经皆史"与学术转型

"太炎在近代中国学术史上，是自成宗派的巨人。"②他的儒学思想不仅有重大的政治现实意义，而且对中国现代学术转型卓有影响。

论及传统学术的现代转型，似乎只是胡适等一班五四学人的事情，他们以西方学术范式规范传统学术，使之实现了现代转换。其实，"中国现代学术的建立，并不只是'西学东渐'的顺利展开"，"由于五四新文化运动的大名如日中天，晚清一代的贡献多少受到了遮蔽"。③ 钱穆、周予同、贺麟、陈寅恪、侯外庐等学者，论及近世学术，也大都倾向于

---

① 章太炎：《建立宗教论》，《太炎文录初编》别录卷三，见《章太炎全集》(4)，416 页。
② 侯外庐：《近代中国思想学说史》下册，860 页，上海，生活书店，1947。
③ 陈平原：《中国现代学术之建立》，13、4 页，北京，北京大学出版社，1998。

将康(有为)、梁(启超)、章(太炎)、严(复)、罗(振玉)、王(国维)等从清学中分割出来，目的是突出晚清和五四两代学人的"共谋"，开创了中国现代学术的新天地。

尽管多数论者把章太炎划入晚清学者的序列，但是如果把学术转型期定在从戊戌维新时期到 20 世纪 20 年代末，[①] 我们不难发现，这正是章太炎学术生命最为旺盛的时期。这一时期，章太炎同梁启超、王国维、胡适等互为犄角，桴鼓相应，对中国学术史进行了认真爬梳整理、总结开创。他们以"古学复兴"(即"文艺复兴"之别名)自命的古学研究，推动了传统学术的现代化。

(一)"六经皆史"说

"六经皆史"是中国传统学术的一大命题，也是章太炎经学思想的重要内容。论者每牵于"六经皆史"之名，把章太炎与以前学者所论"六经皆史"混为一谈，从而泯没了章太炎"六经皆史"的时代意义。其实，只要认真考察，我们就不难看出章太炎"六经皆史"思想的学术价值和特色所在。

章学诚的"六经皆史"命题在学术史上影响较大，且与章太炎瓜葛较深，故易为论者援为同道。正确解读章学诚的经史观是合理评判章太炎"六经皆史"说学术价值和思想意义的前提和关键。

第一，在章学诚的命题里，"史"并非是有些人所理解的"史料"。"(六经皆史)此四字中的这个'史'字，我们近代学者如梁任公、胡适之，都看错了"，不应作史料解。[②] 章学诚所指的"史"，是从源头上讲的，是"官师合一"背景下阐述先王之道的"撰述"，或者说是"周代官吏所掌守的实际的政制典章教化施为的历史记录"[③]。章学诚注重的是政典的功用，而非史料价值。

第二，从章学诚这一命题的背景看，他根本没有贬低"六经"之意，

---

① 参看贺麟：《五十年来的中国哲学》，沈阳，辽宁教育出版社，1989；陈平原：《中国现代学术之建立》导论部分。
② 钱穆：《中国史学名著》，315 页，台北，三民书局，1980。
③ 胡楚生：《清代学术史研究》，178 页，台北，学生书局，1988。

更谈不上要"把中国封建社会所崇拜的封建教条，从神圣的宝座上拉下来"的意图。他提出"六经皆史"，主要是针对清代学风而发的。"综观实斋'六经皆史'之说，实为针对东原道在六经的基本假定而发，同时也是对顾亭林以来所谓'经学即理学'的中心理论作一种最有系统的反挑战。"①在章学诚看来，"汉学专治历史而不讲义理，宋学空谈义理而不顾历史；汉学讲考据而脱离实际，宋学好空言而'离事言理'，实在各有所偏。章学诚'六经皆史'中的'经世'理论是对准当时这两种学风而予以针砭，正所谓'有的放矢'！"②这里所说的"经世"与上述章氏之"史"强调经典的功用都是一个意思，即强调史学的经世致用功能。章学诚"六经皆史"说，是以经世致用的观点说明"六经"都是治理国家、切于民生日用的典籍，史学应当作为经邦济世之器。"即器存道"，史学也可以载道。其目的就在于用史学补救汉学脱离实际、宋学游谈无根的弊病。论者每以章学诚认为"六艺皆周公之政典"③，遂断定他尊周公而贬孔子，看章学诚本意，并非如此。章学诚认为，孔子虽生不得位，不能创制立法，却能"表彰六籍，存周公之旧典"以"明教于万世"，即器明道。这正是章学诚"六经皆史"所极力要推扬的经世精神，他认为孔子可谓青出蓝而胜于蓝。同时，章氏又以"六经，器也"，"圣人即器而存道"④，明确提出道不离器，由此更能看出章学诚对六经的重视。诚如白寿彝所说：章氏并没有因"六经皆史""而剥夺了六经的神圣的灵光"⑤。

实际上，打破传统经史观念、把"六经皆史"与启蒙思潮相结合、将"六经"还原为历史文献的努力始于近代。龚自珍即主张"六经皆史"，反对把经史判为两橛，批评"号为治经则为尊，号为学史则道诎，此失其名也"⑥。这是从理性角度还经书以历史文献的本来面目、以历史主义

---

① 余英时：《论戴震与章学诚》，52 页，台北，华世出版社，1980。
② 朱维铮编：《周予同经学史论著选集》，720～721 页，上海，上海人民出版社，1996。
③ 章学诚：《经解下》，见《文史通义校注》，110 页，北京，中华书局，1985。
④ 章学诚：《原道下》，见《文史通义校注》，138 页。
⑤ 白寿彝：《白寿彝史学论集》（下），666 页，北京，北京师范大学出版社，1994。
⑥ 龚自珍：《古史钩沉论二》，见《龚自珍全集》，75 页。

眼光审视经学的开始。正是在前人学说基础上，章太炎对"六经皆史"说作了发展，其时代新意主要有以下几点。

(1)把"六经皆史"与新史学思想相结合，批驳了章学诚的正统史观。章太炎的"六经皆史"观是对章学诚"六经皆史"扬弃的基础上形成的。章太炎虽然有时也称赞章学诚"六经皆史"说"真是拨云雾见青天"①，但这只不过袭其名而已。就二人学说的实际内容讲，有着很大不同。章太炎《原经》篇对章学诚的命题提出了系统批评："晚世有章学诚，以经皆官书，不宜以庶士僭拟"，"以为六经皆史，史者固不可私作"，此甚非也。章太炎进而指出："经之名广矣"，仲尼作《孝经》，汉《七略》始傅六艺，其始则师友雠对之辞，不在邦典；墨子有《墨经》；贾谊有《容经》，韩非《内储》、《外储》亦自署经名；老子书在汉代称"道经"。由此可见"非徒官书称经"②，"人言六经皆史，未知古史皆经也"③。他又举陈寿、习凿齿、臧荣绪、范晔等人为例，驳斥章学诚"史者不可以私作"之说，认为章学诚以"经皆官书"、"史不得私作"，把经史等同于官书，实质上是把治经治史的权力奉给官府，不让"庶士"染指，使经史成为专门为封建统治服务的工具。章太炎的诠释从表面上看仅仅是命题内涵的扩大，但实质上已触及深层的意识形态形态问题，"经""史"由官学转变为私学，服务对象由官府变为"民众"，正体现了新兴资产阶级的学术进步精神。

(2)把"六经皆史"解释为"六经都是古史"有反对公羊学说的意义。康有为等今文学家以孔子为改制素王，以"六经"为孔子为后世制法，以古经为刘歆伪造。与今文学说针锋相对，章太炎提出："六经皆史之方，治之则明其行事，识其时制，通其故言，是以贵古文。"④他又用白话告诉在日本的留学生："经外并没有史，经就是古人的史，史就是后人的经。古代撰他当代的史，岂是为汉朝，所说治国的法度，也只是当时现用，并不说后世必定用得着。固然有许多用得着的，但他当时著书，却

---

① 章太炎：《论经的大意》，载《教育今语杂志》，第 2 册，1910。
② 章太炎：《原经》，见《章太炎全集·国故论衡先校本、校订本》，227 页。
③ 章太炎：《清儒》，《訄书》重订本，见《章太炎全集》(3)，154 页。
④ 章太炎：《明解故下》，见《章太炎全集·国故论衡先校本、校订本》，248 页。

并不为此。"①他还在《订孔》等文章中多次指出，孔子删定六经，虽有保存史料的功绩，却不是为百世制法，六经决非万代可以尊奉不移的神圣经典和亘古不易的教条。这些见解在章学诚"六经皆史"基础上有长足进展，不仅将圣经还原为历史典籍，而且正面否定其神圣性，用历史理性回击了公羊学派的一些妄说怪论，具有较强说服力。

（3）在"六经皆史"基础上创造性地提出"经者古史，史即新经"②。这一说法不够准确，但提高了史学的地位，有利于对经学的神圣地位发起冲击。在封建社会，经史有着天壤之别。王鸣盛在《十七史商榷》序文中曾说："治经断不敢驳经，而史则虽子长、孟坚，苟有所失，无妨箴而砭之，此其异也。"王氏还只是就学术研究而言，实际上，经学在中国封建社会被推为万古不易的绝对真理，是封建道统、道德、伦理、纲常名教等几乎一切意识形态的主要载体，神圣不可动摇。章太炎"夷六艺于古史"，提出"经者古史，史即新经"，经史并论，一定程度上冲击了传统的"尊圣崇经"观念。

在章太炎的理论体系中，史学为"今日切要之学"，"不读史书，则无从爱其国家"，"不讲历史，昧于往迹，国情将何由而洽?"③"无历史即不见民族意识所在"④，史学为保存国粹、发扬国光、增进爱国心的源泉和凭借。章太炎"以经为史"，实即要求经学研究摆脱"经学时代"封建政治、封建制度、封建道德的羁绊，赋予经学以史学的价值与意义，服务于新时代之需。

（二）学术精神：从求实到求真

章太炎经学研究虽带有乾嘉汉学的遗风，但从整体上看特别是进入20世纪以后，他的学术研究已明显超越了乾嘉汉学的"求实"精神，走上现代学术"求真"的道路。

从学术精神上讲，乾嘉汉学讲究言而有征、实事求是，以"实"著

---

① 章太炎：《论经的大意》，载《教育今语杂志》，第 2 册，1910。
② 王联曾记：《章太炎论今日切要之学》，载《中法大学月刊》，第 5 卷，第 5 期，1934。
③ 章太炎：《历史之重要》，载《制言》，第 55 期，1939。
④ 章太炎讲：《论经史儒之分合》，载《光华大学半月刊》，第 4 卷，第 5 期，1935。

称。在史料上，不依于传闻，不迷于众说，不出于空言；在立论上，不据于孤证，"不以人蔽己，不以己自蔽"；在论证上，重视逻辑贯通，"必征诸古而靡不条贯，合诸道而不留余议，巨细必究，本末兼察"，从而达到对圣人之言的"十分之见"。① 正如梁启超所说："要之，清学以提倡一'实'字而盛，以不能贯彻一'实'字而衰，自业自得，固其所矣。"②可以说，"求实"是清代汉学的根本精神，失去"实"字，自无汉学可言。

清代汉学家对于经籍的考据和诠释，从形式上看好似是一种纯技术性的操作，但在学术观念上与现代学术有很大不同。主流考据学家从来都未曾逾越把圣贤之言当作终极之理。或者说，他们从来都没有跳出经学思维模式。经学观念的尊圣本质，把考据学家的学术操作限制在澄清被篡改混淆的儒家经典上。厘清"传圣贤之道"与"圣贤之道"、"阐圣贤之学"与"圣贤之学"③，恢复两千年来被浸假了的经义，成为考据学家们的理想追求。代圣贤立命，为圣贤立言，以经学义理为终极信仰，考据学家们与以前的学者并无二致。清代汉学之"实"既然是建立于尊圣论的经学范式之上——"尊圣"含有迷信色彩，经学范式意味着是从儒家经典的本本出发，其坚实可靠性可想而知。

"求真"是近代科学精神的表现。严复在追述西学兴盛的原因时曾说：西学"命脉云何？苟扼要而谈，不外于学术则黜伪而崇真"④。"求真"精神实即对学术持一种科学的立场。就章太炎的学术研究来说，他的"求真"精神主要表现为：破除罩在经学上的"尊圣"光环，"夷六艺于古史"，从历史的角度看待六经；改变传统经学遵循的"读书得知"理路，跳出经学思维模式，向"客观世界"求真知，用他自己的话说就是，书籍"不过是学问的一项，真求学的，还要靠书籍以外的经验"⑤，"观省社

① 梁启超：《清代学术概论》，34～42页。
② 梁启超：《清代学术概论》，70页。
③ 颜元：《上太仓陆桴亭先生书》，见《颜元集》(下)，426页，北京，中华书局，1987。
④ 严复：《论世变之亟》，见《严复集》，2页，北京，中华书局，1986。
⑤ 章太炎：《章太炎的白话文》，17页，上海，泰东图书局，1922。

会、因其政俗而明一指"①，"理论和事实合才算好，理论和事实不合就不好，不必问他有用没用"；② 学主独立，"但顾求真，不怕支离"，说经之学"惟为客观之学"，但问真不真，不问是不是③，强调"字字征实，不蹈空言，语语心得，不因成说"④，反对在学术研究中掺杂个人主观好恶。故此，他以研经之学为稽古之学，"稽古之道，略如写真，修短黑白，期于肖形而止，使妍者媸，则失矣，使媸者妍，亦未得也"⑤；去除说经的功利主义色彩，力戒曲学致用、学以干禄的做法，主张"说经者，所以存古，非以是适今也"⑥，"学者将实事求是，有用与否，固不暇计"⑦。

从这里可以看到，经学发展至章太炎，不仅自汉以来的"通经致用"走到了末路，而且也宣告了清初以来实学思潮的终结，清代汉学的"求实"被近代科学的"求真"精神所取代。对此，侯外庐曾说：章太炎中年以后的学术"已经不同于乾嘉学者所谓之'实事求是'，仅限于文字训诂间的是非，实在进一步提倡理性主义。……太炎之为最后的朴学大师，有其时代的新意义，他于求是与致用二者，既不是清初的经世致用，亦不是乾嘉的实事求是，更不是今文家的一尊致用，而是抽史以明因果，覃思以尊理性，举古今中外之学术，或论验实或论理要，参伍时代，抑扬短长，扫除穿凿附会，打破墨守古法，在清末学者中卓然凌厉前哲，独高一等"⑧。

当然，章太炎主张学术"求真"、学术"独立"，从根本上说，其客观意义在于强调经学研究同封建正统思想决裂，从而达到思想解放的目的，以满足新时代的需要。

---

① 章太炎：《原学》，见《章太炎选集》，193 页。
② 章太炎：《章太炎的白话文》，93 页。
③ 章太炎：《论诸子学》，见《章太炎选集》，357 页。
④ 章太炎：《再与人论国学书》，《太炎文录初编》别录卷二，见《章太炎全集》(4)，355 页。
⑤ 章太炎：《与人论朴学报书》，《太炎文录初编》卷二，见《章太炎全集》(4)，154 页。
⑥ 章太炎：《与人论朴学报书》，《太炎文录初编》卷二，见《章太炎全集》(4)，153 页。
⑦ 章太炎：《与王鹤鸣书》，《太炎文录初编》卷二，见《章太炎全集》(4)，151 页。
⑧ 侯外庐：《近代中国思想学说史》下册，851 页，上海，生活书店，1947。

（三）学术理念的变化

章太炎学术思想的变化与时代思潮密切相关，理论上吸收了近代进化论，政治上服务于近代民主革命之需。

第一，以进化论思想为指导。在唯物史观传入中国之前，进化论是当时中国最为先进的世界观和方法论。从进化论的观点出发，章太炎不仅指斥经学独尊，阻碍了学术的进化，而且指出"尊圣崇经"的传统思想由于不适宜当今时代，被淘汰自是理所当然的。在具体研究中，章太炎以六经为古史资料，指出儒家经典本来是反映中国古代社会进化的史料，表现了"上世社会污隆之迹"，"以此综贯，则可以明进化，以此裂分，则可以审因革"[①]，反对将儒家经典置于为百世"制法"的至高位置上。

在章太炎的眼里，破除经学的神秘性是合乎进化论的，保存国粹也是合乎进化论的。章太炎以经为史、以经史为国粹的逻辑推理，即是以进化论为指导的。在章太炎等国粹派看来，保存国粹是选择传统文化中"优美"、"壮旺"、"开通"的适合于当今时代需要的东西，这恰如进化论所讲选择良种以促进物种进化，"天演家之择种留良，国粹保存之主义也"。[②] 章太炎等人认为，在民族危亡之际，提倡国粹是救亡的必要选择——如果不是"用国粹激动种性，增进爱国的热肠"，用国粹激发中国人的爱国心使"民德"得到进化；那么"自甘暴弃，说中国必定灭亡"的欧化主义就会泛滥，中国人就会失去革命的道德，民族就会灭亡。[③] 章太炎把破除经学的神秘性、封建性与保存国粹相联系，既批判了传统文化中的糟粕又不将传统文化全盘否弃，促进了儒学的近代转化。这不能不说与其进化论指导思想密切相关。

第二，资产阶级意识形态的确立。近代学术转型的一大特点就在于，由传统的为统治者服务的学术宗旨转变为为"国民"服务，为国家和

---

① 章太炎：《清儒》，《訄书》重订本，见《章太炎全集》（3），159 页。
② 许守微：《论国粹无阻于欧化》，见《辛亥革命前十年间时论选集》第 2 卷上册，52 页。又载《国粹学报》第 7 期，1905。
③ 太炎：《演说录》，载《民报》，第 6 号，1906。

民族的利益服务。章太炎正是由于较好地贯彻了这一指导思想，使他的学术研究较之前人做出了更大贡献。

从直接动因上讲，章太炎标榜学术独立，主张学以求是、不在致用，正是渊于对康有为等歪曲经义、通经致用作法的强烈反对。然而，就章太炎治理儒学的实质而言，他的学术研究也从来没有脱离现实需要，而是以服务于"国民"、民族和国家为根本宗旨的。他曾反复倡导这一宗旨：为学之道，"用以亲民"①；研究传统学术，目的是"激动种性，增进爱国的热肠"。②

资产阶级意识形态较之封建主义是一大进步，章太炎从"国民"、国家和民族的角度来研究儒学，所得结论自然更为客观。他以"民众"的利益为尚评价儒学，"《礼经》七十一篇，守之贵族，不下庶人"，其中"当代不行之礼，于今无用之仪"，宜废除之；"《毛诗》、《春秋》、《论语》、荀卿之录，经纪人伦，平章百姓，训辞深厚，宜为典常。然人事百端，变易未艾，或非或魋，积久渐明，岂可定于一尊？"③他的学术研究不仅推动了儒家学术的近代化，而且富有思想启蒙意义。从章太炎对孔子的评价我们可以更清楚地认识到这一点。在《订孔》篇中，他反对以孔子为"教主"、反对孔子"虚誉夺实"，主要是从反对孔子为贵族阶级利益服务立论的；他评价孔子不以瑕掩瑜、不以偏概全，实事求是地看待孔子整理六经、从事教育的贡献，是从民族主义的立场、从近代价值观出发的。正是由于新的指导思想的确立，使章太炎的儒学研究更具有历史真实性和可信性，无怪乎侯外庐赞叹章太炎的儒学研究"基于理性"、"具有卓见"、"多富学术价值"。④

(四)方法论的运用

方法论的革新是促进学术进步的重要因素。与其经史观相一致，章太炎在学术研究中注重经、史方法的结合，以治史的方法治经。他不仅

---

① 章太炎：《〈国粹学报〉祝辞》，《太炎文录初编》卷二，见《章太炎全集》(4)，208 页。
② 太炎：《演说录》，载《民报》，第 6 号，1906。
③ 章太炎：《与人论朴学报书》，《太炎文录初编》卷二，见《章太炎全集》(4)，207 页。
④ 侯外庐：《近代中国思想学说史》下册，834 页。

继承传统的研究方法，而且注重吸收近代西方科学方法论，并使二者结合起来，收到了较好效果。

注重民族传统是章太炎治学的一大特色。在学术实践中，章太炎以史治经，把传统儒学方法论向前推进了一步。清代汉学家钱大昕、邵晋涵等人，即以治史的方法治经，但是，由于他们不敢触动经的独尊地位，因此其方法依然带有很大的局限性。章太炎"夷六艺于古史"，从指导思想到学术方法实现了突破，以"抽史"的方法"抽经"，从而写出了像《春秋左传读叙录》、《驳箴膏肓评》这样的论著。他的经学研究，采用实证的方法，拓宽了经学研究的取证范围，增强了经学研究的科学性和可信性。

如他对乾嘉汉学考据方法的发展。乾嘉考据方法接近于实证主义而不是实证主义，章太炎实现了二者的沟通。于小学，乾嘉汉学家仅言"由辞以通道"，而章氏则把文字孳乳和对自然史、社会史、人类思维史的探讨相结合，互为证据，互相发明，与实证主义学者王国维研究古史的方法相当。[①] 于经学，他克服了以往古文学家拘泥于文字训诂疏证而轻视思想实质、专注于破碎考证而缺乏宏观考辨的弊端，反复强调从历史事实出发，"无征不信"，要求从有文可据的典籍入手，来把握字词的训释，辨明史实的真伪，探求事件、人物、学说之大义。"'语必征实，说必尽理'，显然这是以朴学考证为起点，但已大大前进了的方法论，它与观念先行的方法论相反，亦与一味分文析字的'朴学'不同"[②]，而是一种实证主义的研究方法。对于章太炎对传统学术方法的发展，时人也有认识。如梁启超在《清代学术概论》中就曾指出："应用正统派之研究法，而廓大其内容延辟其新径，实炳麟一大成功也。"[③]

章太炎还注意运用近代西学理论方法。章太炎的经学论著，从早年的《膏兰室札记》到晚年的《春秋左传疑义答问》、《古文尚书拾遗》，均不

① 侯外庐：《近代中国思想学说史》下册，814 页。
② 唐文权、罗福惠：《章太炎思想研究》，367 页，武汉，华中师范大学出版社，1986。
③ 梁启超：《清代学术概论》，95 页。

乏西学方法的应用。我们从章氏以近代西方社会史学理论阐释《周易·序卦传》的《自述学术次第》、《易论》、《历史之重要》等文章，尤可见其经、史方法结合之一斑。

《序卦传》旨在解说《周易》六十四卦的编排次序，揭示诸卦相承相受的意义。全文分两段，上段叙上经《乾》至《离》三十卦次序，下段叙下经《咸》至《未济》三十四卦次序。通常认为，《序卦传》是一篇颇具哲理深度的六十四卦推衍纲要。章太炎则说："《周易》，人皆谓是研精哲理之书，似与历史无关，不知《周易》实历史之结晶，今所称社会学是也。"[①]

《易论》主要是就《序卦传》初始部分有关"人事"、"相因"、"相反"等门类的卦进行分析。《屯》卦，记述的是人类初始阶段的情形。在这一阶段，人类处于蒙昧野蛮状态，"草昧部落之酋，鹑居鷇食"，"民如野鹿"，过着渔猎生活；"婚姻未定，以劫略为室家"，正如《屯》卦六三爻辞所说"匪寇婚媾"，还没有形成较稳定的夫妻制。《蒙》卦所记婚姻状况稍见进步，"始有娉女，而爻称'内妇'、'克家'"。《需》卦载，"君子以饮食燕乐"，说明了人们生活状况的改善。

《讼》、《师》、《比》、《小畜》卦则反映了私有财产的出现以及当时的社会冲突。"农稼既兴，民之失德，乾餱以愆，而争生存、略土田者作，故其次《讼》。"为争生存、争饮食，"小讼用曹辩，大讼用甲兵"，聚众而起，所以行《师》。《比》卦则说明了因互相争讼出现了相对稳定的有纲纪有城廓都邑的诸侯国邦，但其首领仅为"假王"。有了国邦、"假王"，赋调所归，故有《比》必有《蓄》。

《履》、《泰》、《否》三卦则表现了国家建立的情形。"《讼》以起众，《比》以畜财；军在司马，币在大府。"有了军队与财富，万国亲和，觌威不用，"帝位始成，大君以立"，此为《履》。帝王的出现，国家的建立，既是社会矛盾的产物，又是社会发展的必然。国家安定，"其道犹《泰》"。"泰者，通也"，"物不可以终通"，《泰》"浸以成《否》"。同理，"物不可以终否，故受之以《同人》。"《同人》，简言之就是"君子以类族辨

---

① 章太炎：《历史之重要》，载《制言》，第 55 期，1939。

物"，有道之君宗盟其族，繁荣国家。

经此一番解释后，章太炎得出结论说，从《屯》到《同人》十卦，乃"生民建国之常率，彰往察来，横四海而不逾此"。如此解释，令人耳目一新，也证明了他所主张的《易》为"记人事迁化"、"非谶记历序之侪"的观点。①

章太炎把东西方逻辑学方法与史学方法熔铸为一，付诸经学研究，也具有特色。逻辑学是理性认识的工具之学，曾被培根称为一切法之法、一切学之学。踵严复之后步，章太炎把逻辑学认真付之于学术实践。《订孔》、《征信论》、《信史》等文就是章太炎把逻辑学方法运用于经史研究的典范之作。侯外庐十分推崇章太炎在经史研究中对逻辑学方法的应用，称"太炎是以历史学与逻辑学而治经学"，"他的经史论是以逻辑为指路碑，而内容则为史，因此，他发展了古文家而攻击了今文家"，"他以史学与逻辑说经典，实在是他的特异经学"②。

（五）近代学术规范的应用

新学术规范的应用是转型期学术的一大特征。按照美国学者托马斯·库恩(Thomas kuhn)在《科学革命的结构》一书中的解释，科学发展的过程，实质上是不断屏弃旧范式，创建新范式的过程。较为宽泛的理解，学术范式应当包括学术精神、学术宗旨、学术方法、学科门类以及语体、文体等方面的内容。纵观章太炎的儒学学术研究，我们可以看到他由遵守古文家法到应用现代学术规范的转变。

"道不离器"，形式要求与内容相统一，建立新的学术范式是儒学近代转型的内在要求。章太炎一向重视学术研究遵从规范的制约。他严守古文家法，受到后人指责，甚至因此被人谳为"抱残守缺，泥古不化"。其实，他抛却乃师"颇右公羊"的做法，独以古文家法固守，目的之一即在于遵守规范。在《论诸子学》中，他明确说道："强相援引，妄为皮傅，愈调和者愈失其本真，愈附会者愈违其解故，故中国之学，其失不在支

---

① 以上引文见章太炎：《易论》，《检论》卷二，见《章太炎全集》(3)，380～381 页。
② 侯外庐：《中国近代启蒙思想史》，154 页，北京，人民出版社，1993。

离，而在汗漫。"①他指出旧学"汗漫"、"曼衍"，指责康有为"立说不纯"、重"微言大义"而不守学术规范②；他告诫弟子"以经治经，则宜守家法，不可自乱途辙"③，所有这些，都是他重视学术规范的表现。

章太炎在儒学学术研究中对新学术规范的应用，除体现为上述为学宗旨、治学方法的变化外，还表现在其儒学著述内部体系的划分趋向于专门化。从传统的学术分类看，儒学独尊，儒学是涵盖包括文、史、哲在内的众多学科的大学科，内部缺乏严格的学科分类和体系划分。章太炎早期的儒学论著基本上不重视学术分类，但随着研究的深入，不仅出现了《国故论衡》、《国学概论》等以"国故"、"国学"命名的著作，把作为一尊之学的儒学转变为一门（一家）之学，而且在内在体系上，开始按照现代学术的分类方式，把儒学划分为哲学、史学、文学、文字学等子学科，反映出由博至专、分工日趋细密的现代学术特征。

具体就章太炎经学研究而言，学术转型的特点也很明显。这一点，只要把《春秋左传读》与《春秋左氏疑义答问》作一比较就可发现，前者遵守的是古文家法，争立门户的用意明显，且不乏表现通经致用的"微言大义"；后者则基本上走出了"经学时代"，以经史结合，论证严密系统，现代学术特征突出。在学科分类上，章太炎并未局囿于"六经皆史"，而是归《周易》入哲学，归《诗经》入文学，《礼》经含有社会史料……都呈现出经学研究的现代特征。

中国传统学术向现代学术的转变，从一定意义上说，是学术理念、学科分类、学术规范的变化。综观章太炎的儒学学术研究过程，特别是把他早期和晚年的论著作一番比较，还是较为明显地体现了转型期学术的特征：在学术精神上由"求实"转向"求真"；在学术宗旨上由"随顺旧义"④转向为新兴资产阶级利益服务；在学科分类方面，开始使用哲学、

---

① 章太炎：《论诸子学》，见《章太炎选集》，354 页。
② 章太炎：《与人论国学书》，《太炎文录初编》别录卷二，见《章太炎全集》(4)，355 页。
③ 转引自荣孟源、章伯锋主编：《近代稗海》(2)，102 页，成都，四川人民出版社，1985。
④ 章太炎：《菿汉微言》，86 页，北京，1916 年铅印本。

史学、文学等现代学科来规划和指导儒学研究。钱穆在《现代中国学术论衡》一书的自序中写道："文化异，斯学术异。中国重和合，西方重分别。民国以来，中国学术界分门别类，务为专家，与中国传统通人通儒之学大相违异。"[①]钱穆揭示了转型期学术由通人之学向专家之学的转变。世人多以通人之学视章太炎，从上述内容看，章太炎的学问并不限于传统学术的通人之学，还包容了现代学术的多门专家之学。

---

① 钱穆：《现代中国学术论衡》，1页，长沙，岳麓书社，1986。

第八章 "古人之思想足资今人学问"

——儒学与孙中山的革命学

孙中山不是儒家，但不等于说他没有受到儒家思想的影响。这已是学术界的共识。在对待儒学问题上，他既区别于旧学根柢深厚的康有为、章太炎，又迥异于陈独秀、李大钊、胡适等新青年，也不同于梁漱溟、熊十力等现代新儒家，表现出独具的个性。尽管已有学者就孙中山与传统儒学的关系做过研究①，但这些研究着意说明孙中山的革命思想与传统儒学在本质上的不同，而对二者之间所具有的同一性以及孙中山如何处理儒学与革命思想之间的关系，儒学如何又是在多大程度上影响了孙中山思想的发展，孙中山对儒学的评论在儒学发展史上地位如何，却多不详之论。

翻检孙中山数百万字的文集，他直接论述儒学的文字不过几十处而已，且大多数并非专论。但是，在孙中山论著的字里行间，却不难发现孙中山与儒学之间割不断的牵连。

1919 年春，《孙文学说》定稿，孙中山在与邵元冲谈话时说："余所治者乃革命之学问也。凡一切学术，有可以助余革命之知识及能力者，余皆用以为研究之原料，而组成余之'革命学'也。"②如何把革命学高深的内涵晓谕世人，孙中山援引传统儒学做原料解释说："革命者乃圣人

---

① 代表性的论文有李侃的《孙中山与传统儒学》、张磊的《孙中山与儒学》，二者立论的要点在于驳斥孔孙道统论，指出孙中山的革命思想与传统儒学在本质上的不同。均见《孙中山和他的时代》（下），北京，中华书局，1989。

② 孙中山：《与邵元冲的谈话》，见《孙中山全集》第 5 卷，55 页，北京，中华书局，1985。

之事业"，革命一词，创于孔子，"孔子曰：'汤武革命，顺乎天而应乎人。'此其证也"。中国数千年来惯受专制君主之治，其人民无参政权，无立法权，只有革命权。中国人民遇有不善之政，则必以革命更易之。"革命者乃神圣之事业、天赋之人权，而最美之名辞也。"①具体说来，儒学与孙中山的革命学之间有以下关系。

一、从华夏中心主义到文化民族主义

民族主义是孙中山领导革命首先揭橥的战斗旗帜。正如其革命思想有一个前后变化，他的民族主义思想也是历史地形成的。从文化思想方面分析，孙中山的民族主义经历了由华夏中心主义到文化民族主义的转变过程。在这一过程中，孙中山摄入"自由"、"民有"等现代性观念的同时②，儒学在构筑其民族性方面起了关键性作用。

在孙中山前期的民族主义思想中，排满是一项重要内容。兴中会和同盟会的纲领，首句便是"驱除鞑虏，恢复中国（华）"。在孙中山主持的中国国民党第一次全国代表大会宣言中也曾概括说："辛亥以前，满洲以一民族宰制于上，而列强之帝国主义复从而包围之，故当时民族主义之运动，其作用在脱离满洲之宰制政策与列强之瓜分政策。"③

排满思想源于儒家思想中的华夷之辨。《春秋》严夷夏之防，有其积极的一面，即从维护既有的先进文化出发，不致使落后民族的文明消灭先进民族的文明。故孔子说："远人不来，修文德以来之，既来之，则

①　孙中山：《在旧金山丽婵戏院的演说》，见《孙中山全集》第1卷，441～442页，北京，中华书局，1981。

②　孙中山曾说："究竟我们三民主义的口号，和自由、平等、博爱三个口号有什么关系呢？照我讲起来，我们的民族可以说和他们的自由一样，因为实行民族主义就是为国家争自由。"（《三民主义》，见《孙中山全集》第9卷，282页，北京，中华书局，1986）他又说："三民主义就是民族主义、民权主义和民生主义。这三个主义和美国大总统林肯所说的民有、民治、民享三层意思，是完全相通的。民有的意思，就是民族主义。"（《在桂林军政学七十六团体欢迎会的演说》，见《孙中山全集》第6卷，3页，北京，中华书局，1985）

③　孙中山：《中国国民党第一次全国代表大会宣言》，见《孙中山全集》第9卷，118页。

安之。"《孟子》说："吾闻用夏变夷，未闻变于夷。"用意均在于用先进文化改造、同化后进文化，保障文化的进步性。另一方面，长期以来华夏民族文化的优越性又滋生了狭隘的种族主义情结，使夷夏之防带有局限性。

与章太炎相比，孙中山所受传统儒学的熏染虽少一些，但儒家思想对其民族主义思想的影响则不容忽视。孙中山在复翟理斯的信函中写道："生于晚世，目不得睹尧舜之风、先王之化，心伤轶虏苛残、生民憔悴，遂甘赴汤火，不让当仁，纠合英雄建旗倡义。拟驱除残贼，再造中华，以复三代之规，而步泰西之法。"1904 年，他在为刘成禺《太平天国战史》所作序文中，对比朱元璋、洪秀全的事迹，即把朱成洪败的原因归诸华夷大防，并指责"罗、曾、左、郭号称学者，终不明春秋大义，日陷于以汉攻汉之策，太平天国遂底于亡"[①]。伦敦蒙难时，不离他左右的是黄宗羲宣讲民族大义的《明夷待访录》。[②] 明遗老反清复明的流风余韵与"太平天国军中残败之老英雄"的事迹成为他最为直接的思想渊源。[③] 可以说，《春秋》以来夷夏大防的历史记忆是激起孙中山早年革命斗志、燃起民族主义烈火的重要思想因素之一。

如果说"排满"主要是传统民族主义的胶结，那么随着三民主义理论的成熟，以及十月革命后孙中山革命思想的深化，再从文化上判华夷的高下优劣则不再具有多少说服力，毕竟，宣扬华夏文明天下无双的"天朝中心"说在强大的西方列强面前已显苍白，华夏中心主义不适于解释中西文化的不同。

抛却华夏中心主义，在当时的历史条件下存在民族虚无的可能。如果在传统民族主义观念上书写现代性，则既可化解传统与现代之间的紧张，又不损民族主义旗帜的连续性和号召力。就笔者所见，学界在论述文化民族主义时，鲜有论者把孙中山列入其中。实际上，孙中山正是在

---

① 孙中山：《〈太平天国战史〉序》，见《孙中山全集》第 1 卷，258～259 页。
② 见陈锡祺主编《孙中山年谱长编》上卷，109 页，北京，中华书局，1991。
③ 孙中山：《与宫崎寅藏的谈话》，见《孙中山全集》第 1 卷，583 页。

扬弃华夏中心主义的基础上构建起近代文化民族主义的大厦。

1919 年孙中山所撰《三民主义》一文，反映了他思想的新变化，其中论及民族主义时说道：

> 夫汉族光复，满洲倾覆，不过只达到民族主义之一消极目的而已，从此当努力猛进，以达民族主义之积极目的也。积极目的为何？即汉族当牺牲其血统、历史与夫自尊自大之名称，而与满、蒙、回、藏之人民相见于诚，合为一炉而冶之，以成一中华民族之新主义，如美利坚之合黑白数十种之人民，而冶成一世界之冠之美利坚民族主义，斯为积极之目的也。五族共和云乎哉。夫以世界最古、最大、最富于同化力之民族，加以世界之新主义，而为积极之行动，以发扬光大中华民族，吾决不久必能驾美迭欧而为世界之冠，此固理有当然，势所必至也。国人甚无馁！①

这里，民族主义已有了新的内涵。一是他注意到过去"排满"思想中大汉族主义的狭隘性，使用了"中华民族"这一全新的范畴。二是把过去汉族对于周边少数民族的优越性转化为立于世界之林的中华民族对于未来的自信心。

《中国革命史》（1923 年）是孙中山对 37 年革命生涯的自我总结，文中对其民族主义思想的渊源与宗旨有精辟概括：

> 余之民族主义，特就先民所遗留者，发挥而光大之；且改良其缺点，对于满洲，不以复仇为事，而务与之平等共处于中国之内，此为以民族主义对国内之诸民族也。对于世界诸民族，务保持吾民族之独立地位，发扬吾固有之文化，且吸收世界之文化而光大之，以期与诸民族并驱于世界，以驯致于大同，此为以民族主义对世界之诸民族也。②

---

① 孙中山：《三民主义》，见《孙中山全集》第 5 卷，187～188 页。
② 孙中山：《中国革命史》，见《孙中山全集》第 7 卷，60 页，北京，中华书局，1985。

那么，孙中山是如何发扬光大固有的儒家文化，以建构其民族主义学说的呢？他在 1924 年广州国立高等师范学校礼堂的演讲中，作了翔实有致的回答。尽管民族主义属于现代性范畴，但孙中山在建构这一概念时所使用的语言、所运用的材料乃至思维方式不少却渊于传统。

其一，孙中山把民族主义定义为国族主义。他认为，中国人最崇拜的是家族主义和宗族主义，如果这种对于家族、宗族的团结，扩张到国家，便是中国的民族主义——国族主义。"国族主义"系孙中山的发明，是他在分析了中西历史状况基础上提出的，与西方建立在现代国家观念基础上的政治民族主义有明显不同。他在分析这种不同产生的原因时指出：中国的民族主义是建立在由于王道自然力结合而成的民族基础之上的；英国等西方国家的民族主义是建立在由于霸道人为力结合而成的国家基础上的。孙中山的这一区分，一定意义上道出了文化民族主义与政治民族主义的不同。

其二，在讲到要用什么方法恢复民族主义时，孙中山指出，中国人有很坚固的家族和宗族观念，再加上浓厚的家乡观念，以这些观念为基础，"很可以把全国的人都联络起来"，组成一个极大的中华民国国族团体，"恢复民族主义比较外国人是容易得多"。他援引《尚书》说："尧的时候，'克明俊德，以亲九族；九族即睦，平章百姓；百姓昭明，协和万邦。黎民于谈时雍。'他的治平工夫，亦是由家族入手，逐渐扩充到百姓，使到万邦协和，黎民于变时雍，岂不是目前团结宗族造成国族以兴邦御外的好榜样吗？"①

其三，怎样来恢复我们民族的地位呢？孙中山想到的是恢复民族固有的道德和智能。孙中山认为："因为我们民族的道德高尚，故国家虽亡，民族还能够存在；不但是自己的民族能够存在，并且有力量能够同化外来的民族。所以穷本极源，我们现在要恢复民族的地位，除了大家联合起来做成一个国族团体以外，就要把固有的旧道德先恢复起来。有

---

①　孙中山：《三民主义》，见《孙中山全集》第 9 卷，238～240 页。

了固有的道德，然后固有的民族地位才可以图恢复。"①在孙中山看来，道德是保持一个民族特质和凝聚力的重要条件，而"一般醉心新文化的人，便排斥旧道德，以为有了新文化，便可以不要旧道德"，岂不知，历史是连续的，一概地否定过去，易于导致民族虚无主义，自暴自弃，沦为异域文化的附庸。当然，孙中山提倡恢复旧道德，并不是全盘接收，而是有所甄别，有继承也有扬弃，用他自己的话说就是："我们固有的东西，如果是好的，当然是要保存，不好的才可以放弃"。②

具体说来，孙中山所讲的中国固有道德，实际上就是传统儒学一贯提倡的"忠孝"、"仁爱"、"信义"、"和平"。在历史上，这八字道德既有其顺应社会发展的一面，又含有封建主义说教成分。孙中山没有原封不动地照搬旧义，而是适时地做了改造，并赋予时代内涵，以服务于革命需要。如，古时所讲的忠，主要是忠君，为封建皇帝服务，推至极点便是愚忠。孙中山所讲的"忠"字则不同，他说：

> 现在没有皇帝便不讲忠字，以为什么事都可以做出来，那便是大错。……我们在民国之内，照道理上说，还是要尽忠，不忠于君，要忠于国，要忠于民，要为四万万人去效忠。为四万万人效忠，比较为一人效忠，自然是高尚得多。故忠字的好道德还要保存。③

按照孙中山的理解和诠释，"忠孝"、"仁爱"、"信义"、"和平"种种传统道德便是"特别的好道德"，便是我们民族的精神，远驾乎外国人之上，不但不能丢，而且要保存，要发扬光大。④

恢复固有的民族地位，还要恢复我们固有的知识和能力。孙中山认为，清征服中国以后，不但是道德睡了觉，连知识也睡了觉，要恢复民族精神，不但要唤醒固有的道德，就是固有的知识也应该唤醒。什么

---

① 孙中山：《三民主义》，见《孙中山全集》第9卷，243页。
② 孙中山：《三民主义》，见《孙中山全集》第9卷，243页。
③ 孙中山：《三民主义》，见《孙中山全集》第9卷，244页。
④ 孙中山：《三民主义》，见《孙中山全集》第9卷，247页。

是固有的知识呢？即人生对于国家的观念，即中国古时"很好的政治哲学"。孙中山说：

> 我们以为欧美的国家近来很进步，但是说到他们的新文化，还不如我们政治哲学的完全。中国有一段最有系统的政治哲学，在外国的大政治家还没有见到，还没有说到那样清楚的，就是《大学》中所说的"格物、致知、诚意、正心、修身、齐家、治国、平天下"那一段的话。把一个人从内发扬到外，由一个人的内部做起，推到平天下止。象这样精微开展的理论，无论外国什么政治哲学家都没有见到，都没有说出，这就是我们政治哲学的知识中独有的宝贝，是应该要保存的。①

与恢复旧道德一样，孙中山对旧知识也进行了改造，并吸收了西方新文化的内容——"这种正心、诚意、修身、齐家的道理，本属于道德的范围，今天要把他放在知识范围内来讲，才是适当"②。孙中山剔除了其中所蕴含的封建道德意识，而以历史知识、政治哲学的视野对待之，主张恢复儒家文化中的优秀成分，在继承传统儒学的过程中便发展了儒学。

当然，孙中山并未满足于继承和改造既有的道德和知识，而是充分考虑到当时中国所处国内国际环境的世界大势。他说："恢复了我们固有的道德、知识和能力，在今日之世，仍未能进中国于世界一等的地位，如我们祖宗之当时为世界之独强的。恢复我一切国粹之后，还要去学欧美之所长，然后才可以和欧美并驾齐驱。如果不学外国的长处，我们仍要退后。"不难看出，孙中山的民族主义理论体系是开放的，而不是自封的。"用固有的道德和平做基础，去统一世界，成一个大同之治"，"我们学外国，是要迎头赶上去，不要向后跟着他"。这些豪言壮语充分显示出他谋取中华民族傲然屹立于世界民族之林的雄心和自信。而他所致力的民族强大，落基于民族固有传统和固有文化的发展上，具有较强

---

① 孙中山：《三民主义》，见《孙中山全集》第9卷，247页。
② 孙中山：《三民主义》，见《孙中山全集》第9卷，247页。

的现实性和合理性。

毋庸回避，传统儒学对孙中山的民族主义思想也有负面影响。即使在 20 世纪 20 年代初，他思想中依然存留着华夏中心主义的阴影："所谓五族共和者，直欺人之语！盖藏、蒙、回、满，皆无自卫能力。发扬光大民族主义，而使藏、蒙、回、满，同化于我汉族，建设一最大之民族国家者，是在汉人之自决。"[1]

二、民本思想与民权主义

孙中山民权主义学说的形成没有像民族主义那样经过由传统的民族主义发轫到逐渐扬弃儒家文化中的消极成分、吸收西方民族理论精华而上升为现代性民族主义理论的过程，而是表现出不同的逻辑取向和历史行程。[2]

孙中山民权主义思想主要源于西方民主制度的影响和中国社会现实的需求，而非传统的儒家思想。民权主义作为一种政治学说于 1905 年在《民报》发刊词中初次提出之时，只是作为一个具有号召性的革命纲领而已，而缺乏丰颖的理论体系和严密的逻辑论证。

不过，随着国内形势的变化特别是袁世凯复辟事件和五四新文化运动反正两方面的激发，孙中山对民主主义的认识大为深化，比以前更加注重从中国实际出发，用儒家的民本学说等本土思想来阐释民主主义学说（简言之，就是用儒家文化来改造移植自西方的民主主义），以适应本土化的需要，以便易于为国人接受。1923 年所著《中国革命史》、1924 年在广州的六次民权主义演讲，即是孙中山在这一方面最有力的尝试。

实际上，与民族主义理论相比，孙中山在宣讲民权主义时所遇到的

---

① 孙中山：《在桂林对滇赣粤军的演说》，见《孙中山全集》第 6 卷，24 页。

② 笔者以为，并不像有些论者所说的，"孙中山从民本思想出发，进而提出民权主义政纲。"如宋志明《孙中山与现代新儒家思潮》（载《学习与探索》，1994(6)）即持这种观点。而是取法西方民主，然后返观中国民本，结合中国实际而生成一中西合璧式民权主义。

困难要多得多，其中之一便是中国语境问题。民族主义学说可以由华夷之辨推演而来，民权主义又如何让中国民众接受呢？"中国自有历史以来，没有实行过民权"[①]，"民权这个名词是近代传进来的"[②]，"中国人知道民权的意思，是从书本和报纸中得来的"[③]，"中国人的民权思想都是由欧美传进来的"[④]……孙中山指出，民权主义学说系舶来品，这符合客观实际，但一而再，再而三地讲民权主义的外源性，就必须解决舶来的民权是否适用于中国的问题：中国"究竟为什么反对君权，一定要用民权呢？"

孙中山回答这一问题的理论基础是进化论。他结合人类社会进化的历史，把人类社会分为洪荒时代、神权时代、君权时代、民权时代，进行反复论证后指出："就历史上进化的道理说，民权不是天生出来的，是时势和潮流所造就出来的"[⑤]，"世界潮流的趋势，好比长江、黄河的流水一样，水流的方向或者有许多曲折，向北流或向南流的，但是流到最后一定是向东的，无论是怎么样都阻止不住的。所以世界的潮流，由神权流到君权，由君权流到民权；现在流到了民权，便没有方法可以反抗"[⑥]。他举例说，辛亥革命的成功，就是顺应世界潮流的结果，袁世凯、张勋逆潮流而动，都是终归失败。[⑦]"民权之发达终不可抑遏，此盖进化自然之天道也。顺天则昌，逆天则亡，此之谓也。"[⑧]

应当承认，孙中山的回答有一定说服力，但也存有不足之处。进化论具有普适性，却是从西方社会历史归纳而出的，并没有说明中国在进化阶梯上的位置，而且，中国的现实表明，民国初年所谓的共和政治并没能给社会带来进步。连美国的大学教授古德诺也说中国人民的思想不

---

① 孙中山：《三民主义》，见《孙中山全集》第9卷，262页。
② 孙中山：《三民主义》，见《孙中山全集》第9卷，261页。
③ 孙中山：《三民主义》，见《孙中山全集》第9卷，299页。
④ 孙中山：《三民主义》，见《孙中山全集》第9卷，314页。
⑤ 孙中山：《三民主义》，见《孙中山全集》第9卷，264页。
⑥ 孙中山：《三民主义》，见《孙中山全集》第9卷，267页。
⑦ 孙中山：《三民主义》，见《孙中山全集》第9卷，267页。
⑧ 孙中山：《三民主义》，见《孙中山全集》第5卷，190页。

发达，文化赶不上欧美，所以不宜用民权。换言之，中国还处于进化序列的君权时代。那么，"到底中国现在用民权是适宜不适宜呢?"这需要孙中山作出解释。

孙中山首先否定了民国初年系民主社会的说法：中国历史四千年以来用的都是君权，"中国(指中华民国成立)十三年来也没有实行过民权"①。但这并不意味着民权不适宜于中国，"根据中国人的聪明才智来讲，如果应用民权，比较上还是适宜得多"②。在孙中山看来，"中国进化比较欧美还要在先，民权的议论在几千年以前就老早有了。不过当时只是见之于言论，没有形于事实。现在欧美既是成立了民国，实现民权，有了一百五十年，中国古人也有这种思想，所以我们要希望国家长治久安，人民安乐，顺乎世界的潮流，非用民权不可"③。至于外国学者反对中国实行民权，都是由于"不考察中国的历史和国情，所以不知道中国实在是否适宜于民权"④。接下来，他援引儒家经典论证道：

> 两千多年前的孔子、孟子便主张民权。孔子说："大道之行也，天下为公。"便是主张民权的大同世界。又"言必称尧舜"，就是因为尧舜不是家天下。尧舜的政治，名义上虽然是用君权，实际上是行民权，所以孔子总是宗仰他们。孟子说："民为贵，社稷次之，君为轻。"又说："天视自我民视，天听自我民听。"又说"闻诛一夫纣矣，未闻弑君也。"他在那个时代，已经知道君主不必一定是要的，已经知道君主一定是不能长久的，所以便判定那些为民造福的就称为"圣君"，那些暴虐无道的就称为"独夫"，大家应该去反抗他。由此可见，中国人对于民权的见解，二千多年以前已经早想到了。不过那个时候还以为不能做到，好像外国人说"乌托邦"是理想上的事，不是即时可以做得到的。⑤

① 孙中山：《三民主义》，见《孙中山全集》第9卷，262页。
② 孙中山：《三民主义》，见《孙中山全集》第9卷，262页。
③ 孙中山：《三民主义》，见《孙中山全集》第9卷，263页。
④ 孙中山：《三民主义》，见《孙中山全集》第9卷，263页。
⑤ 孙中山：《三民主义》，见《孙中山全集》第9卷，262页。

这段论述在孙中山民权主义学说中具有典型性、重要性和理论意义。说其具有典型性，是因为此前孙中山 1919 年所作《三民主义》、1923 年 1 月所作《中国革命史》以及 1923 年 12 月《在广州欢宴各军将领会上的演说》中都曾反复阐述过，且内容出入不大，从而不难看出孙中山对儒家文化的重视和儒家学说在解释民权主义时的地位。说其具有重要性，是因为这段话关系到孙中山民权主义学说的成败，关系到民权主义是否适用于现代中国这一根本问题。说其具有理论价值，是因为孙中山正是凭此在理论上突破落后的东方中国与先进的西方世界在时空上的巨大差异（时空错位），巧妙地把西方民权主义这一现代性理论与中国儒家思想中的传统性资源会聚在一起，并运用于现代中国。

那么，孙中山这一理论在多大程度上能够成立呢？孙中山不是专门的理论家、学者，没有也不可能列出严密的论证程序，但作为一种思想学说，毕竟需要一定的可信度。这就需要考察一下儒家思想能否进而在多大程度上给舶来的民权学说提供本土化资源接济，给现代性的民权学说提供传统性资源接济。

按，孙中山这里所援引的传统资源主要是儒家的民本思想。民本思想在中国历史悠久，其源头至少可追溯至西周时期。西周统治者鉴于神权主义的殷商灭亡的教训，初步认识到民众力量的重要性，产生了"敬德保民"的民本思想。[①]《尚书》、《诗经》等儒家典籍就有不少有关西周时期民本思想的记载。周武王创造性地提出："天视自我民视，天听自我民听。"（《尚书·泰誓中》）把天意与民意结合起来，将天意归结为民意，这是一个巨大的飞跃，与殷统治者无视民众、独尊天意、刚愎横暴的态度大相径庭。像"民可近，不可下。民为邦本，本固邦宁。"（《书·五子之歌》）"天生烝民，有物有则。民之秉彝，好是懿德。"（《诗·大雅·烝民》）……都反映了对民众的重视。到春秋战国时期，民本思想已为儒家、墨家、道家等众多流派所重视，重民、爱民、保民的思想学说

---

① 在原始儒家的民本思想中，"民"指劳苦众庶，即被统治者，"人"多指统治者。见熊十力《原儒》（济南，山东友谊出版社，1989）、赵纪彬《论语新探》（北京，人民出版社，1976）。

一时蔚成风潮。其中，以孔子、孟子、荀子为代表的儒家是最有力的鼓吹者。自兹以降，相关理论探讨不绝如缕，不同时期、不同派别阐释的民本论重点也有所不同，其中，既有程度深浅之别，又有角度立场差异。但就总体而言，民本思想系围绕君民之辨而展开，有以下几层含义。

一是民为国本，民贵君轻。

这里包括两层意思。首先讲的是民众决定君主的天下，君主要想得天下，先要得民心。如《左传·桓公六年》记载，随国国君自谓祭祀天神的牺牲丰厚，便可以取信于神，但随国贤臣季梁却不以为然，指出："夫民，神之主也。是以圣王先成民，而后致力于神"。公然把"民"凌驾于神之上，告诫统治者满足民众意愿后，才能得到神的赐福。孟子云："民为贵，社稷次之，君为轻。是故得乎丘民而为天子。"（《孟子·尽心下》）"桀纣之失天下也，失其民也；失其民者，失其心也。得天下有道：得其民，斯得天下矣。"（《孟子·离娄上》）这里，孟子以史为鉴，把民众视为得天下的根本。荀子也把民众看作是决定君国命运的根本所在："《传》曰：'君者，舟也；庶人者，水也。水则载舟，水则覆舟。'……故王者富民，霸者富士，仅存之国富大夫，亡国富筐箧实府库。筐箧已富，府库已实，而百姓贫，夫是之谓上溢而下漏。入不可以守，出不可以战，则倾覆灭亡可立而待也。"（《荀子·王制》）民众决定国家政权的归属，也决定一个国家的强弱。三国名臣陆逊说："国以民为本，强由民力，财由民出。夫民殷国弱，民瘠国强者，未之有也。"（《三国志·吴书·陆逊传》）

其次讲的是民众的基础地位。明代政治家丘濬在其名作《大学衍义补》中说："山高出于地而反附著于地，犹君居民之上而反依附于民。何也？盖君之所以为君者，以其有民也，君而无民，则君何所依以为君哉！"（《大学衍义补·总论固本之道》）他认为："'民惟邦本，本固邦宁'之言，万世人君所当书于座隅，以铭心骨也。"（同上）其实，历代不少君主深谙此理，唐太宗多次讲过："君依于国，国依于民"（《资治通鉴》卷192），"民者国之先，国者君之本"（《帝范·君体》）；亡国之君隋炀帝也曾说："非天下以奉一人，乃一人以主天下也。民惟国本，本固邦宁，百姓足，孰与不足！"(《隋书·炀帝纪》)西汉贾谊把民众对于君主、国家的基础性地位讲得更为明白。他说：民者，乃国家所树之本也，"民无不为本也。国以为本，君以为本，吏以为本。故国以民为安危，君以民为威侮，吏以民为贵贱。此之谓民无不为本也"。(《新书·大政上》)

二是为民而治，替民行政。

既然国家以民为本，政权存亡绝续决定于民众，那么统治者为民而治，或者说是为民众治国自然是题中应有之义。为民作主、替天(民)行道、为民服务……依民意行政成为统治者的基本道德要求和主观目的。这方面的事例、文字在中国历史上俯拾即是。如早在西周初年，周公曾说："天畏棐忱，民情大可见，小人难保。往尽乃心，无康好逸豫，乃其乂民。……若保赤子，惟民其康乂。"(《尚书·康诰》)周公认为，天意体现在民意之中，要求统治者爱民如子，只有爱民、保民的人才能治理好国家。孟子要求"以不忍人之心，行不忍人之政"，以仁爱之心治国，"天下可运之于掌上"。(《孟子·公孙丑上》)又说："为民上而不与民同乐者，亦非也。乐民之乐者，民亦乐其乐；忧民之忧者，民亦忧其忧。"(《孟子·梁惠王下》)如果说孟子是从统治者道德修养即内圣的角度提出爱民的主张，那么，荀子则是从统治者利弊得失即外王角度提出了保民思想："君人者，爱民而安，好士而荣，两者无一焉而亡。"(《荀子·君道》)历代统治者也认识到爱民、重民思想的重要性，如朱元璋说：

> 民者，国之根本也。根本，欲其安固，不可使之凋散。是故圣王之于百姓也，恒保之如赤子，未食则先思其饥也，未衣则先思其寒也。民心欲其生也，我则有以遂之，民情恶其劳也，我则有以逸之。树艺而使之，不失其时；薄其税敛而用之，必有其节。如此则教化行而风俗美，天下劝而心归。行仁政而天下不治者，未之有也。[1]

---

[1] 《明太宗实录》卷九十二。

毫不夸张地说，爱民、重民思想是历代统治者一再强调的统治思想，尽管在实际操作中有不小出入。作为统治思想，它具有两面性，一方面，作为道德要求，它要求统治者需具有这方面的修养，为民治国是一种天职。另一方面，统治者倡导爱民、重民，更多的可能是出于自身的现实需求，即为了维护自身统治的长治久安着想，视爱民为为政（治理国家）的手段而非目的，如战国时期楚国大臣子西便曾指出："吴光新得国而亲其民，视民如子，辛苦同之，将用之也。"（《左传·昭公三十年》）正是爱民、重民思想指导下，衍生出了安民、救民、富民、利民、养民、教民等体恤民情、民意、民生的具体思想和举措。

上述是君权时代民本政治的基本内容，尽管民本思想多数仅落于理论层面，尽管其大前提是为君主专制服务，是统治阶级治人的指导思想，但从中却可以看出，有些内容与民权学说是重叠的共通的。如强调民的基础性地位，认为民众是国家强弱存亡的最终决定者，与民主政治中"民有"思想就十分接近。再如，民本思想中的"为民"、"重民"、"爱民"思想，要求统治者取之于民用之于民，与民主政治中"民享"思想就有接近之处。

就上所论，民本思想的核心是为治权服务的，本质是为君主专制服务的。民本政治强调民众的基础性地位、民众的决定力量并不是要赋予民众治理国家的权力，而是告诫统治者要使天下长治久安必须遵循的指导思想。强调爱民、重民、利民，也不是说一切为民众利益服务，而不过是稳固统治不可或缺的策略。那么，民本思想既然以君主专制为前提，"治天下者惟君，乱天下者惟君。治乱非他人所能为也，君也"。（唐甄《潜书·鲜君》）天下治乱都取决于君，于民并无太大干系，缺乏"民治"的保障，"民有"、"民享"也就有落空的可能。事实上，从根本性质上说，中国封建王朝"天子富有四海，臣妾亿兆"、"溥天之下，莫非王土，率土之滨，莫非王臣"、"民者出粟米麻丝贡货以事其上"等记载，均系由于君主治权的膨胀，不仅与民主政治难居一间，就是民本思想也难以付诸实际。因此，从治权上说，民权学说与民本理论差距很大。这也正是一些研究者认为民本自民本，民权自民权，二者无任何联系的原因所在："中国的民本思想毕竟与民主思想不同，民本思想虽有'民有''民享'的观念，但总未走上民治(by the people)的一步。"①

的确，正如梁漱溟所言："在中国虽政治上民有民享之义，早见发挥，而二三千年卒不见民治之制度。"②不过，包罗万象的民本思想中，确也存有一些较为接近于民权思想的内容，这些初步的民权意识不处于主流，不居于正统，而多存在孤臣孽子、亡国遗民的思想言论中，一定程度上反映了下层民众的真情实感和真实要求。

其一，主张民众享有平等的政治主权。

儒家认为，"人人可以为尧舜"，通过内在的修养可以实现道德的平等。道德平等是政治平等的基础。于是，一些激进者发出"王侯将相，宁有种乎"的呼声。《吕氏春秋》则认为机遇造就圣君，平民得时也可以登天子门："有道之士未遇时，隐匿分窜，勤以待时。时至，有从布衣而为天子者，有从千乘而得天下者，有从卑贱而佐三王者，有从匹夫而报万乘者。"(《吕氏春秋·孝行览·首时》)顾炎武则指出，从天子到普通百姓政治上是平等的，天子、公、侯、伯、子、男等爵位不过是为民而设的官职而已："为民而立之君，故班爵之意，天子与公、侯、伯、子、男一也，而非绝世之贵。"③

其二，天下为公的理想抱负。

远古时期尧舜禅让天下成为后世天下为公的楷模。《尚书·洪范》中也有政治决策听取民众意见的记载："汝则有大疑，谋及乃心，谋及卿士，谋及庶人。""天下，非一人之天下也，天下之天下也。"(《吕氏春秋·孟春纪·贵公》)天下是天下人的天下，不仅有所有权，而且有管理权。贾谊赞成古人之说，认为政权最好由有道者理之："天下者，非一家之有也，有道者之有也。故夫天下者，唯有道者理之，唯有道者纪

---

① 金耀基：《从传统到现代》，21 页，北京，中国人民大学出版社，1999。

② 梁漱溟：《中国文化要义》，见《梁漱溟全集》第 3 卷，252 页，济南，山东人民出版社，1990。

③ 顾炎武：《周室班爵禄》，《日知录》卷七，见《顾炎武全集》(18)，328 页，上海，上海古籍出版社，2011。

之，唯有道者使之，唯有道者宜处而久之。"(《新书·修政语下》)顾炎武说："保天下者，匹夫之贱，与有责焉耳矣。"[①]"天下兴亡，匹夫有责"，民众也拥有参与治理天下的权利。

其三，反对专制主义，反对暴君。

中国古代部分思想家的思想言论中，含有一种对极端专制主义及暴君的批判精神。如孟子说："贼仁者谓之贼，贼义者谓之残，残贼之人，谓之一夫。闻诛一夫纣矣，未闻弑君也。"(《孟子·梁惠王下》)这是孟子在与齐宣王讨论民众诛杀无道暴君时的对话。在孟子看来，罢免不能为民众合格行使职权的君王，并不违背民本精神。这种以批判极端专制为主要内容的社会批判精神在邓牧《伯牙琴》、黄宗羲《明夷待访录》、唐甄《潜书》中屡见不鲜，他们从一个侧面构成了民本思想的支流，尽管不为正统统治者所欢迎，但却潜涵涌动着现代民权意识的先声。

通过以上论证，笔者认为，尽管民本思想在性质上是封建统治阶级的指导思想和道德要求，是为"治人者"服务的，就此而言，与民权学说轩格不通，是属于不同性质的范畴；但这并不意味着民本思想与民权学说没有交叉，除却民本思想中的封建意识，其中所蕴含的重民、爱民、利民、以民为本的思想，即使时至今日也仍有值得借鉴的地方。而这也正是孙中山借重和援引的文化资源。

既然社会进化已到了民权时代，中国也具有民权主义的思想基础，便生出一个新问题——民权的实施问题：中国到底该行使什么样的民权呢？是不是因为民权思想是欧美传来的就完全仿效欧美呢？

孙中山以雄韬远略回答说：我们"所主张的民权，是和欧美的民权不同。我们拿欧美已往的历史来做材料，不是要学欧美，步他们的后尘；是用我们的民权主义，把中国改造成一个'全民政治'的民国，要驾乎欧美之上"[②]。为什么这样说呢？孙中山解释道：欧美的先进国家把民权实行了一百多年，至今只得到一种代议政体，各国实行这种代议政

---

① 顾炎武：《正始》，《日知录》卷十三，见《顾炎武全集》(18)，527 页。

② 孙中山：《三民主义》，见《孙中山全集》第 9 卷，314 页。

体都免不了流弊，至今都未解决，民国初年的政治表明，拿这种制度到中国来，流弊更是不堪问罢了。"欧美代议政体的好处，中国一点都没有学到；所学的坏处却是百十倍，弄到国会议员变成猪仔议员，污秽腐败。"①因此，中国不能照搬欧美，而要求一个根本解决的办法。

笔者认为，在"根本解决"这一问题上孙中山表现出了极大的创造性，显示了一代政治家融会中西的匠心。

他先是把与民权关系密切的自由、平等等概念进行了认真分析：一般新青年和留学生虽然最热衷于宣扬"自由"、"平等"，但却没有彻底了解这两个词的确切含义，没有认识到他们在西方的弊端，没有考虑是否适合中国的实际。"欧美人讲自由，是有很严格界限的，不能说人人都有自由。中国新学生讲自由，把什么界限都打破了"。②孙中山结合中国实际，提出中国人讲自由必须以团体为基础，个人自由以实现国家自由为前提，"要将来能够抵抗外国的压迫，就要打破各人的自由，结成很坚固的团体，像把士敏土参加到散沙里头，结成一块坚固石头一样"③。在半殖民地半封建的中国，国家不独立，民族受压迫，强调个体的独立无异于缘木求鱼。同理，所谓民权平等，"是要人民在政治地位上的地位平等"④，而非绝对平等，甚至平均主义。这一解释，澄清了许多人对平等的错误认识。

接下来，孙中山提出了根本解决的方法。他的方法是什么呢？就是人民改变对于政府的态度，实行权能分开。人民改变对于政府的态度，就是要由人民当家做主，"人民来做皇帝"，政权属于人民。权与能如何分开呢？孙中山根据各人天赋、聪明、才力不同，把人类分别为先知先觉、后知后觉、不知不觉三种，由先知先觉等有能的人组成政府实行治理。简单地说，权能分开就是把政权交给人民，治权由有能的专门家来行使。

---

① 孙中山：《三民主义》，见《孙中山全集》第9卷，319页。
② 孙中山：《三民主义》，见《孙中山全集》第9卷，280页。
③ 孙中山：《三民主义》，见《孙中山全集》第9卷，281页。
④ 孙中山：《三民主义》，见《孙中山全集》第9卷，286页。

孙中山对于这一方法自视甚高，他说："我的解决方法，是世界上学理中第一次的发明。"[1]那么，这一思想源于哪里呢？分析孙中山的《民权主义》(1924 年)可知，除借重欧美经验外，还参照了中国几千年来社会上的民情风土习惯，他说："中国的社会既然是和欧美的不同，所以管理社会的政治自然也是和欧美不同，不能完全仿效欧美，照样去做。"[2]在这篇文章中，对于中国传统政治特别是上古尧舜等五帝时代公天下的分析，成为他立论的重要根据。其中，儒家民本思想的影响是不言而喻的，这只要对比一下孟子的"使先知觉后知，使先觉觉后觉"、贾谊的《新书·修政语下》就不难看出。贾谊借古人的话说："师尚父曰：'吾闻之于政也……天下者，非一家之有也，有道者之有也。故夫天下者，唯有道者理之，唯有道者纪之，唯有道者使之，唯有道者宜处而久之。'"文理、逻辑、思维方式一以系之，尽管我们找不到孙中山受到贾谊影响的直接证据。孙中山说："要必民能治才能享，不能治焉能享，所谓民有总是假的。"[3]民治是民权的关键，也是此前的近代新学家难以从民本思想中获取接济的地方。在笔者看来，正是在这一关键性的民治问题上孙中山提出的权、能分开(尽管还不尽完善)，最能体现出其民权主义思想所受儒家影响。

如何平衡治权与政权，使得政府体现民众的意愿呢？孙中山吸收世界上最新式的发明，主张在人民方面有四个大权，即：选举权、罢免权、创制权、复决权。"人民有了这四个权，才算是充分的民权；能够实行这四个权，才算是彻底的直接民权。"[4]"人民能够实行四个民权，才叫做全民政治"，才能够直接管理政府。

政权用四权来管治权(政府)。政府自身则用五权宪法，用五权分立来保持平衡。五个治权中，除司法权、立法权、行政权取法美国三权分立外，考试权、监察权则承自中国古时的考试和监察制度。在孙中山看

---

① 孙中山：《三民主义》，见《孙中山全集》第 9 卷，322 页。
② 孙中山：《三民主义》，见《孙中山全集》第 9 卷，320 页。
③ 孙中山：《孙中山选集》，494 页，北京，人民出版社，1981。
④ 孙中山：《三民主义》，见《孙中山全集》第 9 卷，350 页。

来，他集合中外的精华，形成的四个民权五个治权组成的政权才是完全的民权。有了这样的民权，才可以做到民有、民享、民治的国家。

三、大同理想与民生主义

大同思想渊于儒家传统，较为系统的表述来自儒家典籍《礼记》中的《礼运》篇。

> 大道之行也，天下为公。选贤与能，讲信修睦，故人不独亲其亲，不独子其子。使老有所终，壮有所用，幼有所长，矜寡孤独废疾者，皆有所养。男有分，女有归。货恶其弃于地也，不必藏于己；力恶其不出于身也，不必为己。是故谋闭而不兴，盗窃乱贼而不作，故外户而不闭，是谓"大同"。

按照周予同先生的说法，"礼"虽是儒家"六艺"之一，但作为"三礼"之一的《礼记》（《小戴礼记》）却是后出的。《礼记》作为儒家典籍，尽管不乏注家，但从总体上说，它在经学中的地位较低。宋代朱熹作《四书集注》，其中《大学》、《中庸》均出自《礼记》，但朱熹本人对《礼记》一书却评价不高。[1] 而《礼记》诸篇受重视程度也不一样，《中庸》在汉代已经有单行本，《大学》到宋代开始有单行本，而《礼运》被单独作为一篇重要文献，则始自康有为的《礼运注》。[2] 虽然作为儒家文献的《礼运》到康有为才受到重视，但书中所蕴含的大同思想早已为人注意。

洪秀全在《原道醒世训》中，即把《礼运》中关于大同的那段文字悉数抄录下来，以批判现实社会的严重不平等：

> 遐想唐虞三代之世，天下有无相恤，患难相救，门不闭户，道

---

① 见周予同：《群经概论》，见《周予同经学史论著选集》，251～252 页；《朱熹》，见《周予同经学史论著选集》，162 页。

② 见高瑞泉：《中国现代精神传统》，256 页，上海，东方出版中心，1999。

不拾遗。男女别途，举贤尚德。尧舜病博施，何分此土彼土；禹稷忧溺饥，何分此民彼民；汤武伐暴除残，何分此国彼国；孔孟殆车烦马，何分此邦彼邦。

天下为公的大同社会在儒家典籍中只是作为对上古社会的美好描述，而在洪秀全那里，却成为"皇上帝"领导下的理想社会的蓝图："天下多男人，尽是兄弟之辈，天下多女子，尽是姊妹之群，何得存此疆彼界之私，何可起尔吞我并之念？是故孔丘曰：'大道之行也，天下为公，……是谓大同'。"（《原道醒世训》）"上帝面前人人平等"与"天下为公"相结合所产生的"大同""平等"思想，不仅在拜上帝教的大家庭中具有终极关怀的意义，而且突破了儒家历史传统，把对遥远过去的回忆转化为眼下革命的动力，使人们感受到大同世界的现实可能性，从而超出了此前农民起义的水平。

康有为著有《礼运注》，又著有《大同书》，大同思想是康有为思想体系的重要组成部分。传统儒家的大同思想以历史退步论为基础，与崇古观念结合在一起，"大道之行，天下为公"的"大同"时代属于消失的过去，"今大道既隐，天下为家"，已经退居"小康"时代。康有为明确把大同思想与进化论结合在一起。根据他的三世进化学说——"乱世者，文教未明也；升平者，渐有文教，小康也；太平者，大同之世，远近大小如一，文教全备也"[1]，他提出："孔子生据乱世，而志则常在太平世，必进化至大同，乃孚素志"。经此诠释，"大同"时代变为人类有待实现的目标。康有为把大同与人类进步联系起来。

在《大同书》中，康有为为大同社会作了理想设计：大同社会，人人平等，无国界，无阶级，无家界，"凡人皆天生，不论男女，人人皆有天与之体，即有自主之权，人隶于天，人尽平等，无形体之异"[2]。如果说，洪秀全的大同思想是农民群体的乌托邦，带有严重的平均主义色彩和一定等级关系，那么，康有为的大同社会已进入资本主义时代，一

---

① 康有为：《春秋董氏学》，见《康有为全集》(2)，671页。
② 康有为：《大同书》，134页。

定程度上带有资产阶级的自由、平等观念。不过，他对大同世界的构思设计虽然全面细致，但毕竟是在书斋中用力，展示给人们的不过是一幅丰富多彩的画卷而已，根本没有实施的可能。

孙中山的大同思想也是以进化论为理论预设。"人类进化之目的为何？即孔子所谓'大道之行也，天下为公'"①。不过，孙中山在论证过程中，同时用大同思想改造了进化论。按照西方进化理论，物竞天择，优胜劣汰，适者生存，孙中山把进化论运用到政治学说中时，会产生"霸道"的后果，由此便难圆大同之梦。因此，在《建国方略》等文中，他把进化论作了修正，指出人类社会的进化与物质进化、物种进化原则不同。"物种以竞争为原则，人类则以互助为原则。社会国家者，互助之体也；道德仁义者，互助之用也。人类顺此原则则昌，不顺此原则则亡。"②

在孙中山思想中，天下为公的大同社会不仅是人类社会进化的目的，而且是三民主义的归宿。1924年6月。他在黄埔军校开学典礼上的训词中说："三民主义，吾党所宗，以建民国，以进大同。"③在谈到民族主义时，他说："我们要将来能够治国平天下，便先要恢复民族主义和民族地位。用固有的道德和平做基础，去统一世界，成一个大同之治，这便是我们四万万人的大责任。"④关于民权主义，他在广州欢宴各军将领会上的演说中曾明确地说："我们这次把满清推翻，改革专制政体，变成共和，四万万人都有主权来管国家的大事，这便是古人所说的公天下。这公天下的道理，便是三民主义中第二项的民权主义。"⑤民生主义与大同思想的关系更为密切。

什么是民生主义呢？孙中山说："'民生'二字，为数千年已有之名

---

① 孙中山：《建国方略》，见《孙中山全集》第6卷，196页。
② 孙中山：《建国方略》，见《孙中山全集》第6卷，196页。
③ 见陈锡祺主编：《孙中山年谱长编》下卷，1928页。
④ 孙中山：《三民主义》，见《孙中山全集》第9卷，253页。
⑤ 孙中山：《在广州欢宴各军将领会上的演说》，见《孙中山全集》第8卷，470页，北京，中华书局，1986。

词。至用之于政治经济上，则本总理始，非独中国向无新[所]闻，即在外国亦属罕见。"①"民生"一词源于儒家典籍，《左传》宣公十二年就有"民生在勤，勤则不匮"的记载。这里，民生主要指民众在经济上的生计，后来的"国计民生"则演变为民众的社会生活状况。如屈原在《离骚》中就发出："长太息以掩涕兮，哀民生之多艰"的叹息。孙中山一生曾对民生主义进行过多次解释，其中 1924 年 8 月广州三民主义演讲中关于民生主义的解释最为系统："民生就是人民的生活——社会的生存、国民的生计、群众的生命。""民生主义就是社会主义，又名共产主义，即是大同主义。"②"我用民生主义来替代社会主义，始意就是在正本清源，要把这个问题的真性质表明清楚。要一般人一听到这个名词之后，便可以了解。"③由此我们可以看出，孙中山十分注意用传统的文化观念来阐释现代性思想，以便为国人所接受。

孙中山民生主义学说除受西方亚当·斯密和亨利·乔治等人的社会经济学说、俄国马克思主义理论的影响外，中国传统方面则主要是受儒家大同思想及太平天国运动的影响。那么，民生主义所受儒家大同思想影响具体表现在哪里呢？

其一，传统的大同思想是孙中山"平均地权"思想的重要来源。"平均地权"是孙中山避免贫富严重分化、消弭社会革命于未然的主要预防手段之一。据冯自由《革命逸史》所载：1900 年前后，孙中山曾多次与章太炎、梁启超、冯自由等讨论古今社会问题、土地问题。"如三代之井田、王莽之王田与禁奴、王安石之青苗、洪秀全之公仓，均在讨论之列。"④从章太炎《订版籍》和梁启超《杂答某报》中转述孙中山当时有关平均地权的思想看，孙中山的主张即类似于古代的井田制或均田制，在废除土地私有制后实行耕者有其田。而三代之井田、王莽之王田乃至太平天国的公仓（圣库）制度，或出自《孟子》或与孟子的王道、仁政思想有

---

① 孙中山：《关于民生主义之说明》，见《孙中山全集》第 9 卷，112 页。
② 孙中山：《三民主义》，见《孙中山全集》第 9 卷，355 页。
③ 孙中山：《三民主义》，见《孙中山全集》第 9 卷，359 页。
④ 冯自由：《革命逸史》第 3 集，206 页，北京，中华书局，1981。

关。孙中山本人也承认自己的民生主义与这些先辈的思想一脉相承："像周朝所行的井田制度，汉朝王芥[莽]想行井田方法，宋朝王安石所行的新法，都是民生主义的事实。就是几十年以前，洪秀全在广西起义之后，打几十年仗，无形中便行了一种制度，那种制度和俄国的共产制度是一样。"①在孙中山的影响下，他的左膀右臂纷纷撰文，探讨民生主义的儒家根源。如胡汉民在《建设》第一卷第一期上就发表过《孟子与社会主义》，论述孟子的井田思想等与大同思想有关的问题。

其二，节制资本与发达国家资本是孙中山民生主义的又一项重要内容。孙中山认为，"外国因为大资本是归私人所有，便受资本的害，大多数人民都是很痛苦"，"假若是由国家经营，所得的利益归大家共享，那么全国人民便得资本的利，不致受资本的害"。民生主义的目标："就是要全国人民都可以得安乐，都不致受财产分配不均的痛苦。要不受这种痛苦的意思，就是要共产。""人民对于国家不只是共产，一切事权都是要共的。这才是真正的民生主义，就是孔子所希望之大同世界。"②孙中山提出节制资本问题，目的是免于产生像西方那样的社会矛盾，而解决方法之构想，则打上了儒家文化的烙印。

其三，民生主义受儒家大同思想影响，又高于大同思想。孙中山在上海中国社会党会议上的演说中说："考诸历史，我国固素主张社会主义者。井田之制，即均产主义之滥觞；而累世同居，又共产主义之嚆矢。足见我国人民之脑际，久蕴蓄社会主义之精神。"③"社会主义者，人道主义也。人道主义，主张博爱、平等、自由，社会主义之真髓，亦不外此三者，实为人类之福音。我国古代若尧、舜之博施济众，孔丘尚仁，墨翟兼爱，有近似博爱也者，然皆狭义之博爱，其爱不能普及于人人。社会主义之博爱，广义之博爱也。社会主义为人类谋幸福，普遍普及，地尽五洲，时历万世，蒸蒸芸芸，莫不被其泽惠。此社会主义之博

---

① 孙中山：《在广州欢宴各军将领会上的演说》，见《孙中山全集》第8卷，472页。
② 孙中山：《三民主义》，见《孙中山全集》第9卷，393~394页。
③ 孙中山：《在上海中国社会党的演说》，见《孙中山全集》第2卷，507页，北京，中华书局，1982。

爱，所以得博爱之精神也。"①该文还设计了理想社会主义国家的种种设施："社会主义之国家，一真自由、平等、博爱之境域也。国家有铁路、矿业、森林、航路之收入及人民地租、地税之完纳，府库之充，有取之不竭用之不尽之势。""民幼有所教，老有所养"，病有所医，由公家任其费用。"人民既不存尊卑贵贱之见，则尊卑贵贱之阶级，自无形而归于消灭。农以生之，工以成之，商以通之，士以治之，各尽其事，各执其业，幸福不平而自平，权利不等而自等，自此演进，不难致大同之世。"②在这幅蓝图中，既有西方社会主义思想的印痕，又带有中国传统儒家"大同"思想的印记。

1921年在桂林对滇赣粤军的演说中，孙中山则以上古三代的井田、学校规制为理想描述出一能够保民、教民、养民的新世界国家。他说：大同世界，异于小康，"所谓人人不独亲其亲，人人不独子其子，以教以养，责在国家"。新国家"将我祖宗数千年遗留之宝藏，次第开发，所有人民之衣、食、住、行四大需要，国家皆有一定之经营，为公众谋幸福。至于此时，幼者有所教，壮者有所用，老者有所养，孔子之理想的大同世界，真能实现，造成庄严华丽之新中华民国，且将驾欧美而上之。"③

四、知难行易学说

知行问题是中国儒家学说中古已有之的命题。伪《古文尚书·说命中》即载有"知之非艰，行之惟艰"的说法。《左传》鲁昭公十年也有"非知之实难，将在行之"的记录。这种朴素的知行观，经过孔孟及其以后大儒的发展，到宋明时期朱熹、王阳明那里已形成十分系统的学说，对知

---

① 孙中山：《在上海中国社会党的演说》，见《孙中山全集》第2卷，510页。
② 孙中山：《在上海中国社会党的演说》，见《孙中山全集》第2卷，523～524页。
③ 孙中山：《在桂林对滇赣粤军的演说》，见《孙中山全集》第6卷，38～39页。

行先后、知行分合、知行轻重、知行难易等问题进行了专门讨论。从广义上说，知行问题相当于西方哲学中的认识论，涵盖着认识的本质、认识的源流、检验认识真理性的标准等问题。但中国古代的知行问题又独具一路，往往与伦理学、人性论结合在一起，主题多以道德意识和道德行为为中心，因而又是道德建设问题。近代思想家也相当重视知行问题，他们在承继传统知行学说基础上并加以批判改造，以应对千古未有之变局。如魏源在《默觚上·学篇二》中明确提出："及之而后知，履之而后艰，乌有不行而能知者乎？"他认为行先知后，知识源于亲身经历和感性经验。谭嗣同在《仁学》中提出"智慧生于仁"，"知则生于以太"，知是"仁"或"以太"固有的。他以"仁"为核心建立起知行理论，主张知与行相分离，提出"贵知不贵行"、"必先求知而后行"的知行观。章太炎在《訄书》、《驳康有为论革命书》中对改良派的知行观提出了批评，以革命实践为基础提出"恃革命开民智"、"由竞争生智慧"、"知在行先"等观点，对朱熹、王阳明等人的知行观作了批评、修正或补充。

孙中山的知难行易说推陈出新，在近代知行学说史上达到了新的高度。

孙中山的知难行易说，是辛亥革命失败后提出的。1917 年 7 月 21日，他在广东全省学界欢迎会上发表题为《国强在于行》的学说，首次提出"行之非艰，知之惟艰"的命题。1918 年冬，他闭门著书，完成了著名的《心理建设》（又名《孙文学说》）一书，对知难行易学说进行了系统论证。知难行易说是孙中山哲学思想的核心内容之一，是他经过多年思考，总结以往革命经验基础上而提出的革命指导方针。孙中山曾自豪地称之为"本大总统发明的学说"，并冠以"孙文学说"。

从哲学认识论角度探讨孙中山知难行易说在知行学说史上地位的论著已不在少数，像贺麟《五十年来的中国哲学》、方克立《中国哲学史上的知行观》等都有专章对这一问题作深入探讨。笔者认为，孙中山的知行说是建立在革命斗争基础上的，而非针对专门性的哲学问题，从思想史角度切入或许更能把握孙中山知行学说与传统儒学的关系。

1. "知之非艰，行之惟艰"——《孙文学说》的抨击对象

孙中山为何提出《孙文学说》呢？从孙中山本人的叙述看，主要是出于中国革命斗争的需要。民国初年政治现状与孙中山革命初衷大相径庭，"溯夫吾党革命之初心，本以救国救种为志，欲出斯民于水火之中，而登之衽席之上也。今乃反令之陷水益深，蹈火益热，与革命初衷大相违背"①。他把产生这种状况的原因归为革命党人的认识错误。"革命初成，党人即起异议，谓予所主张者理想太高，不适中国之用；众口铄金，一时风靡，同志之士亦悉惑焉。"②孙中山的民国建设计划，被革命党人视为"理想太高，不适中国之用"而拒不实行。孙中山也被讥笑为不切实际的"理想家"、"孙大炮"。孙中山"为民国总统时之主张，反不若为革命领袖时之有效而见之施行"。而究其原因，孙中山认为，在于"吾党之士，于革命宗旨、革命方略亦难免有信仰不笃、奉行不力之咎也，而其所以然者，非尽关乎功成利达而移心，实多以思想错误而懈志也"③。此思想错误为何？孙中山千思万虑，终于觅得——此错误思想"即'知之非艰，行之惟艰'之说也"。孙中山认为，"知之非艰，行之惟艰"危害性极大：

> 呜呼！此说者予生平之最大敌也，其威力当万倍于满清。夫满清之威力，不过只能杀吾人之身耳，而不能夺吾人之志也。乃此敌之威力，则不惟能夺人之志，且足以迷亿兆人之心也。是故当满清之世，予之主张革命也，犹能日起有功，进行不已；惟自民国成立之日，则予之主张建议，反致半筹莫展，一败涂地。吾三十年来精诚无间之心，几为之冰消瓦解；百折不回之志，几为之槁木死灰者，此也。可畏哉此敌！可恨哉此敌！④

孙中山进一步指出，"知之非艰，行之惟艰"不仅给革命党人带来了

---

① 孙中山：《建国方略》，见《孙中山全集》第 6 卷，158 页。
② 孙中山：《建国方略》，见《孙中山全集》第 6 卷，158 页。
③ 孙中山：《建国方略》，见《孙中山全集》第 6 卷，158 页。
④ 孙中山：《建国方略》，见《孙中山全集》第 6 卷，158 页。

巨大危害，而且危及全体国民："夫'知之非艰，行之惟艰'一语，传之数千年，习之遍全国，四万万人心理中，久已认为天经地义而不可移易者矣。"①

更有甚者，孙中山认为中国近代的衰落也是由此造成的——

> 夫中国近代之积弱不振、奄奄待毙者，实为"知之非艰，行之惟艰"一说误之也。此说深中于学者之心理，由学者而传于群众，则以难为易，以易为难。遂使暮气畏难之中国，畏其所不当畏，而不畏其所当畏。由是易者则避而远之，而难者又趋而近之。始则欲求知而后行，及其知之不可得也，则惟有望洋兴叹，而放去一切而已。间有不屈不挠之士，费尽生平之力求得一知者，而又以行之尤为难，则虽知之而仍不敢行。如是不知固不欲行，而知之又不敢行，则天下事无可为者矣。此中国积弱衰败之原因也。②

一个国家、一个民族的社会心理，到了"不知固不欲行，而知之又不敢行"的地步，那还有什么繁荣昌盛、独立富强可言呢？

孙中山以痛心疾首的心情，决心对"数千年来深中于中国之人心，已成牢不可破"的知难行易说，发起一场攻心战，以破除革命党人所受"知之非艰，行之惟艰"之奴，以"出国人之思想于迷津，庶几吾之建国方略，或不致再被国人视为理想空谈也"③。

需要指出的是，这里，孙中山认为"夫心也者，万事之本源也。满清之颠覆也，此心成之也；民国之建设者，此心败之也"，夸大了"心"（"知之非艰，行之惟艰"）的作用，夸大了"知之非艰，行之惟艰"的危害性。当然也应看到，孙中山以破除"知之非艰，行之惟艰"的传统观念、从理论上证成"行之非艰，知之惟艰"的反命题为当务之急，其中所蕴含的合理成分和价值所在。

第一，从孙中山本人思想的发展看，《心理建设》的提出标志着孙中

---

① 孙中山：《建国方略》，见《孙中山全集》第6卷，160页。
② 孙中山：《建国方略》，见《孙中山全集》第6卷，198～199页。
③ 孙中山：《建国方略》，见《孙中山全集》第6卷，159页。

山对思想启蒙和思想建设的重视上升到一个新水平，达到了理论化、系统化的程度。1918年以前，孙中山也较为注重思想动员，注重思想宣传，他讲究演讲便是明证。但由于戎马倥偬，这些演讲多直接服务于当时的革命斗争，或实用性太强，缺乏思想启蒙深度；或者高蹈理想，缺乏严格的理论论证，正如孙中山本人所说："予所耳提面命而传授于革命党员，而被河汉为理想空言。"①在笔者看来，孙中山尽管以颇有科学色彩的"心理建设"题名，但就本质内容而讲，实际上做的是思想启蒙的工作，以思想建设为题也未尝不可。如果再联系同一时期陈独秀、李大钊、胡适乃至梁启超、梁漱溟等人的言论，不难看出，孙中山的"思想建设"与当时"借思想文化以寻找解决问题的出路"的致思路径不谋而合。

第二，从知行学说史的发展看，朱熹、王阳明等传统大儒倡知行学说，目的是为封建道德礼教服务；孙中山"知难行易"学说的提出，则直接服务于革命斗争，是就社会发展而言的，而非直接服务于道德践履，从这层意义上说，这一学说被赋予了全新的使命，从而突破了传统儒学知行学说宗教论和道德论的纠缠。

2. 行易知难十证——对传统知行学说的引证

孙中山提出行易知难学说后，举饮食、用钱、作文、建屋、造船、筑城、开河、电学、化学、进化十事不厌其烦地进行论证。从中，我们可以进一步看清楚，孙中山的知行学说与儒家旧说不同，明显融入了现代性理念。他的"知"，指的是科学原理、科学知识、科学发明创造的道理，既非常识性的了解，更非儒家的"良知"。而他的"行"，则指涉广泛，如不知不觉的本能行为、人的四肢五官的运动行为、人的习惯行为、按计划照原理的操作行为等，均包括其中，而非仅指道德践行。

孙中山立论的重要依据之一，是"能知必能行"。他说："天下事惟患于不能知耳，倘能由科学之理则，以求得其真知，则行之决无所难。"从时间顺序上讲，宋代程朱学派也讲过"能知必能行"的命题，不过，经孙中山重新论证，这一命题实则已被赋予完全不同的含义。程颐说：

---

① 孙中山：《建国方略》，见《孙中山全集》第6卷，159页。

"知之深，则行之必至，无有知之而不能行者，知而不能行，只是知得浅。"①朱熹也说："必以穷理为先，而力行以终之"②，"万事皆在穷理后"③。这里，程朱讲能知必能行，目的在于论证知先行后，说明知对于行的决定作用，即道德的决定力量。孙中山讲能知必能行，是建立在"不知亦能行"基础之上的，目的在于论证科学之知对于实践的重要性。"知之固能行，不知亦能行。"在知行先后问题上，归根到底是行在知先，理论建立于实践之上。

由不知亦能行、能知必能行所推论出的"知难"，自然是指知事物所以然及其所以当然之理难，"求真知难，获得学说的知难，主义学说的创造、学术的发明、事业的设计难"④；所谓行易，是指不知而行易，知而后行亦易。

为了论证知易行难说的似是而非，孙中山除了从"事功"方面连举十证，还从"心性"方面寻求证明。他从心性方面的证明，主要是援引古今中外大哲的名言高论，以印证、支持他的行易知难说，以说明这并不是他个人的主观臆造，而是已"先得我心之同然"的普遍道理。他首先举孔子"民可使由之，不可使知之"为据："倘仍有不信吾'行易知难'之说者，请细味孔子'民可使由之，不可使知之'，此'可'字当作'能'解。可知古之圣人亦尝见及。"⑤《孟子·尽心篇》有："行之而不著焉，习矣而不察焉，终身由之而不知其道者，众也。"孙中山认为，这也是从心性上言行易知难的遗说。其实，孔孟学说中的知行观远较孙中山所理解的复杂。不过，从他这种简单化处理中我们至少可以断定两点：一是孙中山的知行观与古代大儒的思想学说有剪不断的关系。二是这种援古证今的论说方法在当时是具有说服力的，至少不失为一种策略之举。

此外，在检验标准问题上孙中山较前人有所进步。孙中山初步认识

①　程颢、程颐：《二程遗书》第十五，211 页，上海，上海古籍出版社，2000。
②　朱熹：《答郭希吕》，见《朱子文集》卷五四，北京，中华书局，1985。
③　朱熹：《朱子语类》卷九，152 页，北京，中华书局，1994。
④　贺麟：《五十年来的中国哲学》，172 页，沈阳，辽宁教育出版社，1989。
⑤　孙中山：《建国方略》，见《孙中山全集》第 6 卷，196 页。

到行是检验真理的标准。他说："学理有真的有假的，要经过试验才晓得对与不对。好像科学上发明一种学理，究竟是对与不对，一定要做成事实，能够实行，才可以说是真学理。"①他在《说知难行易》一文中也指出："不去行，便无法可以证明所求的学问是对与不对。不去行，于是所求的学问没有用处。到了以为学问没有用处，试问那一个还再情愿去求学呢?"他把判定认识正确与否的标准归于行身上，把求学的目的落诸学有其用。这一认识尽管带有实用主义成分，但在当时是可贵的，同多数传统大儒以道德天理等"良知"来判行的是非相比，具有进步意义。

五、孙中山与 20 世纪儒学

历史研究不仅需要史实根据，而且要经受住时间的考验，而这一过程往往以背反的形式展开。以孙中山的儒学思想为例，随着时间的推移，一方面越来越远离历史现场，给后来者增加了了解事实真相的难度；另一方面，时间跨度拉得越长，越能看出其历史价值与地位。当我们回首儒学在 20 世纪的风雨历程时，孙中山对待和处理儒学的方式和方法引人深思。

孙中山首先是革命家和实践家，他对传统儒学的探求并不像同时代或更早的魏源、曾国藩、康有为、梁启超、章太炎那样，或精于公羊大义，或擅长汉学考据，或信奉宋学义理，援经论政不是他的长处，而是以"所学多博杂不纯"的特点际会于中西文化之间。孙中山不是文化大师，他无师承、无学派，于国学、于西学皆无皇皇专论。因此，我们探讨其儒学思想也只能如前所论，结合其革命理论与实践而加以研究；而反思他对待和处理儒学的方式和方法，就需置于近代中西文化碰撞与交流的大背景下结合其中西文化观来考察。约略说来，孙中山的中西文化观不外乎以下几个方面：

---

① 孙中山：《三民主义》，见《孙中山全集》第 9 卷，381 页。

其一，"因袭"、"规抚"与"创获"。此说见于 1923 年孙中山所著《中国革命史》："余之谋中国革命，其所持主义，有因袭吾国固有之思想者，有规抚欧洲之学说事迹者，有吾所独见而创获者。"①文中，他还列举事例说明，他的民族主义"特就先民所遗留者，发挥而光大之，且改良其缺点"，又"发扬吾固有之文化，且吸收世界之文化而光大之"。至于民权思想，中国"有其思想而无其制度，故以民立国之制，不可不取资于欧美"。② 这一点尽管是孙中山对其革命思想的总结，但并非不适于文化思想。学界对此已多有论述，笔者不再展开。

其二，存其精华，弃其糟粕。此意出自 1924 年《三民主义》演说："我们固有的东西，如果是好的，当然是要保存，不好的才可以放弃。"③又说："要集合中外的精华，防止一切的流弊。"④如他主张废除儒家的君臣之义时说："我中国数千年来圣贤明哲，授受相传，皆以为天地生人，固当如是，遂成君臣主义，立为三纲之一，以束缚人心。"⑤需要指出的是，无论是"保存"还是"因袭"，孙中山都不是照搬照抄或全盘继承，而是有选择，有甄别，在继承传统基础上适时融入时代内容，实现传承性与创造性的统一，如他所宣传的民族主义、儒家道德都不属于传统性范畴，而是经他改造后的现代性思想。

其三，古资今用，洋为中用，择善而从。1919 年孙中山在《建国方略》中提出："顾古来之研究，非可埋没"，"古人之思想足资今人学问"。例如，中国人之心性理想无非古人所模铸，"欲图进步改良，亦须从远祖之心性理想，究其源流，考其利病，始知补偏救弊之方"。又如，文字为思想传授之中介，"自人类有史以来，能纪四五千年之事翔实无间断者，亦惟中国文字所独有，则在学者正当宝贵此资料，思所以利用之"；有人主张"必废去中国文字，又何由得古代思想而研究之？"据此，

---

① 孙中山：《中国革命史》，见《孙中山全集》第 7 卷，60 页。
② 孙中山：《中国革命史》，见《孙中山全集》第 7 卷，60 页。
③ 孙中山：《三民主义》，见《孙中山全集》第 9 卷，243 页。
④ 孙中山：《三民主义》，见《孙中山全集》第 9 卷，353 页。
⑤ 孙中山：《三民主义》，见《孙中山全集》第 5 卷，188 页。

孙中山指出："如能用古人而不为古人所惑，能役古人而不为古人所奴，则载籍皆似为我调查，而使古人为我书记，多多益善矣。"①对于西方文化，孙中山强调，由于社会历史不同，不能全盘照抄，而要为我所用："我们要能够想出办法，虽然不能完全仿效欧美，但是要借鉴于欧美"，"如果不参考欧美已往的经验、学理，便要费许多冤枉工夫"。② 反之亦然，"吾人采取外国良法，对于本国优点亦殊不可抛弃"③。

当然，孙中山对待儒学的态度和方法与其指导原则密不可分。已有论者指出，孙中山的思想学说与传统儒学是两种不同社会意识形态的对立。除此之外，孙中山所提出的评判中西文化的标准是影响其儒学观的重要因素："大凡一种思想，不能说是好不好，只看他是合我们用不合我们用。如果合我们用便是好，不合我们用便是不好；合乎全世界的用途便是好，不合乎全世界的用途便是不好。"④表面上看，这一标准含有实用主义倾向，但联系孙中山的革命学说便可发现，实际指的是能否合乎中国革命实践的要求——"唯求所以适合于现在中国革命之需要"。⑤1916 年，孙中山《在沪尚贤堂茶话会上的演说》中曾明确道及这一点："欲改革政治，必先知历史，欲明历史，必通文字，乃取西译之四书五经历史读之，居然通矣。"⑥研究儒学、评判儒学、运用儒学，要以民主革命为旨归。

从学术严谨性上讲，孙中山对传统儒学的评判存有不当之处，如对上古三代的过分推誉、对儒家道德的片面拔高等。但瑕不掩瑜，若结合当时的社会历史状况，置于传统文化现代化的大背景下，从思想史角度考察，孙中山对待和处理传统儒学的可取之处便会显示出来。这一点通过与五四新文化思潮、马克思主义思潮等 20 世纪主要思潮的比较，看

---

① 孙中山：《建国方略》，见《孙中山全集》第 6 卷，180 页。
② 孙中山：《三民主义》，见《孙中山全集》第 9 卷，321 页。
③ 孙中山：《在沪金星公司等欢送两院议员会上的演说》，见《孙中山全集》第 3 卷，332 页，北京，中华书局，1984。
④ 孙中山：《三民主义》，见《孙中山全集》第 9 卷，216 页。
⑤ 孙中山：《中国国民党第一次全国代表大会宣言》，见《孙中山全集》第 9 卷，120 页。
⑥ 孙中山：《在沪尚贤堂茶话会上的演说》，见《孙中山全集》第 3 卷，321 页。

得会更为清楚。

1. 孙中山与五四新文化思潮

孙中山曾充分肯定五四新文化运动，1920 年 1 月，他在致海外国民党人的函件中说："五四运动以来，一般爱国青年，无不以革新思想，为将来革新事业之预备。……此种新文化运动，在我国今日，诚思想界空前之大变动。……倘能继长增高，其将来收效之伟大且久远者，可无疑也。"①孙中山积极评价五四启蒙思想家对"民主"与"科学"的提倡，但在对待儒学问题上却表现出不同的态度。

五四新文化运动不能也不可能全盘反传统，但却明确含有以"新文化"否定、替代中国传统文化的主观倾向，有全盘否定中华文明的嫌疑。如陈独秀曾说："若是决计革新，一切都应该采用西洋的新法子，不必拿什么国粹，什么国情的鬼话来捣乱。"②胡适对这种反传统的态度深表赞同："一个是与不是，一个好与不好，一个适与不适——不认得什么古今中外的调和。"③他们一定程度上把中国传统文化等同于封建主义糟粕，在具体表现上，就是一概否定传统道德，"打孔家店"，甚至主张不要家庭、废除文字，强调极端的个性自由和个人主义。

孙中山在对待传统文化、对待文化民族性问题上表现出很大不同。首先，他心目中的孔子与五四启蒙思想家心目中的孔子不同。五四思想家的孔子是"以纲常立教"的祖师，是"专制政治之灵魂"，是理应遭受抨击的目标和破除的偶像。孔子在孙中山心目中则有较高的地位："今日中国的旧文化，能够和欧美的新文化并驾齐驱的原因，都是由于孔子在二千年以前所做的宣传工夫。"④他同时又反对毫无根据地拔高孔子："夫孔孟，古之圣人也，非今之科学家也。……孔孟所言有合于公理者，有不合于公理者。"⑤

---

① 孙中山：《致海外国民党同志函》，见《孙中山全集》第 5 卷，209～210 页。
② 陈独秀：《今日中国之政治问题》，载《新青年》，第 5 卷，第 1 号，1918。
③ 胡适：《新思潮的意义》，载《新青年》，第 7 卷，第 1 号，1919。
④ 孙中山：《在广州对国民党员的演说》，见《孙中山全集》第 8 卷，567 页。
⑤ 孙中山：《平实尚不肯认错》，见《孙中山全集》第 1 卷，383 页。

　　道德是维系一个民族向心力的纽带。五四启蒙思想家视传统道德为近代中国落后的罪魁祸首，孙中山对此大为不满："一般醉心新文化的人，便排斥旧道德，以为有了新文化，便可以不要旧道德。不知道我们固有的东西，如果是好的，当然要保存，不好的才可以放弃。"①"中国从前的忠孝仁爱信义种种的旧道德，固然是驾乎外国人，说到和平的道德，更是驾乎外国人。这种特别的好道德，便是我们民族的精神。我们以后对于这种精神不但是要保存，并且要发扬光大，然后我们民族的地位才可以恢复。"②进而，孙中山以民族固有道德为基础，批评一些新青年只讲世界主义不讲民族主义的错误倾向。

　　　　我们今日要把中国失去了的民族主义恢复起来，用此四万万人的力量为世界上的人打不平，这才算是我们四万万人的天职。列强因为恐怕我们有这种思想，所以便生出一种似是而非的道理，主张世界主义来煽惑我们，说世界的文明要进步，人类的眼光要远大，民族主义过于狭隘，太不适宜我们，所以应该提倡世界主义。近日中国的新青年，主张新文化，反对民族主义，就是被这种道理所诱惑。但是这种道理，不是受屈民族所应该讲的。我们受屈民族，必先要把我们民族自由平等的地位恢复起来之后，才配得来讲世界主义。③

孙中山以民族主义为真世界主义（大同主义、天下主义）的基础，戳破伪世界主义（霸权主义）的伪装。

　　孙中山对五四新青年极端强调个人自由的做法也提出了批评："欧美人讲自由，是有很严格界限的，不能说人人都有自由。中国新学生讲自由，把什么都打破了。"④孙中山认为，个人自由应建立在团体、国家、民族的自由之上，"要将来能够抵抗外国的压迫，就要打破各人的

---

① 孙中山：《三民主义》，见《孙中山全集》第9卷，243页。
② 孙中山：《三民主义》，见《孙中山全集》第9卷，247页。
③ 孙中山：《三民主义》，见《孙中山全集》第9卷，226页。
④ 孙中山：《三民主义》，见《孙中山全集》第9卷，280页。

自由，结成很坚固的团体"①，"这一个大团体能够自由，中国国家当然是自由，中国民族才真能自由"②。

综上，笔者认为，五四新青年虽然看到了中国传统儒学及其价值体系给近代化所带来的落后性和消极性，并以强化的形式对儒学作了多方面清算，但却忽视了儒学内涵的复杂性与多重性，过分夸大了儒学与现代性之间的紧张关系，存在历史虚无主义和民族虚无主义的可能，易于引发文化的认同危机和意义危机。而孙中山对待儒学的态度和方法，不仅在宣传方面具有策略意义，即运用传统的力量增加了宣传效果和力度，有利于西方学说中国化，而且注意挖掘儒家学说的合理内核，发挥儒学中助益于革命学说的内容。

同时，这一态度和方法还为后发型现代化国家处理中外文化问题提供了参考。中国作为后发型现代化国家，由传统社会向现代社会的转换过程中，面临双重困境：一方面要取其精华弃其糟粕，以西方现代性价值体系为参照，继承儒学中的合理性因素，剔除传统儒家思想中与现代性观念相冲突的成分；另一方面，西方现代化国家在现代化进程中日益暴露出的社会问题，需要后发型现代化国家（中国）借助于传统性资源（如儒家思想）找出规避方案和解决方法。这样，儒学在社会转型期面临多种要求：既要利用儒学的合理性资源推动本土的现代化进程，又要扬弃其中明显悖逆现代性的价值观念和文化传统，还要挖掘和开发传统资源中具有后现代意义的能够治疗现代化弊病的因素并使之完成担负相应责任的转换。在这一方面，孙中山作了较好的处理。

首先，孙中山对上古三代、先秦儒学、孔孟等的推崇和借重，避免了文化认同危机和意义丧失。这种推重不是抱残守缺主义和复古主义，因为他同时看到了西方的长处："中国古时底文明进步很快，外国近来底文明进步很快。"③这有利于增强民族的自信心和保持本民族的文化权

---

① 孙中山：《三民主义》，见《孙中山全集》第9卷，281页。
② 孙中山：《三民主义》，见《孙中山全集》第9卷，283页。
③ 孙中山：《在桂林学界欢迎会的演说》，见《孙中山全集》第6卷，70页。

威性。同时又注意规避两者的短处："文明有善果，也有恶果，须要取那善果，避那恶果。"①由此决定了他的持中，不崇拜欧美，不迷恋往古，既非西化派，也非复古派。

其次，孙中山对儒家道德的多重处理——有肯定，有否定，有改造，有扬弃，有现代转换，注意到了传统儒学对于现代化相容性、积极性的一面，注意到了文化发展的连续性，有利于缓解传统性与现代性之间的紧张关系，有利于传统性资源在现代化进程中发挥积极、合理的作用；又避免了照搬西方模式的可能性。换言之，他积极规避了传统儒学中与现代性紧张的一面，而利用了传统儒学中适于现代性的张力。

最后，他对世界主义与民族主义的辩证，合理地回答了落后国家在文化现代化过程中如何处理世界性与民族性的关系——落后国家的现代化必须建立在本民族历史传统和现实之上，以民族性为基础放眼世界，才能构成民族的时代性；与此同时，引进先进国家的现代化理论与模式必须剔除和规避其中的负面因素，这样才能超越它们。

2. 孙中山与现代新儒学思潮

在孙中山的相关文集中，笔者未能发现直接评论现代新儒学的文字。不过，现代新儒家作为五四后期产生的文化派别，所受孙中山的影响还是历历可见。

众所周知，现代新儒家是作为激烈反传统的对立面而出现在 20 世纪中国文化舞台，从梁漱溟、熊十力到后来的牟宗三、唐君毅诸人，都试图通过对儒家传统的重新认同，以避免或克服文化传统的断裂和意义的失落。同时，他们认同于儒家传统，并不拒斥近代化和西方文化。相反，他们大都有相当好的西学修养，始终以现代儒者自任。梁漱溟曾说："我对这两样东西完全承认，所以我的提倡东方化与旧头脑的拒绝西方化不同。所谓两样东西是什么呢？一个便是科学的方法，一个便是

---

① 孙中山：《在东京〈民报〉创刊周年庆祝大会的演说》，见《孙中山全集》第 1 卷，327 页。

人的个性申展，社会性发达。"①尽管在一些具体问题上存有分歧，但主张"民主"与"科学"、反对封建专制主义是这些现代儒者的共识。从主张保存并发扬儒家文化的精华，反对以否定儒家传统作为实现近代化的前提这方面看，现代新儒家的态度与孙中山别无二致。实际上，由于时代相近，现代新儒家第一代不乏辛亥革命的参加者或同情者，第二代、第三代以追随者自任的也不在少数。他们受孙中山思想影响应该没有什么疑问。

孙中山不仅曾为《新青年》题写过"天下为公"四个大字以共勉，而且他对大同之世的设计与现代新儒家对人类未来社会的构想多有一致之处。这在熊十力《原儒》一书中得以体现。熊十力认为，"天下为公"的大同之世体现了孔子外王之学的最高原则。依照熊氏的设想，大同之世已废除统治阶级和私有制，天下为公，一切事业皆属国有，社会财富平均分配。人们组成各种经济联合体，互相协作，共同发展工业生产，创造出巨大的社会财富。大同之世人人自尊自立，享有高度民主权力，就像西方的民主共和制。人们已消除私有观念，道德水准极大提高。"天下一家之制度下，人人可以表现其道德智慧。所以者何？天下之人人，皆化私为公，戒涣散而务合群，则智慧超脱于小己利害之外，而与日月合其明。"在他的理想中，大同社会是人类社会发展的必然归宿："盖社会发展，由蒙昧而进进，终乃突跃而至于全人类大同太平。人类以格物之功而能开物、备物、变化裁成乎万物。利用安身，驯至与天地合德，与日月合明之盛而人道尊严矣。"②看来，《礼记》中有关上古大同社会的美好描述不仅影响了孙中山而且影响了熊十力，而熊氏现代民主意识浓厚的大同社会与孙中山的民生主义大同社会又那么相像相近。

孙中山对儒家道德的认同和现代转换，成为现代新儒家构建内圣之学所推崇的榜样。贺麟《儒家思想的新开展》一文指出，当今社会必须以

---

① 梁漱溟：《东西文化及其哲学》，见《梁漱溟全集》第1卷，349页，济南，山东人民出版社，1989。

② 熊十力：《原儒》，见《熊十力全集》第6卷，475页，武汉，湖北教育出版社，2001。

现代儒者为基石，"在此趋向于工业化的社会中，所最需要者尤为具有儒者气象的'儒工''儒商'和儒者风度的工作人员"。现代儒者除需具备重忠孝、信义、和平的道德修养外，做事还需具备三种品格，即合理性、合时代、合人情。合时代就是审时度势、因应得宜，含有"时中"、"权变"之意。合理性即所谓"揆诸天理而顺"。合人情即求其"反诸吾心而安"。达此三者，"便可谓'曲践乎仁义'，'从容乎中道'，足以代表儒家的态度了"。贺麟认为，孙中山具有儒者气象，堪称现代儒者的楷模："孙中山先生则无疑是有儒者气象而又具耶稣式品格的先行者。今后新儒家思想的发挥，自必尊仰之为理想人格，一如孔子之推崇周公。""他在创立主义、实行革命原则中，亦以合理性、合人情、合时代为标准，处处皆代表典型中国人的精神，符合儒家的规范。"[①]

与儒学抨击者强调传统与现代化之间的对抗、紧张不同，新儒家在论证传统与现代化进程相容性方面与孙中山表现较为一致，并加以系统化、理论化。但也须看到，新儒家多是书斋中的学者，他们所提出的从内圣中开出新外王，从儒学中结出民主与科学的构想，仅仅是构想而已，而缺乏像孙中山那样的政治家所具有的革命经验基础和革命实践检验，因此具有很大不足。这一点正如杨国荣所说：

> 新儒家要求从儒学固有的内圣中开出现代化的新外王，在某种意义上即表现了对如上挑战的回应，但它试图通过良知的自我坎陷以转出科学的外王，本质上乃是从儒家的内圣之学中引出现代化所要求的科技及逻辑方法，这种推绎显然只能给人提供思辨的满足。[②]

现代新儒家注意到了后发型现代化国家在处理文化民族性与世界性问题上的弊端，从而在一定意义上找到了治疗中国现代化弊病的症结，这是其值得肯定之处，某种意义上是对孙中山思想的发扬光大。但孙中山的

---

① 贺麟：《文化与人生》，11~15 页，北京，商务印书馆，1988。
② 杨国荣：《善的历程》，371 页，上海，上海人民出版社，1994。

思想是一开放的体系，建立于中国革命和现实的需要之上，没有也从来没有拘泥于儒学一隅。新儒家尽管也认识到并注意吸收西学之长，但却夸大了儒学的现代性，拘于从内圣中开出新外王，受制于传统框架和儒学本位。这在一定程度上限制了他们与世界潮流共涌共进。

3. 孙中山与国民党、共产党的儒学观

国民党与共产党是 20 世纪中国最具影响力的两大政党，他们在处理和对待传统文化特别是儒学问题上各自以服务于本党派的意识形态为宗旨，对孙中山的学说有继承、有批判、有否定、有歪曲、有误解。

孙中山去世后，国民党政权为蒋介石掌握。蒋介石、戴季陶等人，以孙中山思想的继承人自诩。1925 年夏，戴季陶发表《孙文主义之哲学基础》，歪曲孙中山思想原旨，把孔子三民主义化，把三民主义儒学化，把孙中山儒家化。他说："中山先生的思想，完全是中国的正统思想，就是继承尧舜以至孔孟而中绝的仁义道德思想。在这一点，我们可以承认中山先生是二千年以来中绝的中国道德文化的复活。"戴季陶完全歪曲了孙中山革命思想的主流及其革命性。蒋介石袭用了戴季陶的主张，构筑起一个孔孙道统论。他们遗弃了孙中山学说的革命精神，背离了孙中山学说随世界潮流而不断前进和发展的宗旨，实质上是牢牢揪住旧三民主义不放，做了教条乃至歪曲的解释，并篡改入大量封建主义色彩浓厚的东西，儒学沦为为国民党专制统治服务的思想工具。

相反，对于孙中山的思想学说，马克思主义者则有相对公允客观的评价。例如，恽代英的评价就很恰切：

> 孙先生生于封建社会的中国，所以他实在是有些封建社会的思想，他不忘东方道德。他叫人注意东方道德，他讲王道，讲公理，这都是东方人的思想。孙先生在封建社会学说教义之中，把其中最好的部分便是仁爱平等的思想接收了，我们说孙中山先生恭维中国文化，这是不错的，不过我们要知道孙先生绝对不是和那些腐儒一样。他是要将封建社会中仁爱、平等的空谈，用近代的各种方法实现出来。孙先生东方思想是有的，但不仅是东方思想。他在三十年

左右，便受到欧美资产阶级革命与社会主义运动的影响……在晚年又接受了无产阶级世界革命，便是列宁主义的影响，相信世界革命势力的联合，工人和小农的联合，被压迫民族和无产阶级的联合，所以主张联俄及容纳共产党。孙先生一生都能在各种环境里，接受各种进步的思想。[①]

以毛泽东、刘少奇为代表的马克思主义者以唯物史观为指导，运用阶级分析方法提出"批判继承"方针，较为合理地对儒家学说做出了评判，他们的思想学说也继承了大量儒家文化的精化。但"文化大革命"期间，理论界由于存在意识形态教条化和阶级斗争扩大化的错误，从而片面夸大了传统儒学与现代社会的对立，在评价和对待传统文化遗产问题上走了很大弯路。

---

① 恽代英：《孙中山主义与戴季陶主义》，见《恽代英文集》下册，749～750 页，北京，人民出版社，1984。

附录　儒学在民国的历史命运

中华民国时期，儒学地位发生了根本性变化，失去了官方哲学和"一尊之学"的统治地位。南京临时政府的成立和《临时约法》的制定，首次在制度上宣布儒学作为国家指导思想的终结；五四新文化运动对儒家纲常名教的猛烈冲击，彻底宣告儒学在中国社会"独尊"地位的终结。从此，儒学进入新的历史时期。现代新儒家对儒学的继承和发展，国民党对儒学的改造和利用、马克思主义者对儒学的批判继承，既表明了各派力量对儒学的不同态度，又较为全面地展示了儒学在民国的命运。

一、民国建立与儒学制度保障的丧失

辛亥革命的爆发，不仅使中国社会制度发生了巨变，也使以儒学为代表的中国传统文化出现了重大转折。1912 年元旦，以孙中山为首的中华民国临时政府成立，结束了中国长达两千多年的封建专制主义统治。同年 3 月 11 日由中华民国临时参议院颁布的《中华民国临时约法》，则以根本大法的形式从法律上否定了君主专制制度。《临时约法》规定："中华民国的主权属于国民全体"；"中华民国以参议院、临时大总统、国务员、法院行使其统治权"；"中华民国人民，一律平等"，并享有人身、财产、言论、集会、结社等自由权利。资产阶级的自由、平等学说，开始作为中国人民的政治权利，并用法律形式规定了下来。虽然，中华民国临时政府仅仅存在了 3 个月时间，但它所颁布的以《临时约法》

为代表的系列法律法规，它所采取的共和政体和民主主义政策，对于两千多年来一直作为封建王朝专制统治的官方哲学和精神支柱的儒学所产生的冲击力还是巨大的，使儒家学说两千多年来第一次丧失了官方学说的垄断地位，第一次丧失了在国家政治生活中的指导地位。

中华民国的成立，还结束了儒学在学校教育中的垄断地位。忠君、尊孔是儒学教育的宗旨和方针。1912年2月，临时政府教育总长蔡元培发表《对于新教育之意见》，指出"忠君与共和政体不合，尊孔与信教自由相违"，宣布废除清朝的封建主义教育宗旨，代之以军国民主义教育、实利主义教育、公民道德教育、世界观教育、美感教育。依据这一指导方针，教育部先是颁布普通教育法规，要求中小学校读经科一律停止，初等小学校实行男女同校；接着又通过《大学令》，规定取消经科，将其并入文科。儒学及其典籍彻底丧失了在中国学校教育中的优先地位，这不仅对于儒学的传播是致命的打击，在儒学发展史上也是一个带根本性的转折点。伴随儒学教育的削弱，儒学的社会影响力大大缩小自是必然了。

辛亥革命虽然使儒学的地位受到了前所未有的冲击，但这并不意味着儒学的社会影响力变得无足轻重。恰恰相反，由于长期以来儒学与中国封建主义意识形态紧密结合，根深蒂固，旧的思想文化不可能因一场政治风暴而消失殆尽，在一定历史条件下，又成为封建势力复辟的工具。袁世凯就任临时大总统不久，便利用儒学大搞复辟阴谋。

在中国，要复辟就要尊孔，只有尊孔才能复辟，两者谁也离不开谁。袁世凯为了达到复辟帝制的目的，在思想领域通过尊孔复古为复辟帝制大造舆论。1912年9月，袁世凯发布《整饬伦常令》，宣布："中华立国，以孝、悌、忠、信、礼、义、廉、耻为人道之大经"；儒教"八德"乃"人群秩序之常"；命令全国人民"恪循礼法，共济时艰"。[①] 1913年6月，袁世凯发布《尊孔祀孔令》，宣扬孔子是"万世师表"，其学说

---

① 《袁大总统文牍类编》，见韩达编：《评孔纪年》，5页，济南，山东教育出版社，1985。

"放之四海而皆准"，命令全国"尊孔祀孔"，"以正人心，以立民极"[①]，在全国掀起了尊孔之风。

1913年下半年，尊孔活动猖獗起来。全国各地成立了各种形式的孔教会组织。虽然袁世凯尊孔复古、复辟帝制的丑剧到1916年6月伴随袁氏的死去而结束，但说明了这样一个问题，即：近代儒学与政治有着密切的关系。袁世凯的复辟，既是封建君主制度灭亡前的最后挣扎，也是儒学与封建政治结合共同挽救君主专制的一次表演。这股尊孔崇儒逆流的出现预示，儒学的正统和垄断地位虽然失去，但中国社会文化走向民主科学将是长期而复杂的过程。

二、五四新文化运动与儒学独尊地位的终结

提起五四新文化运动，人们会想到"打倒孔家店"[②]。尽管目前学界对五四新文化运动与儒学的关系有不同看法[③]，但五四新文化运动对儒学的激烈批判和强烈冲击是大家都能承认的历史事实。

1915年9月，陈独秀创办《青年杂志》，以"民主"与"科学"为旗帜，掀起轰轰烈烈的新文化运动。1916年，《新青年》连载被称为反孔第一炮的易白沙（1886—1921）的《孔子平议》一文，向孔子和孔教发难。接着，陈独秀、李大钊、鲁迅、吴虞等人相继发表抨击孔教和儒学的文章，形成了声势浩大的思想解放运动。概括说来，五四新文化运动的领导人对儒学的批判主要集中在以下三方面。

----

① 《政府公报》1913年6月23日，见韩达编：《评孔纪年》，18页。
② 关于"打倒孔家店"一词的来源，参见宋仲福：《关于"打倒孔家店"的历史考察》，载《孔子研究》，1992(2)。宋文认为，五四时期并不存在"打倒孔家店"的说法，最早使用"打倒孔家店"概念始自"全盘西化"的学者，致使后人从不同意义上使用该词作为新文化运动的代名词。
③ 欧阳军喜指出，学界把五四新文化运动当作一次反儒学运动是对历史的误解，五四新文化运动并没有把儒学当作一种死去的东西而抛弃，而是力求用新方法来阐释儒学的现代意义。见氏著：《五四新文化运动与儒学：误解及其他》，载《历史研究》，1999(3)。

其一，五四新文化运动批判最为猛烈的是儒家所宣扬的礼教。儒学是中国封建社会的一统之学，内容涵盖面广。儒学与封建礼教既有联系又有区别，但儒家的纲常理论无疑是封建礼教的核心内容。新文化派的成员大都从礼教层面或对儒学的礼教内核展开过激烈批判。

陈独秀在《新青年》发表文章明确指出，批判儒学的重点是反对三纲五常及与此相联系的伦理学说。因为"近世西洋之道德政治，乃以自由、平等、独立之说为大原"[①]，而"儒者三纲之说，为一切道德政治之大原。君为臣纲，而民于君为附属品，而无独立自主之人格矣；父为子纲，则子于父为附属品，而无独立自主之人格矣；夫为妻纲，则妻于夫为附属品，而无独立自主之人格矣。率天下之男女，为臣、为子、为妻，而不见有一独立自主之人者，三纲之说为之也。缘此而生金科玉律之道德名词，曰忠、曰孝、曰节，皆非推己及人之主人道德，而为以己属人之奴隶道德也。"他号召全国男女青年，"其各奋斗以脱离此附属品之地位，以恢复独立自主之人格"[②]。他还进一步指出，三纲之说，不仅桎梏人的自由、民主、独立，而且为复辟帝制张本。"孔子之道，以伦理政治忠孝一贯，为其大本"[③]，"孔教之精华曰礼教，为吾国伦理政治之根本"[④]。正是缘于此，儒学被袁世凯之流拿来作为复辟帝制的工具：

> 若夫别尊卑，重阶级，主张人治，反对民权之思想之学说，实为制造专制帝王之根本恶因。吾国思想界不将此恶因铲除净尽，则有因必有果，无数废共和复帝制之袁世凯，当然接踵应运而生。[⑤]

吴虞在《吃人与礼教》等系列批判儒学的文章中，抨击礼教对社会的危害，指出"孝"是孔子伦理学说的起点，是封建道德的根本。

---

① 陈独秀：《吾人最后之觉悟》，载《青年杂志》，第 1 卷，第 6 号，1916。
② 陈独秀：《一九一六年》，载《青年杂志》，第 1 卷，第 4 号，1916。
③ 陈独秀：《复辟与尊孔》，载《新青年》，第 3 卷，第 6 号，1917。
④ 陈独秀：《宪法与孔教》，载《新青年》，第 2 卷，第 3 号，1916。
⑤ 陈独秀：《袁世凯复活》，载《新青年》，第 2 卷，第 4 号，1916。

详考孔子之学说，既认孝为百行之本，故其立教，莫不以孝为起点，所以"教"字从孝。凡人未仕在家，则以事亲为孝；出仕在朝，则以事君为孝。……家族制度之与专制政治，遂胶固而不可以分析。而君主专制所以利用家族制度之故，则又以有子之言为最切实。有子曰"孝弟也者，为人之本。其为人也孝弟而好犯上者，鲜；不好犯上而好作乱者，未之有也。"其于销弭犯上作乱之方法，惟恃孝弟以收其成功。

简言之，"儒家孝弟二字为二千年来专制政治与家族制度联结之根干"①。

鲁迅则借狂人之口，深刻地揭露了封建礼教"吃人"的本质：

凡事总须研究，才会明白。古来时常吃人，我也还记得，可是不甚清楚。我翻开历史一查，这历史没有年代，歪歪斜斜的每页都写着"仁义道德"几个字。我横竖睡不着，仔细看了半夜，才从字缝里看出字来，满本都写着两个字是"吃人"！

针对封建礼教卫道士所提倡的"表彰节烈"活动，鲁迅于1917年7月发表《我之节烈观》一文，猛烈地抨击儒学中"夫为妻纲"的夫权主义。针对"三纲"中的父权主义，鲁迅在《新青年》发表《我们现在怎样做父亲》一文，指出旧的父子道德观的错误。

其二，五四新文化运动把批判儒学与批判封建专制主义政治相联系，大力宣扬了民主、科学思想，具有很强的现实性。

民主与科学是新文化运动的两面旗帜。新文化派认为，西方的民主科学与中国传统文化尤其是儒家学说难以相容。"所谓新者无他，即外来之西洋文化也；所谓旧者无他，即中国固有文化也。……二者根本相违，绝无调和折冲之余地。"②吴虞说："儒教不革命，儒学不转轮，吾

---

① 吴虞：《家族制度为专制主义之根据论》，载《新青年》，第2卷，第6号，1917。
② 汪叔潜：《新旧问题》，载《青年杂志》，第1卷，第1号，1915。

国遂无新思想、新学术，何以造新国民。"①陈独秀在反诘封建守旧势力时表示："要拥护那德先生，便不得不反对孔教、礼法、贞节、旧伦理、旧政治。要拥护那赛先生，便不得不反对旧艺术、旧宗教。要拥护德先生又要拥护赛先生，便不得不反对国粹和旧文学。"②他坚决主张："吾人倘以新输入之欧化为是，则不得不以旧有之孔教为非。倘以旧有之孔教为是，则不得不以新输入之欧化为非。新旧之间，绝无调和两存之余地。"③他们为树起"民主"和"科学"的大旗，强调以民主制度取代封建制度，以科学取代封建专制主义的盲从、迷信和独断，见解深刻，具有划时代意义。

新文化派对儒学为封建专制主义政治服务的实质有清楚认识。他们认为，孔学最初只是诸子百家之一，并没有什么神圣性可言，只是由于它极有利于推行和巩固封建君主专制统治和封建等级制度，才得到历代统治阶级的提倡，成为神圣不可侵犯的教条。儒教借君主之力行其道，君主借儒教之义固其位，两者交相为用。因为"儒教不藉君主之力，则其道不行……君主不假儒教之力，则其位不固"④。在中国历史上，孔子实际上已成为"历代帝王专制之护符"⑤。自"汉以后无子书，而孔子以后无圣人"，汉代独尊儒术得到历代帝王的承认，儒学得以发展，而历代帝王也根据自己统治的需要，不断地从儒家经典中制造出新的理论以满足于政治需要。"从汉迄今，滔滔不返，变本加厉，而其害酷矣。"⑥吴虞把儒学利于专制、不利于共和的弊端概括为三：尊先祖与隆君师并称，尊君尤甚；持宠固位，取媚于上，同于姜妇，去公仆之义绝远；实行愚民政策，不开民智。他们认为，孔学与共和是绝不相容之

---

① 吴虞：《儒家主张阶级制度之害》，载《新青年》，第 3 卷，第 4 号，1917。

② 陈独秀：《本志罪案之答辩书》，载《新青年》，第 6 卷，第 1 号，1919。

③ 陈独秀：《通信》，载《新青年》，第 3 卷，第 1 号，1917。

④ 吴虞：《康有为"君臣之伦不可废"驳议》，见《吴虞集》，146 页，成都，四川人民出版社，1985。

⑤ 李大钊：《孔子与宪法》，见《李大钊文集》第 1 卷，245 页，北京，人民出版社，2000。

⑥ 吴虞：《礼论》，载《新青年》，第 3 卷，第 3 号，1917。

物，提倡孔学必悖共和，信仰共和必排孔学。批判封建君主专制，提倡资产阶级民主共和，代表了先进知识分子的心声。因此，他们批判儒学的原因之一，就是要在中国实现民主共和。

其三，五四新文化运动对儒学的批判虽时有偏激，但并不是要彻底否定儒学、批倒传统文化。

对于新文化派的反孔言论，必须结合具体语境作深入分析。陈独秀对孔子、孔学及儒学的评价，前后是有所变化。1916年以前，他对孔子及其学说的批判并不激烈。1916年以后，他才把批判的锋芒对准孔子及其创立的儒家学说。但综观陈氏一生，他并没有全盘否定儒学，对孔子本人，也有具体的评述。比如，他曾说：

> 我们反对孔教，并不是反对孔子个人，也不是说他在古代社会无价值。不过因他不能支配现代人心，适合现代潮流，还有一班人硬要拿他出来压迫现代人心抵抗现代潮流，成了我们社会进化的最大障碍。[①]

李大钊也说过："余之掊击孔子，非掊击孔子之本身，乃掊击孔子为历代君主所雕塑之偶像的权威也；非掊击孔子，乃掊击专制政治之灵魂也。"[②]可以看出，五四新文化运动批判儒学，主要是批判其中与近代民主、科学思想相悖逆的东西，批判与封建专制主义相一致的东西，而不是要彻底打倒儒学、否定儒学，更不是要"全盘反传统"。

辛亥革命虽然推翻了帝制，确立了共和政体，儒学赖以存在的政治制度发生了变化，儒学失去了制度上的保障，但儒学在人们社会生活中的地位并没有完全丧失，儒学作为中华民族的文化心理和封建社会的意识形态根深蒂固，依然深刻地影响着人们的生活。真正从理论上、从思想观念上标志着儒学独尊地位终结的，则是五四新文化运动。

第一，五四新文化运动根本动摇了儒学在政治、伦理道德诸领域中

---

① 陈独秀：《孔教研究》，载《每周评论》，第20号，1919。
② 李大钊：《自然的伦理观与孔子》，见《李大钊文集》第1卷，250页。

的统治地位，标志着儒学正统地位的丧失。中国传统伦理道德与封建专制制度有着内在的必然联系，它是封建专制制度得以存在和延续的精神支柱，起着意识形态的作用。五四新文化运动以民主、科学、自由、个性解放取代迷信、盲从与专制，从国民性改造角度重塑中国人的精神。五四新文化运动把个体人的自由作为重估一切价值的标准，这就把对封建伦理道德的批判推向了前所未有的高度。同时，又把个人主义纳入民主与科学的理性轨道，使民主与科学的观念深入人心，从而避免了个人本位导向极端个人主义和无政府主义，从而使整个民族开始走向不同于古代中国的崭新的文明境地。以五四新文化运动为标志，封建专制主义道德伦理、儒家的纲常名教失去了正统地位，民主、自由、科学逐渐成为人们追求的目标，在政治生活领域、伦理道德领域占据主导地位。

第二，五四新文化运动所形成的"百家平等，不尚一尊"思潮，标志着儒学在学术领域独尊地位的终结。五四新文化运动作为一场空前的思想解放运动，它对孔子和儒学的批判，破除了历代统治阶级罩在儒学身上的神秘光环，主张以科学的态度研究儒学，从而使儒学丧失了在学术思想领域的独尊地位。这主要表现在：五四新文化运动彻底清除了历史上附加在孔子和儒学身上的封建迷信色彩，学术思想得以解放；破除了传统的经学思维模式，提倡用史学、哲学、文学等多种方法研究儒学，儒学研究呈现出多元化；五四新文化运动后，各种主义、学说同潮共涌，呈现百家平等争鸣的局面，儒学不再是一统之学，而转变为民族历史文化遗产。

三、现代新儒家对儒学的创新性发展

五四新文化运动宣告儒学独尊地位的终结，只是标志着经学时代结束，标志着传统儒学独占政治、思想、学术、伦理等领域统治地位的终结，并不意味着儒学退出历史舞台。1941 年，贺麟在《思想与时代》发表《儒家思想的新开展》一文，公开提出"新儒家"概念，并对五四运动以后儒家思想的新开展进行了宣言式概括。他认为，儒家思想的新开展，就是"吸收、转化、利用、陶熔西洋文化以形成新的儒家思想、新的民族文化。……儒家思想的新开展，是在西洋文化大规模的输入后，要求一自主的文化，文化的自主，也就是要求收复文化上的失地，争取文化上的独立与自主"①。可以说，现代新儒家是在西方文化大规模输入后，以儒家学说为本位，以服膺宋明儒学为主要特征，寻求不同于西方模式的中国现代化道路的文化保守主义流派。

现代新儒学则是 20 世纪后期在国内学术界和社会上流行的概念，是对"五四"以来新儒家代表人物思想学说的总称。根据现代新儒家的观点，儒学发展一般说来经历了三个阶段：先秦以孔、孟、荀为代表的儒学，是儒学发展的第一阶段，称为原始儒学；援佛入儒后哲理化的宋明儒学是儒学发展的第二阶段；"五四"以后，一批知识分子面对中国传统伦理和价值系统的崩溃、西方帝国主义的入侵和马克思主义在中国的传播，欲图在吸收西学的基础上复兴儒家文化，以适应时代潮流，是为儒学发展的第三阶段，亦即所谓的现代新儒学。

1. 现代新儒学兴起的文化契机②

从国际环境讲，第一次世界大战显现了西方资本主义社会的尖锐矛盾，暴露了西方资本主义文明的弱点。西方思想界陷入混乱，甚至有观点认为第一次世界大战标志着西方文明的破产，标志着科学主义的破产。一些人对西方文明失掉信心，企图到"东方文明"中寻找精神慰藉和解决社会问题的方案，寻找一条不同于西方的救国之路。

就国内状况而言，19 世纪中叶以来，中国在西方资本主义列强的侵略和压迫下，社会局势日趋恶化，"师夷制夷"的努力屡试屡败，从而使中国先进的知识分子逐渐意识到，要找到适合中国现代化的道路，就必须对固有文化和社会进行全面改造，特别是要对支配整个社会意识形

---

① 贺麟：《儒家思想的新开展》，载《思想与时代》，第 1 期，1941。
② 这一节参考了方克立《现代新儒学与中国现代化》(天津，天津人民出版社，1997)、郑家栋《现代新儒学概论》(南京，广西人民出版社，1990)等著作。

态的传统文化进行深刻反思和批判。于是，学术思想界出现了以打倒孔教迷信、提倡科学和民主为特征的新文化运动。五四新文化运动作为一次彻底的反对封建主义的思想解放运动，给国人建立了一个追求现代化的价值系统，但同时也给人们留下了许多待以解决的问题。问题之一就是如何处理中国传统文化与现代化的关系。五四新文化运动以西方文化作参照系来批判和重建中国新文化，只看到传统文化的时代性，而看不到它的民族性，甚至以文化的时代性排斥文化的民族性，难以处理好民族文化的连续性和继承性问题。此外，诸如功利与伦理、发展与道德、科学与人生、社会与个体、精神与物质等方面都给人们留下了思考的空间。

在上述背景下，20世纪二三十年代的东西文化论战、"科学与玄学论战"和关于古史问题的论战为现代新儒学的兴起提供了契机。三次论战分别凸显了文化、哲学和学术方法三个不同层面，正如郑家栋《现代新儒学概论》所指出，现代新儒家的理论活动也是以这三个方面为引子。

作为一种文化思潮，现代新儒学是针对"全盘西化"理论的偏失而发。西化论者强调中西文化的时代差异，现代新儒学则看重文化的民族性，主张不同的文化传统各具其质，相互之间不能简单替代，也不能把中西之争仅仅归结为古今之争。现代新儒家致力于发掘儒学传统中具有普遍意义的思想因素，认为其中所蕴含的"恒常之道"和"人文睿智"，不为特定的历史时期和社会政治形态所限定，它不只是民族的，同时是世界的。

作为一种哲学思潮，现代新儒学是致力于纠正科学主义、实证主义哲学的极端化观点。五四时期的科学主义思潮是与救亡图强的热切期望关联在一起的。现代新儒家在哲学领域采取科学与哲学两分的思考方式。他们既充分肯定科学作为知识系统在认识自然、改造人类生存环境方面的效用，又指出，科学主义者并不能根本解决精神生活和人文世界的问题。他们认为，哲学探求的是科学的事实世界以外的价值世界、意义世界，依靠与道德实践融为一体的直觉体悟，可以解决上述问题。

作为一种学术思潮，现代新儒学要求对中国历史和文化作出不同于考据学派的阐释。五四时期，胡适、顾颉刚等人倡导依据科学的实证原则"整理国故"，认为中国的文化遗产不过是一些有待考证的材料，完全可以依靠科学的客观方法加以整理研究。现代新儒家则认为新考据学派的方法或许可以重建传统的外观，却不能把握历史传统的真实意义，只有采取一种主观的、直觉的、综合的道路，才能深契于历史文化的内在生命。因此，他们主张对历史文化不能采取客观的研究方法，而必须怀有"同情"和"敬意"。

2. 现代新儒学的发展历程

目前学界较为普遍地认为，现代新儒学发端于20世纪20年代，大革命失败后有了进一步发展，三四十年代进入成熟阶段。民国时期的主要代表人物有梁漱溟、张君劢、熊十力、冯友兰、贺麟、马一浮、钱穆等。

梁漱溟(1893—1988)被公认为是现代新儒家开创山林的人物，他的新儒学思想突出表现为他所创立的"新孔学"思想体系。1921年，梁氏出版了《东西文化及其哲学》一书，在五四新文化运动批判儒学的大势下异军突起，独树一帜，公开维护和提倡孔子儒家的学说，特别是孔子的人生哲学和道德伦理学说。该书把中国文化纳入世界文化架构中平等地加以系统讨论，认为中、西、印三大文化系统是根源于人类生存"意欲"之发用流行，而表现为三条不同的路向：西方文化是以"意欲"向前要求为其根本精神的；印度文化是以"意欲"反身向后要求为其根本精神的；中国文化是以"意欲"自为调和持中为其根本精神的。他特别指出，在今天，只有以孔子为代表的中国文化所表现的人生态度才最适合于现实，才是东西方社会发展最可取的道路。他断言说："世界未来文化就是中国文化的复兴"[①]，中国人和西洋人都导向"至美至好的孔子路上来"。

在西化思潮声势日高的形势下，梁氏敢于肯定中国文化和东方文化的价值，肯定孔子儒家学说的生命和智慧，这就确立了现代新儒家尊孔崇儒的精神方向。牟宗三称赞他说："在新文化运动中反孔顶盛的时

---

① 梁漱溟：《东西文化及其哲学》，199页，北京，商务印书馆，1992。

候，……他独能生命化了孔子，使吾人可以与孔子的真实生命及智慧相照面"，同时，"他开启了宋明理学复兴之门，使吾人能上接宋明儒者之生命与智慧"①。梁氏不仅开启了通过宋明理学而遥契先秦儒学的方向，而且开创了"用一种西方哲学的观点对于中国的文化作一同情的理解"②的思想进路。因此，他所提倡的孔学、儒学，已不是历史的本来面目，而是用西方哲学改造后能容纳"民主"、"科学"等现代观念的新儒学。

继梁漱溟之后，张君劢（1887—1969）以参与 1923 年的科学与人生观论战而成为现代新儒家的又一重要人物。五四新文化运动时期，"民主"与"科学"是高扬的旗帜，而张氏却敢于站在人本主义立场上来反对科学万能论、反对唯科学主义。他主张用柏格森、倭伊铿的唯意志哲学与宋明理学相结合，来发扬光大儒学，解决人生问题，用他的话说："心性之发展，为形上的真理之启示，故当提倡新宋学"；"诚欲求发聋振聩之药，惟在新宋学之复活"。③ 他进一步明确了新儒学的方向，并拓宽了新儒家的进路。

进入 19 世纪三四十年代，民族危机和民族救亡的呼声唤醒了人们的民族意识和民族精神，现代新儒学得到进一步发展的有利条件，理论体系走向深化、系统、成熟。

熊十力（1885—1968）是现代新儒学理论体系的成熟构建者。梁漱溟、张君劢虽然开启了现代新儒学的精神方向，但是他们并没有为这个学派构建起一套精致的哲学体系。这一任务首先是由熊氏的《新唯识论》完成的。"新唯识论"的核心是"体用不二"的本体论，把"心"、"性智"、"觉悟"当作一切事物的本体，认为一切事物的本体不是客观存在的物质，而是超越客观世界的性智或人们的觉悟。"性智"也就是"本心"。"本心"是宇宙的本体，物质宇宙则是"本心"的表现和功用，"本心"借助"翕"的功用物化为物质宇宙，又借助"辟"的功用使物质宇宙向自己复

---

① 牟宗三：《生命的学问》，112 页，台北，三民书局，1970。
② 冯友兰：《四十年的回顾》，81 页，北京，科学出版社，1959。
③ 张君劢：《再论人生观与科学并答丁在君》，见《科学与人生观》，9 页，上海，亚东图书馆，1923。

归，也就是所谓"体用不二"，"吾心与万物本体，无二无别"。① 这显然是承接陆王心学而来的。与他的本体论学说相联系，他认为"本心"也是人生道德的源头。由于现实生活中人们拘于"量智"（即一般人所讲的知识或"理智"），把世界看成是物质的，被"习心"蒙蔽了"本心"，道德价值的源头难以凸显，所以便出现了善与恶。他主张用"性智"（即直觉体悟）的方式去体认"本心"，以树立"内圣"的道德价值观，然后再通过"外王"体现出来，达到"内圣外王"的目的。他的思想和著作极具感召力，有人说他是此后新儒家实际的精神领袖。

冯友兰（1895—1990）创立的"新理学"体系和贺麟（1902—1992）创立的"新心学"体系，在现代新儒学发展史上占有重要地位。冯友兰的代表性著作是在抗日战争时期写作出版的《新理学》、《新事论》、《新世训》、《新原人》、《新原道》、《新知言》六本书，统称之为"贞元之际所著书"。他标出自己的"道统"，自命继承了正统中国哲学的精神，认为他的"新理学"是"接着"程朱理学讲的，而非"照着讲"的。他所讨论的主要还是理念、道器（他称为"真际"和"实际"）一类的传统哲学问题，但在理论深度和研究方法上大有改进。受西方逻辑学、西方哲学特别是新实在论的影响，他的哲学融合中西、强调逻辑论证。

贺麟的"新心学"，从主要方面说，是站在新黑格尔主义的立场来承接、发挥陆王心学的理论。他认为，"心为物之体，物为心之用；心为物的本质，物为心的表现"；"知永远决定行"，"行永远为知所决定"。② 也就是说，心是本质、主宰、是唯一的实体。在伦理方面，他提倡"儒者气象"、"儒者风度"，主张由"重忠孝仁义信爱和平的道德儒商儒工"出来"作社会的柱石"。在文化观上，他主张"以儒家思想为本体，以西洋文化为用具"，断言新儒学是中国现代思潮的主流，现实社会正在蔚成一个新儒学运动。

钱穆（1895—1990）是在史学领域高举现代新儒学旗帜、反对历史虚

---

① 熊十力：《新唯识论》，252 页，北京，中华书局，1985。
② 贺麟：《近代唯心论简释》，3、66 页，北平，独立出版社，1943。

无主义、维护中国历史文化的代表。他以宋明理学为指导编纂历史，以叙述历史的方式阐发宋明理学的基本思想。他认为，孔子是中国的大圣，"孔子心教"（即宋明理学）是中国社会屹立不摇的支柱，宋儒所提倡的"为天地立心，为生民立命"、以天下为己任的精神才是中国历史的真精神。他的《中国近代儒学之趋势》、《国史大纲》都是从史学角度阐发其现代新儒学思想的代表著作。

3. 现代新儒学是中国儒学的新发展

现代新儒学一方面继承儒学传统，另一方面结合时代需要加以发展和改造，从而使现代新儒学在中国儒学史和现代文化史上独树一帜。概括说来，现代新儒学至少在以下四个方面显示了它在民国文化史和中国儒学史上的特征和地位。

其一，现代新儒学是对传统儒学的继承和发展，它与西化思潮和马克思主义思潮鼎立为三，一起构成民国文化史的新格局。现代新儒学作为西化思潮的对立面而出现，注重文化的民族性，从而避免了民族虚无主义。但他们又不局限于文化的民族性和地域性，而是注重于挖掘传统文化中具有普遍意义的"恒常之道"和"人文睿智"，从而避免了顽固保守的弊端。现代新儒学振兴民族文化的努力，对于唤起国民对传统文化的价值认同、树立民族的自信心、纠正西化派的思维偏失，意义不可低估。

其二，现代新儒学注重吸收西方文化，不仅是对中西文化融合的促进，更是对传统儒学的超越。新儒家认为，中国文化具有很强的实用性和同化力，中西文化可以融合。中国文化应该吸纳西方文化中有益的东西，以培养出现代意义的中国文化。依此原则，梁漱溟把柏格森的生命哲学与儒家正统哲学融合，创立了新孔学思想体系；冯友兰把西方新实在论与程朱理学融合，创立了新理学体系；贺麟把新黑格尔主义与陆王心学融合，创立了新心学体系。不仅在哲学体系上，而且在政治思想上，他们也注重吸收西方先进的思想观念。他们汲取西方民主与科学思想，主张实行资本主义，反对封建主义。可以说，西学是使他们的思想体系成为新儒学的关键。

其三，现代新儒学对科学主义、理性主义等现代性观念提出一定程度的批评，强调人生哲学、直觉、非理性的价值，达到了较高的理论水平。他们继承了儒学重视道德建设、强调道德教化的传统，反对科学万能说，认为道德问题不可能由科学来解决，而儒学则提供了解决这一问题的智慧源泉。他们十分强调人生问题，视儒家哲学为生命哲学，儒家之道为生生之道。他们大都主张用儒家的直觉、顿悟方法来阐明孔、孟、程、朱、陆、王的心性之学，挺立道德主体性，培养自立、自信、自主的人格，从而使人的生命流畅，进而使民族的大生命富有朝气。由于他们的着眼点放在阐扬儒学的人道主义和生命价值的提升上，因此，其理论水平达到了一个新的高度。

其四，现代新儒学留下了三个哲学体系，即熊十力重建儒家心性本体论的"新唯识论"哲学体系、冯友兰重释程朱理学的"新理学"哲学体系以及贺麟重释陆王心学的"新心学"哲学体系。这是用现代哲学方法来诠释、发扬传统儒学精神的重要成果，可以说是民国时期在哲学体系上对传统儒学最具有创造性的发展。

总之，现代新儒学以承接传统儒学的道统自任，从哲学、人生观、价值观等方面融入了时代特色，极大地发展了儒家精神和传统文化，把儒学推进到一个全新的阶段。

四、国民党对儒学的利用

1912年中华民国建立以后，特别是五四新文化运动以后，儒学已失去作为官方哲学的政治基础，但一些政治势力并不甘心。为了达到争权夺利和反对中国共产党的目的，国民党政权挖掘、利用儒学中的专制主义内容，并加以改造，作为进行专制统治的官方哲学。国民党政权的统治思想是资产阶级学说和封建主义学说的大杂烩，儒学在其中不占主导地位，但透过它对儒学的利用，我们可以较为全面地认识儒学在民国时期的历史命运。儒学被利用改造为官方哲学的一部分，肇端于戴季陶，而后由陈立夫、蒋介石系统完成。

1. 戴季陶的"孔孙道统论"

戴季陶（1891—1949）一生思想多变。1925 年孙中山逝世后，他以弘扬孙中山哲学的名义，先后发表了《孙文主义之哲学的基础》、《国民革命与中国国民党》两本小册子，编织了一个"孙孔道统说"，把孙中山说成是继承和发扬孔子之道的"集大成者"和"继往开来的大圣"。他形式上好像是拥护孙中山的三民主义，复活传统儒学，实质上是借弘扬儒学为名，歪曲革命的新三民主义，从思想上反对马克思主义，从政治上排斥共产党。他的这套在中国建立和巩固以官僚资本主义为基础的独裁统治的理论，时人称之为"戴季陶主义"。其主要内容如下。

一是歪曲孙中山的思想，把孙中山孔子化，用儒家的仁义道德反对马克思主义的阶级斗争学说。

戴季陶曲解孙中山思想，把孙中山的思想分为"能作"与"所作"两部分。能作的部分，是关于道德的主张，是继承中国古代儒家正统的伦理思想，在这一方面，孙中山"不创作"，只继承。所作的部分，是由现代世界的经济组织、国家组织、国际关系等种种制度上面着眼，孙中山创造出新理论。按照戴季陶的解释，孙中山的"能作"部分的思想是"所作"部分乃至一切思想的基础，也就是说，儒家的伦理思想是他整个思想的基础。或用戴氏的话说："中山先生的思想，完全是中国的正统思想，就是继承尧舜以至孔孟而中绝的仁义道德的思想。"①这样，孙中山就由近代伟大的资产阶级革命家变为一个代表儒家文化的圣人。戴季陶之所以重新解释孙中山的思想，把孙中山的思想说成是"继承尧舜以至孔孟而中绝的仁义道德思想"，其中一个重要原因，就是他企图以儒学中关于仁、仁义、仁爱的学说反对马克思主义的阶级分析和阶级斗争学说。他认为"仁爱是人类的生性"，"仁爱是革命道德的基础"，"不仁就是反革命"，"阶级的差别，并不是绝对能够消灭人类的仁爱性的"，"各阶级的人，要抛弃了他的阶级性，恢复他的国民性，抛弃了他的兽性，恢复

---

① 戴季陶：《孙文主义之哲学的基础》，36 页，广州，民智书局，1925。

他的人性"①，因此，国民革命是联络各阶级的革命，农民阶级、工人阶级反对军阀、地主、资本家的革命也就没有必要了。

二是曲解孙中山的三民主义，把三民主义儒学化，用"民生哲学"来对抗唯物史观。

戴季陶提出，孙中山的三民主义理论来源于孔子的"民生哲学"。他说：两千多年前的孔子就"组织了一个民生的哲学"，这个理论，就是两千数百年后孙中山所继承的理论。他认为，孔子的理论系统，主要包含在《大学》、《中庸》两部书中。书中所述"孔子的思想，注意全在民生"，"就孔子的基本原理来说，就是'天下之达道五（指君臣、父子、夫妇、兄弟、朋友），所以行之者三。智、仁、勇三者，天下之达德也。所以行之者一也'"，社会组织变了但求生的目的不变，孙中山的三民主义即由此递嬗而来。② 这就把孙中山的三民主义与孔子学说混淆在一起了。

以此为基础，他又提出儒家仁爱论是民生的基础，认为仁爱是一切种族、一切阶级共有的永恒的先天本性，是各个阶级都具备的与阶级性相对立的国民性。他还把这种先天的仁爱本性，视为一切社会变革活动的直接源泉，认为人类的一切无不从"仁爱"出发，由"仁爱"而派生，而又以"仁爱"为归宿。这样，戴季陶就把孙中山的民生观建立在先验唯心的"仁爱"基础上了，从而形成了与唯物史观根本不同的哲学立场。

从历史上看，戴季陶主义的出现，为国民党内以蒋介石为代表的新右派叛变国民革命提供了理论支持。他构造的"民生哲学"实际上起到了国民党官方哲学的作用。后来相继出现的陈立夫的"唯生论哲学"和蒋介石的"力行哲学"都吸取了"民生哲学"的观点，就此而言，戴季陶主义利用儒学开启了国民党官方哲学的先河。

2. 陈立夫的"唯生论"

20 世纪 30 年代初至 40 年代，陈立夫提出一套"唯生论"理论，从本体论方面，把孙中山哲学改造为了神秘主义的唯生论宇宙观。其中，

---

① 戴季陶：《孙文主义之哲学的基础》，35、34、37 页。
② 戴季陶：《孙文主义之哲学的基础》，44、46 页。

儒学是他用以曲解孙中山哲学思想的重要工具。

孙中山的自然观，主要是在吸收 19 世纪西方自然科学特别是生物进化论和细胞学说成果的基础上形成的。这一理论存有一些缺陷，如主张"生元有知"，认为构成生物的基本单位细胞（"生元"）具有与人类同样的意识活动等。但从总体上说孙中山自然观的基础是唯物主义的，而且高于一般的机械唯物主义。陈立夫出于政治需要，把孙中山自然观中的唯物主义成分加以改造，并把它与生命哲学结合起来，构建了一个神秘主义的唯生论体系。

在世界本原问题上，陈立夫既不主张唯物一元论，也不主张唯心一元论，而主张唯生一元论。所谓唯生一元论，就是说宇宙由生元所构成。孙中山也主张"生元有知"，但他认为生元是由原始无机物逐渐进化而来的，它本身也是"物"，知觉意识只是生元的一种属性。而陈立夫则把物理学的元子论与孙中山的生元观念等同起来，进而把孙中山的"生元有知"论曲解成"万物有知"论，以生元作为世界统一的基础。这样，孙中山的唯物主义便被他改造成了唯心主义。

陈立夫在改造孙中山唯物主义学说的过程中，把儒学中的"诚"引入了宇宙观。"诚"在陈立夫的哲学里，是元子的另一称呼，也就是宇宙的本体。"诚是宇宙的主宰"，又是"一切精神的原动力"。他在《唯生论》中说："诚即指许多乱动的元子，即生命的本质或本位。"他认为，宇宙万物都有生命，生命的始终也就是万物的始终；生命的始终，不过生、长、衰、化四个过程，也就是《中庸》中所谓"诚则形，形则著，著则明，明则动，动则变，变则化"这六个阶段。诚是事物或生命的第一阶段，即许多无组织的元子在混沌的乱动状态，"诚者物之终始，不诚无物"。这里"诚"好像具有物质性，其实不然。接下来他又说：诚在本质上是原子的动能，是宇宙间生命的动力，"宇宙之诚即宇宙之主宰，即宗教家所称之上帝"。"诚"成为宇宙万物的本质，成为"上帝"，成为神秘主义的东西。

以此为基础，陈立夫提出了唯生论的道德观，提出为人处世、尽职负责要遵守儒家的五伦之道。他把儒家的君臣关系"臣事君以忠，君使臣以礼",修改为"上须对下以礼,下须对上以敬";父子、兄弟间要做到"父慈子孝"、"兄友弟恭";把"夫为妻纲"改为"和顺",男子居于发起之位,女子居于顺从地位。可以说,陈立夫的五伦观基本上是儒家纲常名教的现代翻版。

经过陈立夫的如此曲解,孙中山的三民主义哲学已失其本来面目,而代之的则是儒家哲学与儒家伦理。

3. 蒋介石的"力行哲学"

蒋介石的力行哲学与戴季陶的民生哲学、陈立夫的唯生哲学一样,也是对孙中山哲学的新解释。不同的是,力行哲学侧重在知行问题上"修正"孙中山哲学。

传统儒学是蒋介石力行哲学的主要来源之一。1932 年,他在《革命哲学的重要》讲演中,把儒学的"仁爱"、"智"、"勇"、"诚"作为革命的动力,并大力推扬王阳明、曾国藩的道德文章。在《自述研究革命哲学经过的阶段》等文中,他坦然承认他的思想得力于王阳明与曾国藩的著作最大。1939 年 3 月,蒋介石成为国民党总裁,发表《行的道理》的演讲,系统阐述了"力行哲学"的基本观点。他认为,三民主义的基础,从伦理和政治方面讲,就是"忠孝、仁爱、信义、和平",在方法实行上,就是"知难行易"的哲学。

"力行哲学"又叫"行的哲学",是以蒋介石为代表的国民党右派集团的哲学。蒋介石把"知"分为两类,一种是天赋之知,另一种是科学之知。天赋之知是与生俱来的,即不待学而先能,不待教而先知;科学之知是由学问思辨工夫而来。蒋介石的思辨即是"心功",也是主观精神的活动。因此他的"知",是典型的主观唯心论。至于行,蒋介石认为有两方面含义:一者,"行就是人生";再者,"'行'为'性'之表,与生俱来"。在他看来,人生是天然的本性,宇宙的运行是无意识的"冥行",是冥冥之中所决定的。在知行关系上,他把孙中山的"知难行易"与王阳明的"知行合一"等同起来,认为有知方有行,有真知方才易行。要打破"知难"的局面,就需要去"致良知"。他把王阳明的"致"曲解为"行",打破"知难"的困境,就要实实在在去做,也就是去"力行"。进而,他把

"行"的动力归为"诚"，而他的"诚"是发乎天性的东西。这样，他要求人们去破除"知难"的"力行"，实际上是建立在"诚"基础上的"力行"，成为主观意志主义，是一种典型的唯意志论。与此一致，他强调，"行"的目的就是行"仁"，就是要达到智、仁、勇，就是要人们在不知不觉之中盲目地做到杀身成"仁"、舍身成"仁"，为维护和巩固蒋介石政权去卖命。

蒋介石力行哲学的政治实践，颇具典型的要算"新生活运动"。

1934年2月，蒋介石在他的南昌行营发动了所谓的"新生活运动"，成立了"新生活运动总会"，自任会长，并聘请何应钦、陈果夫、张群等33人为指导员。新生活运动的主要内容就是推行"礼义廉耻"的思想教育和"尊孔读经"的复古教育。他提出，只有"力行"，做到"诚"、"仁"，才能贯彻好"礼义廉耻"的生活准则。蒋介石所制定的《新生活运动纲要》和《新生活须知》规定："礼"是规规矩矩的态度，也就是要忠诚于蒋介石政权。"义"是正正当当的行为，也就是做蒋介石的顺民。"廉"是清清白白的辨别，也就是要分清敌我，分清"赤匪"与"民众"的界限。"耻"是切切实实的觉悟，要从思想深处坚定立场。蒋介石所宣扬的新生活，就是要全国国民忠于蒋介石政权，实行军事化生活，发扬精神，提倡节约，同"赤匪"展开斗争。其实质是要用儒家的纲常伦理来统一人们的思想和行动，以反对共产主义运动。

综上所述，国民党的官方哲学，从戴季陶的民生哲学、陈立夫的唯生论，到蒋介石的力行哲学，其核心都是以儒学或儒学化的三民主义来重新解释孙中山哲学，并以之作为实行专制统治的工具。

五、马克思主义者对儒学的批判继承

1919年以后，伴随无产阶级革命队伍的不断壮大，马克思主义理论家毛泽东、刘少奇、郭沫若等人对传统文化特别是儒家学说进行了认真总结和研究。他们对儒学的态度既不同于现代新儒学，更迥异于国民党的官方哲学，而是卓然一家，自成特色。

1. 毛泽东"批判与继承"方针的提出

1940 年，毛泽东在延安发表了纲领性论著《新民主主义论》(即《新民主主义的政治与新民主主义的文化》)，系统论述了建立新民主主义文化的任务，提出了对待中国文化遗产"批判与继承"的总方针。

该文首先对中国旧文化的性质进行了总结。毛泽东指出：中国古代占统治地位的文化是封建的文化，中国近代占统治地位的文化则是帝国主义文化和半封建文化。

> 自周秦以来，中国是一个封建社会，其政治是封建的政治，其经济是封建的经济，而为这种政治和经济之反映的占统治地位的文化，则是封建的文化。
>
> 半封建文化，这是反映半封建政治和半封建经济的东西，凡属主张尊孔读经、提倡旧礼教旧思想、反对新文化新思想的人们，都是这类文化的代表。帝国主义文化与半封建文化是非常亲热的两弟兄，它们结成文化上的反动同盟，反对中国的新文化。这类反动文化是替帝国主义与封建阶级服务的，是应该被打倒的东西。[①]

反动统治阶级一再利用尊孔读经、旧礼教旧思想来为封建阶级、帝国主义服务，这是毛泽东对儒学持批判态度的历史的政治的原因所在。

毛泽东强调，批判旧文化与建设新文化是相统一的。所要建立的民族新文化，是无产阶级领导的、民族的科学的大众的文化，即民族的形式、科学的内容、大众的方向相统一的文化。毛泽东指出，中国现实的新文化是从古代的旧文化发展来的，今天的中国是历史的中国的一个发展，应当尊重自己的历史，而不应割断历史。由此，他发出号召，要求"学习我们的历史遗产"。他在《中国共产党在民族战争中的地位》中指出："学习我们的历史遗产，用马克思主义的方法给以批判的总结"，"从孔夫子到孙中山，我们应当给以总结，承继这一份珍贵的遗产"[②]。

---

① 毛泽东：《新民主主义的政治与新民主主义的文化》，《中国文化》，创刊号，1940。
② 毛泽东：《中国共产党在民族战争中的地位》，见《毛泽东选集》第 2 卷，533～534 页，北京，人民出版社，1991。

他特别强调继承与批判的辩证关系："中国的长期封建社会中，创造了灿烂的古代文化。因此清理古代文化的发展过程，剔除其封建性的糟粕，吸收其民主性的精华，是发展民族新文化提高民族自信心的必要条件。但是决不能无批判地兼收并蓄，必须将古代封建统治阶级的一切腐朽的东西和古代优秀的民间文化即多少带有民主性和革命性的东西区别开来。中国现时的新政治新经济是从古代的旧政治旧经济发展而来，中国现时的新文化也是从古代的旧文化发展而来，因此，我们必须尊重自己的历史，决不能割断历史。但是这种尊重，是给历史以一定的科学的地位，是尊重历史的辩证法的发展，而不是颂古非今，不是赞扬一切封建的毒素。"①

毛泽东提出的"批判与继承"地对待历史文化遗产的总方针，既反对全盘肯定古代传统文化的观点和倾向，从而为实现文化革命、思想解放、建立新文化开辟了道路，又反对全盘否定传统文化的观点和倾向，从而避免了崇洋媚外、"全盘西化"思潮的泛滥，起到了保护传统文化的作用。"批判与继承"总方针的提出，使新民主主义新文化既避免陷入历史虚无主义，又不致犯保守主义错误，为科学地研究儒学开辟了道路。

毛泽东不仅提出了对待历史遗产的"批判与继承"的总方针，而且对孔子和儒学作了许多具体的分析和论述，从一个侧面体现了马克思主义与中国文化相结合实现中国文化现代化的特点。这主要表现在以下三个方面。

其一，毛泽东以马克思主义为指导，择取儒学中一些有生命力的命题、思想、概念，给予改造重释，形成适合中国国情的马克思主义——毛泽东思想内容之一。人们熟知的"实事求是"路线便是一例。"实事求是"一词，源于汉代班固《汉书·河间献王刘德传》：刘德"修学好古，实事求是"。唐代颜师古注："务得实事，每求真是也。"从此，实事求是成为儒家的学术精神。其内涵，起初是指治学态度，指详细占有资料基础上得出正确结论；后来发展为"经世致用"，强调学术面向现实，务实致

---

① 毛泽东：《新民主主义的政治与新民主主义的文化》，《中国文化》，创刊号，1940。

用。毛泽东继承了"实事求是"这个命题的基本精神，并加以发挥改造，与中国新民主主义革命结合起来。他在总结中国共产党领导中国革命的经验教训时认为，马列主义的普遍真理与中国革命的具体实践相结合是取得中国革命胜利的必要条件。也就是说，为实现中国革命的胜利，必须树立马克思列宁主义学风，端正思想态度，即有目的地去研究马列主义理论，应用马列主义的理论和方法对周围环境作系统的调查研究，使马列主义的理论和中国革命的实际运动结合起来。毛泽东说：

> 这种态度，就是实事求是的态度。"实事"就是客观存在着的一切事物，"是"就是客观事物的内部联系，即规律性，"求"就是我们去研究。我们要从国内外、省内外、县内外、区内外的实际情况出发，从其中引出其固有的而不是臆造的规律性，即找出周围事变的内部联系，作为我们行动的向导。①

这样，毛泽东就把传统儒学中关于治学方法的命题，改造成为马克思主义辩证唯物主义认识论的一个基本命题，成为人们认识世界、改造世界的根本方法，成为中国共产党思想路线最科学、最概括的表述。

其二，毛泽东对儒学中既含有合理因素，又带有历史局限性的思想，进行了具体的科学的分析。他主张吸取其精华，剔除其糟粕，表现出了辩证地对待儒学的态度。以毛泽东对"中庸之道"的批判继承为例。"中庸之道"是儒学的一个重要命题。毛泽东上升到认识论角度，去其糟粕，取其精华，并加以合理的解释。他在给艾思奇的《哲学选辑》批注里指出："中庸思想本来有折衷主义的成份，它是反对废止剥削又反对过分剥削的折衷主义，是孔子主义即儒家思想的基础。"②但他并未因此对"中庸"所含积极因素全部否定，相反，却对"中庸"作了适当地发展，引导出新的含义。他说："'过犹不及'是两条战线斗争的方法，是重要思想方法之一。一切哲学，一切思想，一切日常生活，都要作两条战线斗

---

① 毛泽东：《改造我们的学习》，见《毛泽东选集》第 3 卷，801 页。
② 中央文献研究室：《毛泽东哲学批注集》，364 页，北京，中央文献出版社，1988。

争，去肯定事物与概念的相对安定的质。"①在此基础上，他进一步阐释说：

> "过"的即是"左"的东西。"不及"的即是右的东西。依照现在我们的观点说来，过与不及乃指一定事物在时间与空间中运动，当其发展到一定状态时，应从量的关系上找出与确定其一定的质，这就是"中"或"中庸"，或"时中"。说这个事物已经不是这种状态而进到别的状态了，这就是别一种质，就是"过"或"左"倾了。说这个事物还停止在原来状态并无发展，这是老的事物，是概念停滞，是守旧顽固，是右倾，是"不及"。②

毛泽东把"中庸"思想所含有的唯物辩证法因素挖掘出来，并施之于政治实践，可谓是一大创举。

其三，对儒学中的封建性糟粕或错误的思想观点，毛泽东主张进行全面深刻的批判，但这种批判不是简单的抛弃，而是通过分析说理，在批判基础上证明中国革命的必要性与马克思主义的正确性。如他批判宗法制度和礼教制度时严肃地说：封建的"政权、族权、神权、夫权，代表了全部封建宗法的思想和制度，是束缚中国人民特别是农民的四条极大的绳索"。③ 中国人民通过革命斗争，摆脱这四条绳索，完全是革命的行动，他把批判封建纲常名教、反对封建主义与中国革命结合起来，很有说服力。

毛泽东关于对中国历史文化遗产进行"批判与继承"的理论和实践，对于马克思主义者的儒学研究在立场、观点、方法上都产生了深远的影响。

2. 刘少奇对儒家伦理思想的批判继承

刘少奇以马列主义理论为指导，对儒家伦理思想在批判继承的基础

---

① 毛泽东：《致张闻天》，见《毛泽东书信选集》，145～146 页，北京，人民出版社，1983。

② 毛泽东：《致张闻天》，见《毛泽东书信选集》，146～147 页。

③ 毛泽东：《湖南农民运动考察报告》，见《毛泽东选集》第 1 卷，31 页。

上加以新的诠释，赋予时代内容，形成了有中国特色、适合中国实际的马克思主义道德学说。概括说来，主要有以下几点。

一是吸取儒家伦理学说的精华，来论证共产主义的道德观。1939年7月，刘少奇在延安马列主义学院所作的题为《论共产党员的修养》的讲演中，在强调共产党员进行道德修养的必要性时，曾举例说："孔子说：'吾十有五而志于学，三十而立，四十而不惑，五十而知天命，六十而耳顺，七十而从心所欲，不逾矩。'这也是述说他自己锻炼和修养的过程，孔子在这里并不承认他是天生的'圣人'。"像孔子这样的"圣人"都要经历磨炼和修养的过程，一个共产党员要去掉旧意识、旧习惯，成为一个真正的革命者，更应该自觉进行道德修养。接下来，他又引用孟子的话说："'故天降大任于斯人也，必先苦其心志，劳其筋骨，饿其体肤，空乏其身，行拂乱其所为，所以动心忍性，增益其所不能。'这也是说的一个伟大人物所必须经过的锻炼与修养的过程。"①共产党员所担负的是前所未有的改造世界的重任，所以必须加强自身的修养和锻炼。

二是批判地继承儒家道德修养的传统和方法。如刘少奇强调，共产党员应该有人类最伟大、最高尚的美德，同时也要具有严格而清楚的无产阶级立场，即党性和阶级性。共产党员应该具有为党、为阶级、为民族的解放，为人类的解放和社会的进步，为人类的最大多数的利益而牺牲的精神。"舍生取义"、"杀身成仁"，在必要时对党员来说应被视为是理所当然的事。这里，刘少奇对儒家的"舍生取义"、"杀身成仁"作了新的阐释，要求党员发扬这种精神。在修养方法上，他举例说："在中国古时，有曾子的'吾日三省吾身'，《诗经》上的'切、磋、琢、磨'，以及'反躬自问'、'座右铭'、'书诸绅'等"种种方法。② 这些方法都是强调主观的内在的人格修养，值得共产党员借鉴。像这样的例子，在《论共产党员的修养》一书中是较多的。

当然，刘少奇对儒家的道德修养也有批评与否定。他认为共产党员

---

① 刘少奇：《论共产党员的修养》，《解放》周刊，第81期，1939。
② 刘少奇：《论共产党员的修养》，《解放》周刊，第81期，1939。

的道德修养是同革命群众的伟大实践相结合的，而儒家道德修养的形式和方法，"许多我们是不能采用的。因为这些大都是唯心的、形式的、抽象的、脱离社会实践的东西。他们太夸大主观能动性的作用。以为在脱离社会的革命的实践之情况下，只要保持他们一般的'善良之心'，只要有默祝与祈祷，就是说，只要有主观的努力，就可以改变现实，改变社会与改变自己。这当然是虚妄绝伦的事。我们绝不能这样去修身"[①]。

从上述事例不难看出，刘少奇以马克思主义为指导，结合中国当时的革命实际，在论述共产党员的道德学说时与批判继承中国传统道德学说的结合是有机的、成功的。

3. 郭沫若的儒学研究

郭沫若的儒学观前后变化较大，其中，他于 20 世纪三四十年代所撰写的论文较具代表性和影响力。这些论文后分别收编在《青铜时代》和《十批判书》两本论集中。书中的《孔墨的批判》、《儒家八派的批判》与《荀子的批判》等篇，基本上反映了郭沫若对孔子及先秦主要儒家派别的评价。

首先看郭沫若对孔子及其思想的考察。郭沫若从春秋战国是中国历史大变革时期的观点出发，认为"孔子是由奴隶社会转变为封建社会的那个上行阶段中的前驱者"。具体说来，"孔子的立场是顺乎时代的潮流，同情人民解放的"。孔子大体上"是站在代表人民利益的方面的，他很想积极地利用文化的力量来增进人民的幸福。对于过去的文化于部分地整理接受之外，也部分地批判改造，企图建立一个新的体系以为新来的封建社会的韧带"[②]。

在确定孔子的基本立场后，郭沫若对孔子思想做了比较深入的论述。他认为，"仁"是孔子思想体系的核心，具有"高度的人道主义"，

---

① 刘少奇：《论共产党员的修养》，《解放》周刊，第 81 期，1939。
② 郭沫若：《孔墨的批判》，《十批判书》，见《郭沫若全集》历史编第 2 卷，北京，人民出版社，1982。

"仁的含义是克己而为人的一种利他的行为。简单一句话，就是'仁者爱人'……'人'是人民大众，'爱人'为仁，也就是'亲亲而仁民'的'仁民'的意思了。"在他看来，"礼"也是孔子思想体系中的重要范畴。孔子往"礼"的旧形式中灌注了"仁道的新精神"。他解释说：孔子说"克己复礼为仁"，就是要人们除掉一切自私自利的心机，养成为大众献身的精神，视、听、言、动，都要合乎礼。关于"命"，郭沫若解释说：孔子"把命强调得相当厉害，差不多和他们主张的仁，站在同等的地位"。孔子的"命"，"看起来很像一片神秘的宿命论"，但孔子"既然否定或怀疑人格神的存在，那么他所说的命不能被解释为神定的命运"，"不能解释为神所予定的宿命，而应该是自然界中的一种必然性"。

郭沫若还分析了孔子以后儒家学派的分化，并对孔子以后的儒家作出进一步考察。一般认为，孔子死后，儒分为八。郭沫若在他的《儒家八派的批判》中，把孔子以后的儒家则分为七派。关于"子夏氏之儒"一系，他认为："八派中把子夏氏之儒除外了，这里有一个重要的关键。这是韩非承认法家出于子夏，也就是自己的宗师，故把他从儒家中剔除了。"[①]"子张氏之儒"是孔门里面的过激派，"偏向于博爱容众这方面的"，把民众看得很重要。"子思之儒"、"孟氏之儒"、"乐正氏之儒"同属"子思之儒"一派。他们主张性善论，含有禁欲主义倾向。"颜氏之儒"指颜回一派，有避世倾向，后来演为庄子一派的师表。"漆雕氏之儒"是孔门中任侠的一派，主张人性有善有恶说。在他看来，孔门中有三个漆雕氏，但其中能构成一个学派的当是漆雕开。"仲良氏之儒"，估计为陈良一派，屈原或许"出于他的门下"。"孙氏之儒"即荀子一派。这是战国末期儒家的大家，是"子弓的徒属"[②]。为论述荀子的思想，他专门写有《荀子的批判》一文，肯定荀子是先秦诸子的"最后一位大师"，不仅集儒家之大成，而且"集了百家的大成"，差不多融会贯通了百家学说。他认为："这种杂家的面貌，也正是秦以后的儒家的面貌。汉武以后学术思

---

① 郭沫若：《儒家八派的批判》，《十批判书》，见《郭沫若全集》历史编第 2 卷。
② 郭沫若：《儒家八派的批判》，《十批判书》，见《郭沫若全集》历史编第 2 卷。

想虽统于一尊，儒家成为了百家的总汇，而荀子实开其先河。"①

　　郭沫若对儒学的评价并不止于此，内容是较为丰富的。他曾把自己的评价标准总结为"人民本位"的原则，从上述也可以看出这一点。尽管郭沫若对儒学的评价存有一些可商榷之处，但在总体上，郭沫若把马克思主义的社会发展学说和阶级斗争理论较为全面地引入儒学、历史、文化的研究当中，将儒学代表人物、典籍与历史时代、阶级属性联系起来进行分析和评价，这对此后中国的儒学研究产生了较大影响。

----

① 　郭沫若：《荀子的批判》，《十批判书》，见《郭沫若全集》历史编第 2 卷。

主要参考文献

（以作者姓氏拼音字母为序）

［美］艾尔曼：《从理学到朴学》，赵刚译，南京，江苏人民出版社，1995。

《经学、政治和宗族》，赵刚译，南京，江苏人民出版社，1998。

曹聚仁：《中国学术思想史随笔》，北京，生活·读书·新知三联书店，1986。

蔡元培：《中国伦理学史》，北京，东方出版社，1996。

陈克明：《群经要义》，北京，东方出版社，1996。

陈　来：《古代宗教与伦理》，北京，生活·读书·新知三联书店，1996。

陈　铭：《龚自珍综论》，桂林，漓江出版社，1991。

陈平原、杜玲玲编：《追忆章太炎》，北京，中国广播电视出版社，1997。

陈平原：《中国现代学术之建立》，北京，北京大学出版社，1998。

陈其泰：《清代公羊学》，北京，东方出版社，1997。

陈少明等：《被解释的传统——近代思想史新论》，广州，中山大学出版社，1995。

陈少明：《儒学的现代转折》，沈阳，辽宁大学出版社，1992。

《汉宋学术与现代思想》，广州，广东人民出版社，1995。

陈越光、陈小雅：《摇篮与墓地——严复的思想与道路》，成都，四川人民出版社，1985。

陈祖武：《清初学术思辨录》，北京，中国社会科学出版社，1990。

戴　震：《戴震集》，上海，上海古籍出版社，1980。

　　　　《戴震全集》，北京，清华大学出版社，1997。

丁文江、赵丰田：《梁启超年谱长编》，上海，上海人民出版社，1983。

范文澜：《范文澜历史论文选集》，北京，中国社会科学出版社，1979。

方克立：《现代新儒学与中国现代化》，天津，天津人民出版社，1997。

　　　　《中国哲学史上的知行观》，北京，人民出版社，1982。

房德邻：《儒学的危机与嬗变》，台北，文津出版社，1992。

冯　契：《中国近代哲学的革命进程》，上海，上海人民出版社，1989。

　　　　《人的自由和真善美》，上海，华东师范大学出版社，1996。

冯天瑜、何晓明：《张之洞评传》，南京，南京大学出版社，1991。

高瑞泉主编：《中国近代社会思潮》，上海，华东师范大学出版社，1996。

高瑞泉：《中国现代精神传统》，上海，东方出版中心，1999。

龚书铎：《近代中国与文化抉择》，北京，北京师范大学出版社，1992。

　　　　《中国近代文化探索》，北京，北京师范大学出版社，1997。

龚书铎主编：《中国近代文化概论》，北京，中华书局，1997。

龚自珍：《龚自珍全集》，上海，上海人民出版社，1975。

顾颉刚：《古史辨》，上海，上海古籍出版社，1982。

郭沫若：《十批判书》，北京，人民出版社，1954。

　　　　《郭沫若全集·历史编》(1～3)，北京，人民出版社，1982。

郭湛波：《近五十年中国思想史》，济南，山东人民出版社，1997。

郭延礼：《龚自珍年谱》，济南，齐鲁书社，1987。

何金彝、马洪林：《康有为》，长春，吉林文史出版社，1997。

何成轩：《章太炎的哲学思想》，武汉，湖北人民出版社，1987。

何信全：《晚清公羊学派的政治思想》，台北，经世书局，1984。

何贻焜：《曾国藩评传》，南京，正中书局，1937。

贺　麟：《五十年来的中国哲学》，沈阳，辽宁教育出版社，1989。

　　　　《文化与人生》，北京，商务印书馆，1996。

［德］赫尔曼·哈肯：《协同学》，凌复华译，上海，上海译文出版社，2001。

胡楚生：《清代学术史研究》，台北，学生书局，1988。

胡　适：《胡适文存》，合肥，黄山书社，1996。

《中国哲学史大纲》卷上，北京，商务印书馆，1987。

胡维革：《中国近代社会思潮研究》，长春，东北师范大学出版社，1994。

黄开国：《廖平评传》，南昌，百花洲文艺出版社，1993。

侯外庐：《近代中国思想学说史》，上海，生活书店，1947。

蒋伯潜：《十三经概论》，上海，上海古籍出版社，1983。

江　藩：《国朝汉学师承记》，北京，中华书局，1983。

姜义华：《章太炎思想研究》，上海，上海人民出版社，1985。

《章太炎评传》，南昌，百花洲文艺出版社，1995。

姜广辉：《走出理学》，沈阳，辽宁教育出版社，1997。

蒋　庆：《公羊学引论》，沈阳，辽宁教育出版社，1995。

〔日〕近藤邦康：《救亡与传统》，丁晓强等译，太原，山西人民出版社，1988。

康有为：《康有为全集》(1～3)，上海，上海古籍出版社，1987—1992。

《康有为政论集》，北京，中华书局，1981。

《戊戌变法前后》，上海，上海人民出版社，1986。

《康子内外篇》，北京，中华书局，1988。

《南海康先生口说》，广州，中山大学出版社，1985。

《新学伪经考》，上海，古籍出版社，1956。

《孔子改制考》，北京，中华书局，1988。

《大同书》，上海，古籍出版社，1956；北京，生活·读书·新知三联书店，1998。

《诸天讲》，北京，中华书局，1988。

《康南海自订年谱》，台北，文海出版社，1972。

孔祥吉：《康有为变法奏议研究》，沈阳，辽宁教育出版社，1988。

李学勤：《失落的文明》，上海，上海文艺出版社，1997。

李泽厚：《批判哲学的批判》，合肥，安徽文艺出版社，1994。

　　　　　《中国近代思想史论》，合肥，安徽文艺出版社，1994。

　　黎庶昌：《曾国藩年谱》，长沙，岳麓书社，1986。

　　梁启超：《饮冰室合集》，北京，中华书局，1989。

　　　　　《中国近三百年学术史》，北京，东方出版社，1996。

　　　　　《清代学术概论》，上海，上海古籍出版社，1998。

　　廖　平：《廖平学术论著选集》（1），成都，巴蜀书社，1985。

　　［美］勒文森：《梁启超和中国近代思想》，刘伟等译，成都，四川人民出版社，1986。

　　［美］列文森：《儒教中国及其现代命运》，郑大华等译，北京，中国社会科学出版社，2000。

　　［美］林毓生：《中国意识的危机》，穆善培译，贵阳，贵州人民出版社，1986。

　　刘师培：《刘申叔先生遗书》，宁南武氏刊本，1936。

　　刘小枫：《个体信仰与文化理论》，成都，四川人民出版社，1997。

　　刘逸生注：《龚自珍己亥杂诗注》，北京，中华书局，1980。

　　刘邦富：《梁启超哲学思想新论》，武汉，湖北人民出版社，1994。

　　柳诒徵：《中国文化史》，上海，东方出版中心，1988。

　　　　　《柳诒徵史学论文续集》，上海，上海古籍出版社，1991。

　　鲁　迅：《鲁迅全集》（1）（6），北京，人民文学出版社，1987。

　　吕　澂：《中国佛学源流略讲》，北京，中华书局，1979。

　　罗荣渠：《现代化新论》，北京，北京大学出版社，1993。

　　马洪林：《康有为大传》，沈阳，辽宁人民出版社，1988。

　　马　勇：《近代中国文化诸问题》，上海，上海人民出版社，1992。

　　蒙培元：《中国哲学主体思维》，北京，东方出版社，1993。

　　皮锡瑞：《经学通论》，北京，中华书局，1954。

　　　　　《经学历史》，北京，中华书局，1959。

　　启　良：《新儒学批判》，上海，上海三联书店，1995。

　　钱基博：《现代中国文学史》，长沙，岳麓书社，1986。

　　钱　穆：《中国学术思想史论丛》（8），台北，东大图书有限公司，1986。

《中国近三百年学术史》，北京，商务印书馆，1997。

〔美〕施耐德：《顾颉刚与中国新史学》，梅寅生译，台北，华世出版社，1984。

〔美〕史华兹：《寻求富强：严复与西方》，叶凤美译，南京，江苏人民出版社，1989。

尚明轩等编：《孙中山生平事业追忆录》，北京，人民出版社，1986。

孙中山：《孙中山全集》，北京，中华书局，1981—1986。

孙文光、王世芸编：《龚自珍研究资料集》，合肥，黄山书社，1988。

孙春在：《清末的公羊思想》，台北，"商务印书馆"，1985。

宋　恕：《宋恕集》，北京，中华书局，1993。

谭嗣同：《谭嗣同全集》，北京，中华书局，1981。

汤志钧：《戊戌变法史》，北京，人民出版社，1984。

　　　　《近代经学与政治》，北京，中华书局，1989。

　　　　《改良与革命的中国情怀》，香港，商务印书馆有限公司，1990。

　　　　《章太炎年谱长编》，北京，中华书局，1979。

唐振常：《章太炎吴虞论集》，成都，四川人民出版社，1981。

唐文权、罗福惠：《章太炎思想研究》，武汉，华中师范大学出版社，1986。

田汉云：《中国近代经学史》，西安，三秦出版社，1996。

王葆玹：《今古文经学新论》，北京，中国社会科学出版社，1997。

王尔敏：《中国近代思想史论》，台北，华世出版社，1981。

王汎森：《章太炎的思想》，台北，时报文化出版公司，1985。

王汎森：《古史辨运动的兴起》，台北，允晨文化实业股份有限公司，1987。

王茂等：《清代哲学》，合肥，安徽人民出版社，1992。

王俊义、黄爱平：《清代学术与文化》，沈阳，辽宁教育出版社，1993。

汪　晖：《汪晖自选集》，桂林，广西师范大学出版社，1997。

汪荣祖：《康章合论》，台北，联经出版事业股份有限公司，1988。

《章太炎研究》，台北，李敖出版社，1991。

魏　源：《魏源集》，北京，中华书局，1976。

夏传才：《十三经概论》，天津，天津人民出版社，1998。

萧公权：《中国政治思想史》，台北，联经出版事业股份有限公司，1982。

萧功秦：《儒家文化的困境》，成都，四川人民出版社，1986。

萧萐父、许苏民：《明清启蒙学术流变》，沈阳，辽宁教育出版社，1995。

［日］小野川秀美：《晚清政治思想研究》，林明德等译，台北，时报文化出版事业有限公司，1982。

肖万源：《中国近代思想家的宗教和鬼神观》，合肥，安徽人民出版社，1991。

谢樱宁：《章太炎年谱摭遗》，北京，中国社会科学出版社，1987。

熊月之：《西学东渐与晚清社会》，上海，上海人民出版社，1994。

徐一士：《一士类稿》，沈阳，辽宁教育出版社，1997。

严　复：《严复集》，北京，中华书局，1986。

杨东莼：《中国学术史讲话》，长沙，岳麓书社，1986。

杨国荣：《心学之思——王阳明哲学的阐释》，北京，生活·读书·新知三联书店，1997。

杨向奎：《清儒学案新编》，济南，齐鲁书社，1985—1994。

姚奠中、董炎国：《章太炎学术年谱》，太原，山西古籍出版社，1996。

［美］余英时：《论戴震与章学诚》，台北，华世出版社，1980。

　　　　　　《中国思想传统的现代诠释》，南京，江苏人民出版社，1989。

曾国藩：《曾文正公全集》，传忠书局光绪二年刊本。

　　　　《曾国藩全集》，长沙，岳麓书社，1985—1994。

赵吉惠等主编：《中国儒学史》，郑州，中州古籍出版社，1991。

［美］张灏：《危机中的中国知识分子》，高力克等译，太原，山西人民出版社，1988。

［美］张灏：《梁启超与中国思想的过渡》，崔志海等译，南京，江苏人民出版社，1995。

张荣明主编：《道佛儒思想与中国传统文化》，上海，上海人民出版社，1994。

张世英：《天人之际——中西哲学的困惑与选择》，北京，人民出版社，1995。

张舜徽：《清儒学记》，济南，齐鲁书社，1991。

张　磊：《孙中山：愈挫愈奋的伟大先行者》，广州，广东人民出版社，1996。

张昭军：《儒学近代之境——章太炎儒学思想研究》，北京，社会科学文献出版社，2002。

张志建：《严复学术思想研究》，北京，商务印书馆，1995。

张之洞：《张文襄公全集》，北京，中国书店影印本。

章继光：《曾国藩思想简论》，长沙，湖南人民出版社，1988。

章太炎：《章氏丛书》，浙江图书馆刻本，1919。

《章氏丛书续编》，北平刻本，1933。

《国故论衡》，上海大共和日报馆，1912。

《章氏国故论衡》，上海国故研究会编，上海中一书局，1926。

《菿汉微言》，北京铅印本，1916。

《章太炎全集》（1～6），上海，上海人民出版社，1982—1986。

《太炎先生自定年谱》，上海书店 1986 年影印本；章氏国学讲习会排印本；《近代史资料》1957 年第 1 期。

《章太炎先生家书》（汤国梨编），上海，上海古籍出版社，1985。

《章炳麟论学集》（吴承仕藏），北京，北京师范大学出版社，1982。

《国学概论》（曹聚仁整理），上海，上海古籍出版社，1997。

《章太炎的白话文》，上海，泰东图书局，1922。

《章氏星期讲习会记录》，苏州章氏星期讲习会编，1935。

《国学讲习会略说》，东京，东京秀光社，1906。

《国学振起社讲义》第 1 册，东京，东京秀光社，1906。

《国学讲演录》，上海，华东师范大学出版社，1995。

《章太炎政论选集》（汤志钧编），北京，中华书局，1977。

《章太炎选集》（朱维铮、姜义华编注），上海，上海人民出版社，1981。

章念驰编：《章太炎生平与思想研究文选》，杭州，浙江人民出版社，1986。

《章太炎生平与学术》，北京，生活·读书·新知三联书店，1988。

郑家栋：《现代新儒学概论》，桂林，广西人民出版社，1990。

郑师渠：《晚清国粹派：文化思想研究》，北京，北京师范大学出版社，1997。

支伟成：《清代朴学大师列传》，长沙，岳麓书社，1986。

周予同：《周予同经学史论著选集》，上海，上海人民出版社，1996。

朱杰勤：《龚定庵研究》，台北，"商务印书馆"，1972。

朱东安：《曾国藩传》，成都，四川人民出版社，1985。

朱维铮：《走出中世纪》，上海，上海人民出版社，1987。

《音调未定的传统》，沈阳，辽宁教育出版社，1995。

《求索真文明——晚清学术史论》，上海，上海古籍出版社，1996。

邹进先：《龚自珍论稿》，海口，南海出版公司，1992。

中国孙中山研究学会编：《孙中山和他的时代》，北京，中华书局，1989。

《中国近代哲学史论文集》，天津，天津人民出版社，1991。

《近代中国思想人物论》，台北，时报文化出版事业有限公司，1982。

后　记

　　这本小书的主要内容完成于 20 世纪 90 年代读硕士、博士研究生期间。当时有关近代儒学的研究刚刚起步，可供参考的成果也比较少。2003 年"非典"期间整理成书，2004 年由吉林人民出版社出版。第 1 版印了两次，不久售罄。16 年过去了，仍有人欲购此书，有的大学还将此书列为通识课参考书。应读者要求，承蒙北京师范大学历史学院、教育部重点研究基地北京师范大学史学理论与史学史研究中心和北京师范大学出版社支持，予以再版。

　　写这本书时，年纪轻轻，无知无畏，幼稚自是难免。正如第 1 版后记所言："之所以要公开出版这本小书，并非自认为有何灼见，而是为了怀念心无旁骛、专心向学的学生时代。时光易逝，青春不再，令人几多感慨。书中的幼稚与错讹，如同幼儿学步时跌跌撞撞的脚印，记下了学之初的一段成长经历。"如是而已。

　　这次出版，修改了少许文字，并根据新近出版的资料核对了部分引文。

2020 年春
于抗击"新冠"疫情中

图书在版编目（CIP）数据

传统的张力：儒学思想与近代文化嬗变/张昭军著.
—北京：北京师范大学出版社，2021.5
（当代史学文库）
ISBN 978-7-303-26861-0

Ⅰ.①传… Ⅱ.①张… Ⅲ.①儒学－思想史－中国－
近代 Ⅳ.①B222.05

中国版本图书馆 CIP 数据核字（2021）第 050686 号

营　销　中　心　电　话　010-58807651
北师大出版社高等教育微信公众号　新外大街拾玖号

CHUANTONG DE ZHANGLI - RUXUE SIXIANG YU JINDAI
WENHUA SHANBIAN
出版发行：北京师范大学出版社 www. bnup. com
　　　　　北京市西城区新街口外大街 12-3 号
　　　　　邮政编码：100088
印　　刷：北京京师印务有限公司
经　　销：全国新华书店
开　　本：730 mm ×980 mm　1/16
印　　张：18.5
字　　数：284 千字
版　　次：2021 年 5 月第 1 版
印　　次：2021 年 5 月第 1 次印刷
定　　价：55.00 元

策划编辑：刘东明　　　　　　　责任编辑：刘东明　吴　晶
美术编辑：李向昕　　　　　　　装帧设计：李向昕
责任校对：段立超　　　　　　　责任印制：马　洁